本书受“深圳市博士后出站留深科研资助项目”支持

转型与创新

中国新能源汽车示范推广之路

徐磊　等著

中国社会科学出版社

图书在版编目（CIP）数据

转型与创新：中国新能源汽车示范推广之路/徐磊等著．
—北京：中国社会科学出版社，2023.6
ISBN 978-7-5227-2450-8

Ⅰ.①转…　Ⅱ.①徐…　Ⅲ.①新能源—汽车工业—研究—中国　Ⅳ.①F426.471

中国国家版本馆 CIP 数据核字(2023)第 155168 号

出 版 人　赵剑英
责任编辑　任睿明　刘晓红
责任校对　周晓东
责任印制　戴　宽

出　　版　中国社会科学出版社
社　　址　北京鼓楼西大街甲 158 号
邮　　编　100720
网　　址　http://www.csspw.cn
发 行 部　010-84083685
门 市 部　010-84029450
经　　销　新华书店及其他书店

印　　刷　北京君升印刷有限公司
装　　订　廊坊市广阳区广增装订厂
版　　次　2023 年 6 月第 1 版
印　　次　2023 年 6 月第 1 次印刷

开　　本　710×1000　1/16
印　　张　18
插　　页　2
字　　数　279 千字
定　　价　99.00 元

序言

苏竣

创新是人类发展的不竭动力，决定了发展的速度、效能和可持续性。绿色是发展的普遍形态，代表了世界经济结构调整的重要趋势，展示了发展的基本方向和发展的质量。作为二者的交叉体现，风电、光伏、氢能、新能源汽车等新兴产业是当今最热门的领域，备受各界关注，被寄予了很高的期望。它们既是我国推动绿色转型、实现“碳达峰碳中和”的产业基础，也是促进经济高质量增长、创新实力大跨步前进的强劲引擎。

但是，绿色新兴产业的发展壮大之路往往不会一帆风顺，会遭遇传统产业的阻滞和旧有秩序的掣肘，也要经历资本狂热的高潮和泡沫破灭的低谷，转型发展的过程可能是数十年甚至更漫长的过程。为此，它需要基于社会利益最大化的充分合理的公共政策支持，来跨越发展过程的“死亡之海”。

新能源汽车的发展过程就是这样一个典型案例。21 世纪初国家“863”计划将之列入支持时，它尚处于萌芽状态，那时候传统汽车尚如日中天。2009 年国家启动“十城千辆”工程后的头几年，它也步履蹒跚，因为低续航、高成本、安全不足和补贴不当等问题而备受质疑打击，市场渗透率可忽略不计。但在国家坚定的政策扶持之下，新能源汽车在短短几年内成长为我国景气度最高的产业之一，目前渗透率约 30%，未来还将继续攀升，并持续出口海外，变成了我国新的一张产业名片。

为了记录我国新能源汽车筚路蓝缕的发展历程，分析其中的经验教训，我曾经指导过的徐磊博士和张汉威博士将他们的博士学位论文整合为这本著作，即将付梓出版。徐磊和张汉威勤奋好学，理论知识丰富，学术功底扎实，生性淳朴厚道，思维创新活跃，是我团队里的榜样学生。攻读博士学位期间，他们先后在科技部电动汽车重大项目办公室实习，在较短的实习期内抓紧时间向政府、企业和科研院所的有关人士积极请教，跟随专家组去各地考察示范推广的实际情况，因此对新能源汽车的早期发展有近距离的真切观察和思考，积累了丰富的案例素材。同样是在攻读博士期间，他们也先后去哈佛大学肯尼迪政府管理学院访学一年，在那里接受美国能源科技政策学术领域多位知名学者的指导，孜孜不倦地吸收前沿的政策理论知识，了解发达国家的能源技术创新推广历程，充分拓展了研究的国际视野。在政府实务部门的实习和在国际一流大学的访学经历让他们的博士学位论文具备了宽广的理论背景和深入的现实洞察。最后在论文选题时，他们共同选择了新能源汽车产业，张汉威研究示范阶段，徐磊研究推广阶段，接力攻关，梯序推进。在一定意义上，两篇论文是他们相互独立而又团结协作的创新成果。尤为可贵的是，在校期间他们俩就是兄弟般的好朋友，在学业上互相切磋讨论，在生活上互相关心，结下了深厚的同窗之谊。

两位同学虽然已毕业多年，但仍然都关心着新能源汽车产业的发展。看到这个产业现在发展得越来越好，他们很希望向学术界、产业界和社会公众来讲述他们眼中的过往曲折，也为其他新兴产业发展提供政策借鉴。两人的论文主题一致，研究内容自然延续，所以他们就商量将两篇论文精简整合为一本内容更饱满、大众更易读的书，联袂奉献了这本浑然一体的作品，使读者能更完整地了解这个产业的崛起历程。

本书深入剖析了新能源汽车产业的示范和推广之路，全面展现了政府举措和企业行为的得与失，给人以政策启示，同时也夯实了技术创新研究的 R&3D（Research，Development，Demonstration，Deployment）理论框架。他们研究发现，示范和推广是绿色技术创新必不可少的阶段。在示范项目中，新能源汽车的相关企业不断学习和沟通，验证和锤炼了技术。在推广过程中，政府和企业密切互动、彼此影响。一方面，政府以补贴和监管政策影响企业战略，塑造了企业对未来的预期，甚至能指导决策。另一方面，政府也会根据宏观环境、产业体制、企业行为和技术变迁来设计和调整示范推广政策，以实现我国汽车业绿色转型和技术追赶的双重目标。

事实上，不仅是新能源汽车产业，也不仅是绿色产业，很多高科技产业要走过相似的发展轨迹，有相似的问题和政策需求。政府和市场、高潮和低谷、研发和示范推广等主题词贯穿于这些产业的生命周期。例如，现在的人工智能、自动驾驶等就已度过狂热期，处于冷静下来平稳发展的阶段，在一些地方和场景开始试点应用。它们同样需要各界的包容和理解，同样需要审慎合理的公共政策组合来支持。这本书揭示的新能源汽车历史表明，政府应以主动的示范推广政策启动产业创新，以长远的共享预期引导市场，以协调的政策组合保障转型，以开放透明的方式制定政策，以科学主动的态度反思实践。这些的政策建议具有一定普适性，应该能为高科技产业的成长提供有益的启迪。

作为他们俩的博士生导师，我很高兴自己的学生能出版这本书。特别是看到他们不仅事业有成，还能保持求学阶段的同窗友谊、创新精神以及对学术的热爱，在繁忙的本职工作之外继续合作打磨成果，向社会传播真知，我更是感到由衷的欣慰和幸福。

是为序。

2023 年 3 月于清华园

目　录

第一章

转型与创新的时代命题

第一节　现实缘起：绿色转型的困境

一　绿色转型成为全球浪潮

人类的文明史是一部能源史，能源史则是一部技术创新史。以钻燧取火、蒸汽机和内燃机三种技术为标志，人类社会能源利用的主体从木材到煤炭，再到石油，到了当代又开始积极探索风能、太阳能等新能源。在这一过程中，能源燃料的变化隐含着“减碳加氢”的规律，能源动力设备的变迁也逐渐向高效能和低排放演变。从历史来看，能源技术创新始终是文明的重要引擎，文明的进程就是不断用新能源替代旧能源，创造更强大的生产力、实现更美好生活的历史。

可是如今，能源及随之而来的环境问题却成为漂浮在人类社会上空的乌云。化石能源供给总量有限且逐年减少，从 20 世纪 70 年代起短缺危机就时常袭击世界，许多落后国家的贫困人口能源消费量还达不到国际基本保障线，能源供给“瓶颈”甚至还成为国家金融和国际安全的“地雷”，中东世界的战火背后都有石油这块“黑金”的原罪①。寻找更丰富、合适的能源供给方式，或者通过更高效的能源利用方式，来保障人类生存和发展所需，是世界上的一个重大问题。环境污染、全球变暖是另一个困扰人类社会的大问题。传统化石能源从

① Holdren, John P., “The Energy Innovation Imperative: Addressing Oil Dependence, Climate Change, and Other 21st Century Energy Challenges”, *Innovations*, Vol. 1, No. 2, 2006.

采掘、加工、运输到使用的过程中都会产生或多或少的温室气体，自工业革命以来人类在生产生活过程中排放的二氧化碳是全球气候变化的元凶，地球气温上升，极端自然灾害性天气发生频率增加、破坏力加剧。正如习近平同志在 2020 年 12 月的气候雄心峰会上所指出，“在气候变化挑战面前，人类命运与共，单边主义没有出路”。此外，日常开采利用化石能源还造成了大气和水土的污染，比如燃油机车排放尾气造成大气污染，煤炭燃烧排放废气造成酸雨形成水污染，燃料废渣含有重金属造成土壤污染等。因此，全世界亟须寻找更清洁、高效的能源供给和利用手段，采用更先进的节能减排和环境保护技术，推动生产生活方式绿色转型，实现人类社会的可持续发展。

当前，世界各国都在努力以各种方式推动面向可持续发展的能源环境转型实践。在美国，联邦制定《清洁空气法案》，加利福尼亚州制定《零排放汽车计划》（*Zero Emission Vehicle Program*）促进清洁汽车发展。在欧洲，各国大力发展可再生能源产业，丹麦的风机制造、德国的光伏和法国的核电技术走在世界前列，绿色生活方式深入人心，自行车成为人们非常喜欢的出行方式。在许多国际会议论坛上，清洁能源和环境保护成为热议的高频词汇。

尽管如此，全球范围内的可持续发展依然任重道远。美国著名科技政策学者 John P. Holdren 认为，能源是环境问题中最难以解决的部分，同时环境也是能源问题中最难以解决的部分①。从世界范围看，化石能源一直是人类能源最重要的来源，全球碳减排任务艰巨。尽管像光伏、风电和燃料电池汽车等绿色技术在欧美已经有了常年的示范②，但是尚未达到依靠自身力量与传统化石能源、燃油汽车竞争的大规模市场扩散程度，仍然高度依赖于政策的强力支持，尚处于规模化市场的形成阶段。2019 年，全球可再生能源只占全球一次能源消

---

① Holdren, John P., “Science and Technology for Sustainable Well-Being”, *Science*, Vol. 319, No. 5862, 2008.

② Harborne, Paul, et al., “The Development and Diffusion of Radical Technological Innovation: The Role of Bus Demonstration Projects in Commercializing Fuel Cell Technology”, *Technology Analysis and Strategic Management*, Vol. 19, No. 2, 2007; Hendry, Chris, et al., “So What Do Innovating Companies Really Get from Publicly Funded Demonstration Projects and Trials? Innovation Lessons from Solar Photovoltaics and Wind”, *Energy Policy*, Vol. 38, No. 8, 2010.

耗总量的 11.41%，其中除水力外的可再生能源约占 30%。[①] 2020 年可再生能源发电量占总发电量的 29%[②]，全球电动汽车的保有量仅为整个乘用车市场的 1%，年销量仅占 4.6%。[③] 如何依靠可再生能源、节能减排、水土环境修复等技术及商业模式的创新以实现向可持续发展的转型，已成为人类社会共同面临的难题。新能源技术本身竞争力不足、成本高、进步方向和速率不确定只是阻碍转型的根本性困难之一，路径依赖、技术锁定、用户认知不足、基础设施不配套、当前经济和产业结构不适应、利益集团交错、改造成本高昂、私人投资收益不显著等诸多原因[④]，同样造成了很大困难。

作为世界上最大的发展中国家，我国在经济社会发展转型的关键时期，顺应时代发展，将生态文明提到了国家建设的战略高度。2020 年，我国正式宣布要争取在 2030 年实现碳排放达峰，2060 年前实现“碳中和”。在未来相当一段长时间内，我国将以经济社会发展全面绿色转型为引领，以能源绿色低碳发展为关键，坚持走生态优先、绿色低碳的发展道路。

在国家政策的支持下，我国的绿色能源和环保产业得到了长足的发展。我国可再生能源总产量的全球份额从 21 世纪初的 0.07% 跃居为 2020 年的 27.4%，稳居全球第一位[⑤]。我国从 2010 年起累计风电装机容量就执世界之牛耳，华锐、金风、明阳等多家企业名列全球前十的风机制造商[⑥]。截至 2020 年年底，我国风电累计装机容量占全球的 38.8%[⑦]，风电发电量占全球的 29.3%[⑧]。自 2004 年以来，我国光伏组件生产量连年快速增长，虽然遭遇过欧美的“双反”贸易摩擦等波折，但组件产量一直位居世界第一，是全球最大的光伏产

① Our World in Data, https://ourworldindata.org/renewable-energy#.

② IEA, Global Energy Review, 2021.

③ IEA, Global EV Outlook, 2021.

④ Díaz Anadón, Laura and John P. Holdren, “Policy for Energy Technology Innovation”, In *Acting in Time on Energy Policy*, edited by Kelly Sims Gallagher, Washington DC: Brookings Institution Press, 2009.

⑤ BP, Statistical Review of World Energy, 2021.

⑥ GWEC, Global Wind Report, 2015.

⑦ GWEC, Global Wind Report, 2021.

⑧ BP, Statistical Review of World Energy, 2021.

品制造和出口国①，同时也是全球最大的光伏装机市场，十年来发电量以高达 102.6%的年复合增长率增长，2019 年新发电量占全球总量的 30.5%②。

“十四五”时期，我国进入新发展阶段，贯彻新发展理念、构建新发展格局、推动高质量发展、创造高品质生活，对加强生态文明建设、加快推动绿色低碳发展提出了新的更高要求。然而，我国生态环境保护结构性、根源性、趋势性压力总体上尚未根本缓解，现阶段我国生态环境质量改善总体上还属于中低水平的提升，从量变到质变的拐点还没有到来，生产和生活体系向绿色低碳转型的压力都很大，与人民群众对美好生活的新期待、与美丽中国建设目标仍有不小差距③。56.8%的能源消耗来自煤炭，清洁能源消费量仅占 24.3%④，国家实现“碳中和”的事业任重道远。

二　中国汽车业的坎坷转型路

为了推进经济社会发展全面绿色转型，我国出台了一系列公共政策扶持绿色低碳技术和产业发展，其中汽车产业朝向新能源的绿色转型就是一个备受关注、引发热议的案例。

新能源汽车因其低排放、少污染、节约燃油等特点，是汽车产业绿色转型的方向，也是我国重点发展的方向。截至 2021 年年底，我国已累计销售超过 800 万辆新能源汽车，占全球一半以上，产销量连续多年位居全球第一，2021 年国内市场渗透率超过 13%⑤，并按照《新能源汽车产业发展规划（2021—2035 年）》要求，朝着 2025 年达到 20%渗透率的目标前进。2020 年和 2021 年，新能源汽车有关的股票也在资本市场上获得高度认可。A 股 Wind 新能源汽车指数在两年内的累计涨幅超过 200%。美国市场上特斯拉涨幅达 12 倍，而传统汽车龙头丰田涨幅还不到 1 倍；我国造车新势力蔚来的股价涨幅超过

---

① 北极星太阳能光伏网，http://guangfu.bjx.com.cn/news/20200908/1102593.shtml。

② BP，Statistical Review of World Energy，2021.

③ 生态环境部党组理论学习中心组：《推动经济社会发展全面绿色转型》，《人民日报》2021 年 4 月 23 日。

④ 国家统计局：《2020 年国民经济和社会发展统计公报》。

⑤ 中国汽车工业协会。

7 倍，理想汽车和小鹏汽车的涨幅也都翻番[①]。

目前来看我国新能源汽车产业势头喜人，然而回过头看，这个产业事实上走过了多年崎岖坎坷的历程，直到近几年才“守得云开见月明”。我国的新能源汽车经历了从 20 世纪 90 年代末期至今的长期科技计划支持，经历了 2003—2010 年在北京奥运会、上海世博会、南澳岛等地的真实环境下规模化示范，又经历了 2009 年至今的全国推广，直到 2015 年新车渗透率才突破 1%[②]，后续补贴退坡之后能否延续增长在当时还很难预料。那时候，社会各界对该产业的发展前景仍存不少疑虑，对我国能否在全球发展新能源汽车的大潮中走上一条正确的技术进步和追赶之路仍有争议。

第一个争议点是技术路线。技术路线是新兴高技术产业发展最关键的因素之一，究竟什么技术路线能够站稳根基，在未来世界汽车技术的竞争中占据主导设计地位，是一个重大问题。新能源汽车目前的技术路线包括纯电动、插电式混合动力和燃料电池汽车，此外，还有氢内燃机车、醇醚类汽车。早年普通混合动力汽车也在其范围之内。我国各大汽车厂商的技术路线选择各不相同——尤其在乘用车领域，例如北京汽车和江淮汽车长期以来只做纯电动，直到 2020 年北汽才推出插电式混合动力，比亚迪以插电式混合动力为主，上海汽车选择多条路线并行，并长期坚持研发燃料电池汽车。而且，大多数企业局限在“纯电驱动”的技术路线上[③]，甚至以纯电动为主，普通混合动力汽车则乏人问津，即使在“纯电驱动”技术路线中也很少有企业钻研技术难度很大的燃料电池。这种状况遭到了业内人士的质疑和忧思。因为早年普通混合动力和纯电驱动方向将来的发展谁强谁弱，尚不得而知。我国这么多企业都大量投入到后者，尤其是其中的纯电动上，其风险不小。国家以“纯电驱动”为主导的新能源汽车技术路线排除了普通混合动力，当时很多业内人士质疑这个做法并不明智，

---

① Wind 资讯。

② 中国汽车工业协会。

③ “纯电驱动”包含纯电动、插电式混合动力和燃料电池汽车。

认为国家不应该选择性地支持某些技术路线[①]。

第二个争议点是示范推广政策。我国出台了大量促进新能源汽车示范推广的政策，涵盖基础设施建设、补贴、免税等方面，多管齐下拉动需求，这在各个高新技术产业中实属罕见。2009—2016 年，我国出台了三轮补贴政策，每一轮政策都与上一轮相差巨大，其效果颇有争议。2015 年年底又有两件大事引起社会关注：一是部分企业通过“擦边球”甚至不合规的手段涉嫌骗取财政补贴；二是电动客车出现了同比 10 倍以上的“超常规增长”——特别是 8 米以下车型。业内普遍认为，这两件事的根源都与补贴政策直接相关，引发了对补贴政策制定的质疑和探讨。

以上两个问题不代表我国新能源汽车产业的所有争议点，但已经足够表明我国汽车产业的绿色转型之路既阻且长，并非一帆风顺。事实上，不仅在汽车产业，我国其他绿色产业如风电、光伏也面临着相似的困惑。例如，在光伏产业，我国的“金太阳”工程同样被质疑因为政策设计漏洞而产生严重的骗取补贴行为[②]。2009 年起的“金太阳”示范工程对光伏发电项目按照投资额的 50%或 70%给予中央财政补贴[③]。由于该政策的设计是补贴前期项目投资，而没有考虑到项目所用的组件质量和实际成本、项目后期是否发电的情况，因此导致很多项目业主和组件商采购有瑕疵的低价组件“以次充好”，压低项目成本，却不管项目建成之后的发电情况。最后，财政部在 2013 年不得不发布新政策暂停项目审批，并追回前期有“骗补”嫌疑的补贴款[④]。

这一系列问题引人深思。我国为培育新能源汽车、风电、光伏等清洁技术创新创造了非常有利的政策环境，希望它们在政策的庇护加持下能够顺利度过技术和商业模式尚不成熟、市场风险较高的种子期、幼苗期，期待新技术、新产业能够最终发展壮大。但现实中却出

① 重庆汽车工程学会：《中国新能源汽车发展的思考系列专题之六：全球又吹起扶持混合动力汽车之风》，《西南汽车信息》2011 年下半年合刊。

② 新华网，http：//news. xinhuanet. com/fortune/2013-10/10/c_ 125504749. htm。

③ 并网项目的补贴标准是 50%，偏远地区独立发电项目是 70%。

④ 搜狐财经，http：//business. sohu. com/20130520/n376502987. shtml。

现了种种问题和争议，不得不进一步修改政策。若要让这些绿色的“产业种子”在政策的春风里茁壮成长，必须首先理解：政策究竟应该怎么来孵化绿色新兴产业，产业的发展和企业的行为又如何让政策变换方向或力度？探索这些问题，以利于产业的可持续发展和经济社会绿色转型，即本书的起笔之旨。

在新能源汽车产业政策中，以“十城千辆”为代表，历时将近20年的一系列示范工程和推广应用政策最有代表性。从示范推广入手，是分析理解中国新能源汽车产业政策的关键之钥，由此也能以该产业为例推而广之地认识我国产业创新政策的一些普遍现象和问题。本书就将围绕示范和推广展开，呈现中国新能源汽车产业的政策之路。

第二节　理论原点：R&3D 框架下的创新风险

一　从 R&D 到 R&3D：再造技术创新的分析框架

技术创新是推动转型的基本动力①。在应对可持续发展这一重大挑战面前，各国不约而同地从能源结构、生产生活行为和技术等方面采取积极有效的措施，因应变化。相比结构和行为等因素，技术将是提高现有能源利用效率、开发新能源和可再生能源，从而实现能源、环境、经济、社会协调、可持续发展的决定性因素，推动技术进步才是解决能源问题的根本途径。从节流角度看，应该大力发展传统能源的节能技术；从开源的角度看，应该大力发展风能、太阳能、核能等新能源和可再生能源技术。

技术创新不仅仅只是产生新产品和新工艺，还可能引致后续一系列物质实体、理念甚至社会制度的变化，从而为推动技术经济范式（techno-economic paradigm）转型奠定基础②。但是，这个转型的过程

---

① Grübler, Arnulf, et al., “Dynamics of Energy Technologies and Global Change”, *Energy Policy*, Vol. 27, No. 5, 1999; Sustainable Transtion Research Network, *A Research Agenda for the Sustainability Transitions Research Network*, 2017.

② Freeman, Christopher and Carlota Perez, “Structural Crises of Adjustment, Business Cycles and Investment Behaviour”, In *Technical Change and Economic Theory*, edited by Giovanni Dosi et al., London: Pinter, 1988; Freeman, Christopher and Luc Soete, *The Economics of Industrial Innovation*, London: Wellington House, 1997.

并非易事，新兴技术在萌芽初期很可能存在性能不完善、成本过高、使用不方便等缺陷，其综合竞争力往往不如成熟技术，所以，技术从最初发明到成功的大规模扩散之间存在漫长的进步阶梯。这个阶梯有多种相似的划分方法，一般都包含研究、开发、示范、推广（又称为“市场形成”）、大规模扩散等阶段①。

示范和推广对于技术创新有着极为重要的意义。创新过程本质上是具有反馈环的有顺序的过程，可以将其分为几个阶段来考虑。创新的阶段性预示着技术有生命周期。“技术生命周期”（technology life cycle）的概念缘起于产品生命周期，是指从基础研究开始，经历共性技术研发，形成产品进入市场，逐渐成熟，随后衰退，最终被下一代新技术所替代的过程②。这是知识按照一个有章可循的步骤不断变得更具有应用性的过程，在这个过程中知识逐渐被物化到物理设备上，内化到系统要素中，或是作为诀窍（know-how）而体现在产品的性能中③。

技术生命周期的最前端就是为公众所熟知的研究与开发（Research and Development，R&D），R&D 是指为增加知识总量（包括人类、文化和社会知识的总量）而进行的系统性的有创造的活动，以及运用这些知识去发明新的应用④。R&D 的概念既是一种重要的衡量指标，也是一个普遍的分析框架，广泛应用于科技和经济领域。国际上通常以“R&D 强度”（全社会研究开发投入占国内生产总值的比例，R&D/GDP）来衡量一个国家或地区科技投入的规模，这也是反映一个国家、地区经济发展方式的指标，世界主要创新型国家长期保持在

---

① Gallagher，Kelly Sims，et al.，“Energy-Technology Innovation”，*Annual Review of Environment and Resources*，Vol. 31，2006；IEA and OECD，*Creating Markets for Energy Technologies*，Paris：OECD Publishing，2003.

② Godoe，Helge，“Innovation Regimes，R&D and Radical Innovations in Telecommunications”，*Research Policy*，Vol. 29，No. 9，2000；Kim，B.，“Managing the Transition of Technology Life Cycle”，*Technovation*，Vol. 23，No. 5，2003.

③ Tassey，Gregory，*The Economics of R&D Policy*，Santa Barbara，CA：Praeger，1997.

④ OECD，*OECD Factbook 2008：Economic，Environmental and Social Statistics*，Paris：OECD Publishing，2008.

2%以上，多数国家在 2.5%以上，而发展中国家多在 1%以下[1]。

越来越多的国家和地区将示范作为推动技术创新、促进经济发展的重要抓手。诸多情况表明，单纯用 R&D 来衡量科技投入的规模已经不够完整。事实上，科技政策研究的“重镇”——哈佛大学肯尼迪政府学院 Belfer 科学与国际事务研究中心（Belfer Center for Science and International Affairs，Harvard Kenney School）早已将示范纳入研究范畴，正式采用研究、开发和示范（Research，Development，Demonstration，RD&D）或研究、开发、示范和推广（Research，Development，Demonstration，Deployment，RD3 或 R&3D）的统计口径建立了美国能源部预算授权的历年数据库。

最早关于 R&3D 的提法可以追溯到 1999 年美国总统科技政策顾问委员会（President’s Committee of Advisors on Science and Technology，PCAST）的一份研究报告[2]。该报告指出，对于能源技术，特别是新能源技术，完整的技术创新过程应该包括研究、开发、示范和推广四个阶段，不同的阶段有着不同的技术创新特点和规律。这篇报告开启了拓展和细分技术创新过程的研究序幕，此后，Belfer 中心和美国政府的多份重要报告均采用 RD&D 或 R&3D 的分析框架来描述能源技术创新的过程[3]。在 RD&D 和 R&3D 概念的推广过程中，John P. Holdren 起重要的作用，PCAST 的报告正是由其担纲，他于 2009 年撰文指出，能源技术与其他所有类型的技术创新均是由 R&3D 的四个阶段所组成[4][5]。以上对技术创新过程的完整认识也带来了重要的政策启示：一项成功的整体性的技术政策需要对技术创新过程所有要素（R&3D）有完整的考虑，确定 R&D 的优先顺序和能源产业的未来方

---

① OECD，*OECD Science，Technology and Industry Outlook* 2010，Paris：OECD Publishing，2010.

② PCAST，*Powerful Partnerships：The Federal Role in International Cooperation on Energy Innovation*，Washington D. C.，1999.

③ Gallagher，Kelly Sims，et al.，“Energy-Technology Innovation”，*Annual Review of Environment and Resources*，Vol. 31，2006.

④ PCAST 报告里写成 RD3。

⑤ Díaz Anadón，Laura and John P. Holdren，“Policy for Energy Technology Innovation”，In *Acting in Time on Energy Policy*，edited by Kelly Sims Gallagher，Washington DC：Brookings Institution Press，2009.

向固然重要，R&D 计划的有效性及其与示范和推广工作的结合也必须得到充分的重视。

R&3D 分析框架的重要创新之处在于引进了示范和推广这两个阶段。从 R&D 到 R&3D 的理论拓展使技术生命周期更完整，更贴近于技术创新的全过程，在国际上已经得到了普遍的认可。特别是在能源领域，国际能源署（IEA）及其成员国的政府机构已经普遍采用 RD&D 和 R&3D 的提法来代替 R&D 作为衡量科技投入规模的指标。近年来，国际主流学术界越来越多的学者开始拓展他们关注的视野，研究示范和推广阶段的技术创新规律和政策特点，从而为制定更加具有针对性的政策提供咨询意见和政策建议。

二　示范推广的历史背景：政府与市场之辨

在技术创新的历史上有两个非常著名的重要事件。一是 1882 年，爱迪生（Thomas Edison）应著名银行家摩根的邀约在其位于麦迪逊大街的豪宅中展示了一项新的发明——白炽灯，这项示范减少了投资者、使用者和立法者的不确定性，也促成了电灯公司的开办，这就是通用电气公司（GE）的前身。二是 1834 年，美国国会拨款 3 万美元资助摩尔斯（Samuel Morse），以支持其在华盛顿和巴尔的摩之间建设一条全程 64 公里的电报线路。1844 年 5 月 24 日，摩尔斯在国会大厦利用电报机成功实现了两地信号传送，揭开了人类通信史上新的一页①。自此示范之后，电报机和摩尔斯电码被迅速推广应用，既亲历了国际社会的波云诡谲，也见证了普通民众的悲欢离合。

这两次久远的展示活动是现代示范项目的雏形。它们有一个重要的区别——资助的来源。爱迪生的白炽灯示范资助方是私有部门——银行家摩根，摩尔斯的电报机示范资助方是公共部门——美国国会，这应该是世界上最早的政府资助的示范项目。在很长的一段时期内，示范被认为是产业界自己的事情，然而，自第二次世界大战以来，各个国家和地区越来越重视科学技术在经济社会发展中的地位和作用，纷纷制定积极的 R&D 政策，并将触角扩展到了示范这个阶段。

① Lefevre, Stephen R., "Using Demonstration Projects to Advance Innovation in Energy", *Public Administration Review*, Vol. 44, No. 6, 1984.

美国联邦政府关于示范项目的历史最值得研究，其不同时期的态度也颇耐人寻味。根据美国能源部的报告①，联邦资助的示范项目缘起于 20 世纪 50 年代中期的社会计划（social programs）。技术领域示范的开创者则是美国国防部，20 世纪 60 年代早期开始资助的工程原型电站被称为“示范发动机”（demonstrator engines）。1966 年，美国交通部第一次在财年批准账单中采用了 RD&D 的提法，这是历史上第一次将示范与 R&D 并列，自此之后，交通部及其他政府机构发起了许多示范项目。1975 年，能源研究和发展管理局（Enegy Research and Development Administration）的组建标志着联邦资助 R&D 正式扩展到了技术示范这一阶段。卡特政府的任期之内及之前，联邦机构在教育、航天、职业康复、工商业、卫生和能源领域广泛使用示范这一手段。联邦资助的示范在政府间技术转移方面扮演了重要的角色，这也代表了一种合作关系：中央政府机构和地方公共组织共同识别和利用技术创新，以解决一些重要的社会问题②。在 20 世纪 70 年代末，政府资助的示范项目被认为是许多联邦机构研究与开发活动重要且正当的元素，这一时期的示范项目占到了民用研发经费的 10%左右，自此示范的地位和影响达到了历史的巅峰。

然而，示范项目的发展历史并不是一帆风顺的，示范的价值也颇有争议。传统的态度认为，示范是对政府介入民用技术传统态度的一种严重且欠考虑的偏离③，联邦政府不应该成为一个“产品宣传说客”（product advocacy lobbyist），因此如果没有一个被认可的战略需要，政府机构的 R&D 应该将其限制在解决技术未知的工作中，这种工作应该是探索性和多样性的④。里根政府上台之后，奉行取消管制（deregulation）的理念，显著减少了示范这类可能被视为扭曲自由市

① DOE, *The Demonstration Projects as a Procedure for Accelerating the Application of New Technology*: *Charpie Task Force Report*, U.S. Department of Energy, 1978.

② Macey, S. M. and M. A. Brown, “Demonstrations as a Policy Instrument with Energy Technology Examples”, *Science Communication*, Vol. 11, No. 3, 1990.

③ Eads, George and Richard R. Nelson, “Governmental Support of Advanced Civilian Technology: Power Reactors and the Supersonic Transport”, *Public Policy*, Vol. 19, 1971.

④ Lefevre, Stephen R., “Using Demonstration Projects to Advance Innovation in Energy”, *Public Administration Review*, Vol. 44, No. 6, 1984.

场的活动[①]。

示范项目跌宕起伏的发展历程背后是政府与市场关系的意识形态之争。“二战”之后美国科技政策在政府角色上的摇摆更像是民主党人和共和党人之间的拔河比赛（tug-of-war），民主党奉行的是政府积极干预经济和社会的理念，而共和党则坚持发挥市场这一“看不见的手”的作用[②]。而在我国，“示范”一词有更为深远的政治含义。改革开放以来，深圳等四个特区在中国特色社会主义市场经济体制的建立过程中起到了重要的示范作用。在经济社会领域，我国长期施行的计划经济体制形成了政府干预市场的传统，因此政府在经济、科技等社会各领域主导了各类示范工程，并未引起较大的反弹和质疑，取得了显著的社会效果。

三　示范推广的政策背景：技术推动与需求拉动的折中方案

在20世纪六七十年代，美国科技政策界曾经有过一场大规模的论战，争论的核心是：到底是科学技术的进步还是市场需求的变化对技术创新的速度和方向产生更大的影响？可以用两项计划的对比来生动地说明这场论战[③]：其中的“技术推动”（technology-push）派以伊利诺伊理工学院为代表，他们以国家自然基金会（NSF）的TRACES计划为例，认为如果在足够长的时间维度中来考量，基础研究将是创新的主导力量。与此针锋相对的是“需求拉动”（demand-pull）派，他们以国防部的HINDSIGHT计划为例说明需求也即市场力量在创新中的重要作用[④]。

“技术推动”派的奠基人是万尼瓦尔·布什（Vannevar Bush）。1945年，时任美国科学研究和开发办公室主任（Director of the Office of Scientific Research and Development）的他向罗斯福总统提交了一份

① Brown, Marilyn A., et al., “Demonstrations: The Missing Link in Government-Sponsored Energy Technology Deployment”, *Technology in Society*, Vol. 15, No. 2, 1993.

② Chertow, M. R., *Accelerating Commercialization of Environmental Technology in the United States: Theory and Case Studies*, Ph. D. Dissertation, Yale University, 2000.

③ Nemet, Gregory F., “Demand-Pull, Technology-Push, and Government-Led Incentives for Non-Incremental Technical Change”, *Research Policy*, Vol. 38, No. 5, 2009.

④ Sherwin, C. W. and R. S. Isenson, “Project HINDSIGHT”, *Science*, Vol. 156, No. 3782, 1967.

名为《科学：无尽的前沿》（*Science the Endless Frontier*）的报告①，这份报告奠定了美国战后科技政策的理论基础。在这篇报告中，布什指出："基础研究将导致出新的知识。它提供科学上的资本。它创造了这样一种储备，而知识的实际应用必须从中提取……今天，基础研究已成为技术进步的带路人，这比以往任何时候都更加明确了。""技术推动"学说认为，技术是一种自发或准自发的因素②，决定了技术创新的速率和方向。历史上三次科技革命都是首先因为科学和技术产生了重大突破，才导致了后续的技术创新。例如，第一次工业革命，牛顿的力学理论和瓦特的蒸汽机等技术使人类社会进入了蒸汽时代；第二次工业革命则由法拉第的电磁学说和爱迪生的电灯等技术将人类社会带入了电气时代；而正在进行中的第三次科技革命，也是首先发端于爱因斯坦的相对论和原子能、航天、计算机等技术，人类历史继而进入了信息时代。由"技术推动"学说衍生出来的政策启示就是政府应该大力支持基础研究，通过政府资助 R&D 活动、公司 R&D 税收抵免、支持教育和培训等政策工具来降低公司的创新成本③。

"需求拉动"派则发端于 20 世纪五六十年代，学者做了大量的研究，在前人基础上围绕"顾客的需要"提出了"需求拉动"学派的五点基本假设④，描述了不同需求的客观存在、顾客偏好表达、需求随收入递增、生产商通过价格和需求意识到顾客的需要，满足顾客需求的创新过程。由"需求拉动"学说衍生出来的政策启示是政府应该通过知识产权保护、政府采购、管制型标准、消费者使用新技术的

---

① Bush, Vannevar, *Science: The Endless Frontier*, Washington DC: National Science Foundation, 1945.

② Dosi, Giovanni, "Technological Paradigms and Technological Trajectories", *Research Policy*, Vol. 11, No. 3, 1982.

③ Nemet, Gregory F., "Demand-Pull, Technology-Push, and Government-Led Incentives for Non-Incremental Technical Change", *Research Policy*, Vol. 38, No. 5, 2009.

④ Dosi, Giovanni, "Technological Paradigms and Technological Trajectories", *Research Policy*, Vol. 11, No. 3, 1982; Mowery, David C. and Nathan Rosenberg, "The Influence of Market Demand upon Innovation: A Critical Review of Some Recent Empirical Studies", *Research Policy*, Vol. 8, No. 2, 1979; Schmookler, Jacob, *Invention and Economic Growth*, Cambridge, MA: Harvard University Press, 1966.

减税或退税等政策工具来增加创新成功的回报①。

纯粹的“技术推动”和“需求拉动”学说是排他的，但均遭到了学者的批评和质疑。除了对彼此核心要素的忽略之外，“技术推动”学说被认为是过分强调了单一的线性创新过程，忽略了后续阶段的反馈和互动作用②，而这正是解释渐进创新（incremental innovation）的重要因素；“需求拉动”学说被认为无法解释那些引发重大科技革命的不连续的激进创新（radical innovation）③。与此相对应的“技术推动”和“需求拉动”政策工具也遭到了各种诟病。例如，国际能源署在一次会议中达成共识：政府应该避免在 R&D 和推广（deployment）阶段挑选赢家（pick winners），因为政府在 R&D 方面并不在行，这应该交给产业界和私人部门来进行④；美国一些保守的智库（如 Cato Institute 和 Heritage Foundation）特别强烈地主张政府不应该卷入技术选择当中⑤。此外，还有学者以经济学中的“挤出效应”来批评政府对 R&D 的直接资助，认为政府的资助将直接挤出私人的投资⑥。对于“需求拉动”的政策，政治传统、意识形态不同的国家有迥异的立场。例如，对某种技术的财政补贴可能被认为是对另外一种技术的歧视，这种干扰市场信号的政策工具虽然被奉行积极干预政策的政府经常使用，但却饱受奉行“自由放任”（laissez faire）理念的政府指摘。在他们看来，经济活动应该完全由市场机制来推动，让“看不见的手”来主导资源配置。

---

① Dosi, Giovanni, "Technological Paradigms and Technological Trajectories", *Research Policy*, Vol. 11, No. 3, 1982; Nemet, Gregory F., "Demand-Pull, Technology-Push, and Government-Led Incentives for Non-Incremental Technical Change", *Research Policy*, Vol. 38, No. 5, 2009.

② Freeman, Christopher, "The Economics of Technical Change", *Cambridge Journal of Economics*, Vol. 18, No. 5, May 1994.

③ Mowery, David C. and Nathan Rosenberg, "The Influence of Market Demand upon Innovation: A Critical Review of Some Recent Empirical Studies", *Research Policy*, Vol. 8, No. 2, 1979.

④ IEA and ETP, *Technology Learning and Deployment*, Paris, 2008.

⑤ Watson, Jim, *Setting Priorities in Energy Innovation Policy: Lessons for the UK*, Cambridge, MA: ETIP Discussion Paper Series, 2008.

⑥ Goolsbee, Austan, "Does Government R&D Policy Mainly Benefit Scientists and Engineers?" *American Economic Review*, Vol. 88, No. 2, 1998.

“技术推动”和“需求拉动”学说对于技术创新的解释力及其不足凸显了将二者结合起来的必要性。前人的理论已经说明“技术推动”对于解释不连续的激进创新非常有效，“需求拉动”对于解释“采纳后的创新”（post-adoption innovation）非常有效，那么，对于激进创新的“采纳前”阶段，政府应该用何种政策工具来支持？遵循国际能源署的建议，政府不应该在R&D和推广阶段“挑选赢家”，那么政府最应该起作用的应该是处于这二者之间的示范阶段。事实上，示范正是一种引起需求拉动的技术推动①，可以很好地把技术推动和市场拉动结合起来，通过协同努力，更好地贯彻政策意图，因此得到了世界各主要国家政府部门的“青睐”。

四　示范推广的产业背景：远忧近困的必然选择

在能源领域，示范推广项目通常是能源机构R&D工作中的“旗舰”②，非常引人注目。尽管替代化石能源的新能源已经在世界各国得到了广泛的关注和普遍的重视，但事实上很多新能源的主导设计尚未成型，商业模式尚未成熟，社会接受程度较低，并未得到普遍的推广，尚未进入扩散阶段。基于目前的发展状况，开展示范工程是最为可行的选择。

需要指出的是，当前世界各国的示范工程大都始于2009年，这背后有更深层次的原因。2007年发端于美国国内，肆虐于全球范围的经济危机和金融动荡使世界各主要国家在一定程度上动摇了自由市场经济的立场，更多地选择了国家干预的措施来挽救经济颓势，促进社会发展。以美国能源部的预算体制和统计口径为例，如图1-1所示，自2009年以来，特别是在奥巴马政府通过的《美国复苏与再投资法案》（*American Recovery and Reinvestment Act*，ARRA）中，能源示范开支均有大幅度的提高，尤其是在能源推广方面，2009年的投入接近300亿美元。

---

① DOE, *The Demonstration Projects as a Procedure for Accelerating the Application of New Technology: Charpie Task Force Report*, U.S. Department of Energy, 1978.

② Lefevre, Stephen R., “Using Demonstration Projects to Advance Innovation in Energy”, *Public Administration Review*, Vol. 44, No. 6, 1984.

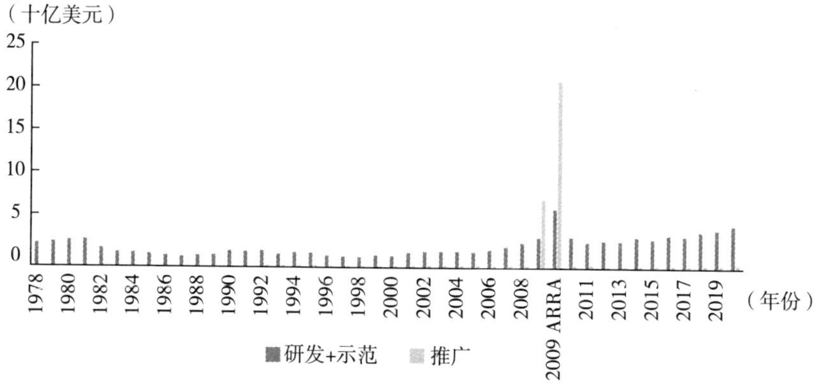

图 1-1　美国能源部的能源 R&3D 预算（1978—2020 年）

资料来源：Gallagher, K. S. and L. D. Anadon, *DOE Budget Authority for Energy Research, Development, and Demonstration Database*, Fletcher School of Law and Diplomacy, Tufts University; Department of Land Economy, University of Cambridge; and Belfer Center for Science and International Affairs, Harvard Kennedy School, July 8, 2020.

当前，政府资助示范工程已经成为各主要国家推动科技进步，促进经济增长的重要着力点。在我国，示范工程也成为体现政府意志的一件“利器”。例如，2009 年 1 月由财政部、科技部、工信部和国家发改委共同启动了“节能与新能源汽车示范推广应用工程”，该工程已被国际公认为世界上最大规模的新能源汽车示范推广行动，也是有史以来规模最大的国家财政补贴示范推广项目。

第三节　研究动机和研究问题

由上文可见，示范推广对于技术创新和绿色转型具有重要的意义，但这个话题的学术理论和政策研究不够充分，还存在以下几个问题。

第一，在中国语境下，示范推广政策对技术创新和转型的影响机制不够清晰。目前，主要的示范推广理论研究大都是在西方的情境下来讨论问题，以此得出的结论是否能够适用于我国的现实？这是个值得怀疑的问题。美国兰德公司的一份早年研究报告指出：项目发起方来自非联邦来源是示范项目取得成功扩散的一个重要特点，也就是说，由私人公司或地方公共机构发起的示范项目比那些直接由联邦政府推动的项目更有可能在扩散阶段取得成功①。该研究同时还发现具有大量联邦资助的示范有较少的扩散成功机会。西方理论对政府参与示范的质疑是很有市场的，尽管近年来不少文章以能源示范工程的实证案例展示了需要国家创造一个领先市场，但总体上有一定争议②。在我国，目前许多新能源示范项目是由中央政府主导的，例如“十城千辆”节能与新能源汽车示范推广工程。经过十几年的发展，新能源汽车示范推广工程对于产业的重大意义已经得到了确认，这在一定程度上预示着西方情境中的影响因素未必适合我国的国情，彰显了在中国情境下研究政府示范推广工程影响机制的必要性。

事实上，中国等新兴国家的绿色转型和技术创新与欧美有较大差异（见表1-1）。其一，新兴国家多处于技术跟随和追赶阶段，创新技术最初原创于欧美发达国家，被本国所学习、对标，所以发展会受到国外因素、跨国公司等的影响③，甚至基于技术而生的产业结构、规则、市场需求等也受到发达国家的显著影响④。而欧美国家的科学技术在世界范围内属于领先地位。在它们的转型过程中，创新主要来自本国或者附近区域，技术能较为容易地跟世界前沿创新保持在相近水平上。其二，新兴国家的转型驱动力往往来自国家意志，这与发达

---

① Baer, Walter S., et al., *Analysis of Federally Funded Demonstration Projects*, Santa Monica, CA: RAND Corporation, 1976.

② Hendry, Chris, et al., “So What Do Innovating Companies Really Get from Publicly Funded Demonstration Projects and Trials? Innovation Lessons from Solar Photovoltaics and Wind”, *Energy Policy*, Vol. 38, No. 8, 2010; Kern, Florian, et al., “The Political Economy of Carbon Capture and Storage: An Analysis of Two Demonstration Projects”, *Technological Forecasting and Social Change*, Vol. 102, January 2016; Koski, Chris and Taedong Lee, “Policy by Doing: Formulation and Adoption of Policy through Government Leadership”, *Policy Studies Journal*, Vol. 42, No. 1, 2014; Lefevre, Stephen R., “Using Demonstration Projects to Advance Innovation in Energy”, *Public Administration Review*, Vol. 44, No. 6, 1984.

③ Quitzow, Rainer, “Assessing Policy Strategies for the Promotion of Environmental Technologies: A Review of India's National Solar Mission”, *Research Policy*, Vol. 44, No. 1, 2015.

④ Iizuka, Michiko, “Diverse and Uneven Pathways towards Transition to Low Carbon Development: The Case of Solar PV Technology in China”, *Innovation and Development*, Vol. 5, No. 2, 2015.

国家有很大不同。现有实证研究中，绿色转型的驱动力量一般来自新技术的发明者及其拥趸、科学家、草根绿色组织、社会团体、新兴产业利益群体，他们的大量精力投入在与既得利益集团的博弈，或游说立法者和政府谋求政策支持，争取新技术、新模式的话语权，从而获得合法性和资源[①][②]，这是转型的重要步骤，所以，转型的很大一部分过程是政治性的谈判和协商[③]。另有个别产业的驱动力较为复杂。有些国家如荷兰、以色列是来自现有企业自身的技术进步和竞争需求，通过企业自身的活动去争取政策支持，政府出于节能低碳等目的同意协助转型[④]；在另一些国家如美国、日本的汽车清洁化并不是现有企业主动的意愿，而是在大众、政府的多方压力下转变；或企业虽然主动，但政府在很长一段时间内的支持有限[⑤]。但是，中国和印度

---

① Hess, David J., "Sustainability Transitions: A Political Coalition Perspective", *Research Policy*, Vol. 43, No. 2, 2014; Pacheco, Desirée F., Jeffrey G. York et al., "The Coevolution of Industries, Social Movements, and Institutions: Wind Power in the United States", *Organization Science*, Vol. 25, No. 6, 2014.

② 这里的“合法性”并不是狭义的合乎法律规范，而是指技术合乎政府和社会的认知、监管和规范。

③ Bergek, Anna, et al., "'Legitimation' and 'Development of Positive Externalities': Two Key Processes in the Formation Phase of Technological Innovation Systems", *Technology Analysis and Strategic Management*, Vol. 20, No. 5, 2008; Shove, Elizabeth and Gordon Walker, "CAUTION! Transitions Ahead: Politics, Practice, and Sustainable Transition Management", *Environment and Planning A*, Vol. 39, No. 4, 2007.

④ Cohen, Nissim and Michael Naor, "Reducing Dependence on Oil? How Policy Entrepreneurs Utilize the National Security Agenda to Recruit Government Support: The Case of Electric Transportation in Israel", *Energy Policy*, Vol. 56, May 2013; Pinkse, Jonatan, René Bohnsack et al., "The Role of Public and Private Protection in Disruptive Innovation: The Automotive Industry and the Emergence of Low-Emission Vehicles", *Journal of Product Innovation Management*, Vol. 31, No. 1, 2014.

⑤ Penna, Caetano C. R. and Frank W. Geels, "Climate Change and the Slow Reorientation of the American Car Industry (1979-2012): An Application and Extension of the Dialectic Issue LifeCycle (DILC) Model", *Research Policy*, Vol. 44, No. 5, 2015; Pohl, Hans and Masaru Yarime, "Integrating Innovation System and Management Concepts: The Development of Electric and Hybrid Electric Vehicles in Japan", *Technological Forecasting and Social Change*, Vol. 79, No. 8, 2012.

在推进清洁汽车、风电的发展时充分展现出政府的主动性①，国家意志的介入让绿色转型在起步阶段就拥有了很强的合法性，也能投入较多国家资源。这意味着发达国家的转型和技术创新以自下而上（bottom-up）产生为主，而在新兴国家由政府驱动的模式并不尽然。

表 1-1　　中国等新兴国家与发达国家的绿色转型创新对比

差异点	技术特点	转型发起方
欧美发达国家	来自本国或相近发展水平国家，较少受外部影响	• 从下至上：新技术拥趸、新产业利益、草根组织、科学家…… • 获得合法性和资源支持
中国、印度等新兴国家	技术跟随追赶，受到发达国家影响	• 往往是国家意志驱动 • 起始就有合法性和资源

第二，目前人们对于示范推广政策作用下的企业战略认识较少。企业是技术创新的主体，它的研究探索至关重要，因为新产业的整体技术方案、技术标准等是经过一个个企业的研究探索汇聚而成的。然而，大量文献偏重于研究示范推广政策作用下的新产业整体演进规律，如学习、建立社会预期、形成利益网络等②，着眼于企业个体的研究却很少，特别是对企业战略选择的内部过程挖掘不多③。因此，现有文献很少讨论示范推广政策如何驱动企业做出转型的决策、在转型过程中如何调整战略，例如为什么新能源汽车企业的技术路线选择出现差异、发生变化，政府如何影响它们的决策。正是如此，研究示范推广政策作用下企业的战略行为具有积极意义。

---

① Altenburg, Tilman, et al., "The Emergence of Electromobility: Comparing Technological Pathways in France, Germany, China and India", *Science and Public Policy*, Vol. 43, No. 4, 2016; Ru, Peng, Qiang Zhi et al., "Behind the Development of Technology: The Transition of Innovation Modes in China's Wind Turbine Manufacturing Industry", *Energy Policy*, Vol. 43, No. 1, 2012.

② Schot, Johan and Frank W. Geels, "Strategic Niche Management and Sustainable Innovation Journeys: Theory, Findings, Research Agenda, and Policy", *Technology Analysis and Strategic Management*, Vol. 20, No. 5, 2008.

③ Sustainable Transtion Research Network, *A Research Agenda for the Sustainability Transitions Research Network*, 2017.

第三，对我国示范推广政策的变化机制理解较少。一般文献着眼于讨论示范推广政策的功能是什么、什么政策适合于新产业和技术的发展、政府应该怎么做①，却很少讨论政策本身的变化原理。有些学者解释了能源技术创新政策的变化历程②，不过，他们的研究对象以欧美国家为主，新兴国家的研究尚不充分。有不少学者详细介绍了我国的风电和光伏政策变迁过程③，却没有试图去解释背后的机制。

这些问题为本书提供了研究空间。本书将循序渐进回答四个问题，其中第三个问题和第四个问题构成一个闭环，让我们更好地认识示范推广政策的实际意义。

（1）政府要不要支持示范推广项目？为什么？

（2）有哪些因素能影响示范推广项目成败？

（3）示范推广政策如何影响企业的战略选择？

（4）产业的发展如何影响政策，推动政策变迁？

本书将聚焦于我国，展现中国汽车产业从20世纪90年代至今的绿色转型与科技创新历程，即新能源汽车的发展史，以此为案例来回答以上这些问题。我国汽车技术长期落后于国外，新能源汽车是一个由国家主导发展起来的绿色高技术行业，具有技术跟随和国家驱动的特点，是研究示范推广政策的理想产业对象。

---

① Kern, Florian and Michael Howlett, "Implementing Transition Management as Policy Reforms: A Case Study of the Dutch Energy Sector", *Policy Sciences*, Vol. 42, No. 4, 2009; Kivimaa, Paula and Florian Kern, "Creative Destruction or Mere Niche Creation? Innovation Policy Mixes for Sustainability Transitions", *Research Policy*, Vol. 45, No. 1, 2015.

② Hoppmann, Joern, et al., "Compulsive Policy-Making: The Evolution of the German Feed-in Tariff System for Solar Photovoltaic Power", *Research Policy*, Vol. 43, No. 8, 2014; Jacobsson, Staffan and Volkmar Lauber, "The Politics and Policy of Energy System Transformation—Explaining the German Diffusion of Renewable Energy Technology", *Energy Policy*, Vol. 34, No. 3, 2006.

③ Dai Yixin and Lan Xue, "China' s Policy Initiatives for the Development of Wind Energy Technology", *Climate Policy*, Vol. 15, No. 1, 2015; Ru, Peng, et al., "Behind the Development of Technology: The Transition of Innovation Modes in China' s Wind Turbine Manufacturing Industry", *Energy Policy*, Vol. 43, No. 1, 2012; Zhi, Qiang, et al., "China' s Solar Photovoltaic Policy: An Analysis Based on Policy Instruments", *Applied Energy*, Vol. 129, September 2014.

第四节　内容安排

本书内容安排如图 1-2 所示。第二章系统论述示范推广政策的原理，将基于创新经济学和管理、科技政策等方面的理论，从科技创新和绿色转型的两大视角解释示范推广政策的理论意义，以回答第一个研究问题。第三章介绍本书的研究设计，详细阐述案例研究的原理和运用方式。第四章开始进入正题，交代中国新能源汽车的技术背景知识，全面回顾产业政策演进，使读者对产业有一个全景式概览。第五章将详细解释第二个研究问题，通过两个探索性案例研究提炼出示范项目成败的重要影响因素，阐明影响机制。第六章将通过比较 6 个汽车企业的技术路线选择和变迁，来回答第三个研究问题。第七章将通过解释 1999—2015 年的中国新能源汽车政策变迁案例，回答第四个研究问题。第八章总结全书，给出最终结论，提出转型与创新的政策建议。

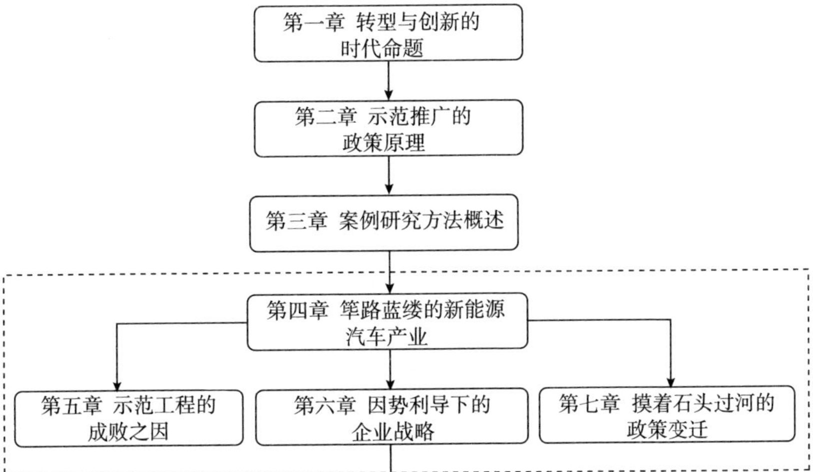

图 1-2　全书结构

第二章

示范推广的政策原理

发展新能源汽车既体现了我国能源交通绿色转型的需求，也是国家汽车产业技术创新的必由之路，因此研究该产业要从绿色转型和技术创新两个维度着眼，去思考示范推广政策如何促进转型和创新，从而理解第一个研究问题：政府要不要支持示范推广项目？为什么？本章将从这两大理论视角阐释示范推广的政策原理：一是技术创新理论，从产业创新的阶段性需求和政策工具意义来定义和分析示范推广政策；二是绿色转型理论，讨论政策如何促进绿色新兴技术从萌芽、成长到壮大，来推动经济社会走向可持续发展，因此理解示范推广政策的保护性作用。由此，我们就能理解为什么新能源汽车这样的产业需要国家通过示范推广政策来“扶上马，送一程”。

第一节　示范和推广的概念

示范是什么？我们从环境、规模、功能、目标四个方面来定义示范。

在最早一份研究中，Baer 等通过列举美国联邦政府动机的方式来定义示范[①]：“联邦政府资助的部分创新示范项目，例如核反应堆等被设计用来加速商业化的过程，其他项目则为管制决策提供信息，特别是在环境领域。在一些个别情况下，示范项目还被用来促进美国外

① Baer, Walter S., et al., *Analysis of Federally Funded Demonstration Projects*, Santa Monica, CA: RAND Corporation, 1976.

交政策目标的达成……示范的目的在于展示一项技术如何在一个正常的‘真实世界’的环境下运行。”他们同时区分了示范与其他与开发有关的活动：“示范专注于现实操作环境中技术性能的问题，包括经济的、制度的和其他非技术因素的评估，以此为商业化决策提供充分的信息基础。”美国能源部进一步指出：“如果一项给定的示范与现实离得太远，也许需要另外一项示范来进行证明。”[①] 因此在最早的定义中，一个核心的要素是“真实环境”（real-world）。

在随后的政府报告和学术研究中，示范的定义还加入了第二个要素：“全规模”（full-scale）。美国国会技术评估办公室（Office of Technology Assessment，OTA）指出，“示范是一个项目，包含一项在真实环境下全规模或接近全规模（at or near full scale）的创新项目”[②]。早期学者也认为，示范是“一项新技术或实践在现实中正常工作条件下的全规模应用”，一项技术能否正常地运作很大程度上取决于它与传统技术相比的经济优势，但这些经济优势却只能在商业化规模的情况下才能得到确立[③]。

“真实环境”和“全规模”的定义对于区别示范与开发活动是十分必要的。例如，硬件零部件的大规模工程检测不是示范，因为这些项目往往检测一个创新过程或产品的比例放大（scaled-up）零部件，而不是检测整个系统，也不在现实的操作环境中进行。OTA 举了一个例子：飞机引擎在被整合进原型系统之前，将在大型的检测单元中运行，甚至在检测飞机上安装。这些活动对新产品的发展具有潜在的重要性，应该被视为开发的一部分，而不仅仅是一种促使开发阶段转变到使用阶段的工具[④]。

---

① DOE, *The Demonstration Projects as a Procedure for Accelerating the Application of New Technology: Charpie Task Force Report*, U. S. Department of Energy, 1978.

② Glennan, T. K. Jr., et al., *The Role of Demonstrations in Federal R&D Policy*, Santa Monica, CA: Office of Technology Assessment, 1978.

③ Lefevre, Stephen R., “Using Demonstration Projects to Advance Innovation in Energy”, *Public Administration Review*, Vol. 44, No. 6, 1984; Macey, S. M. and M. A. Brown, “Demonstrations as a Policy Instrument with Energy Technology Examples”, *Science Communication*, Vol. 11, No. 3, 1990.

④ Glennan, T. K. Jr., et al., *The Role of Demonstrations in Federal R&D Policy*, Santa Monica, CA: Office of Technology Assessment, 1978.

从功能来看，“示范”一词有两种主要的意思：一是示范旨在“检验”（prove），检测、验证和证明在考虑之中的创新；二是示范旨在“展示”（show），向其他人展示创新的相对优势，以劝说他们使用它。还有学者认为，区别于技术性试验和市场扩散及商业化，示范项目做两件事：一是检测（test）技术、产品、过程和系统；二是促进（promote）市场扩散和商业化①。以上的研究带来了示范定义中的第三、第四、第五个要素：“检验或证明”“展示”和“促进市场扩散和商业化”。

从目标来看，示范项目区别于试验工程（pilot plant）或实地试验（field trial）的关键目标是给决策者和潜在用户开启市场空间。它被设计用来证明一项新设备或过程的技术、经济和环境可行性，试图缩短一个特定技术从开发到原型设计、再到大规模可行性和被工业及商业顾客接受这一过程的时间②，这就是示范的第一个目标——促进创新的使用。由于创新的结果就是市场扩散和商业化，因此“促进创新”与前文的第五个要素不谋而合。此外，OTA 还提到了另外一个目标——影响政策③，产生信息用于决策，帮助政策制定者决定是否接受一项政策。因此，从示范的作用这个视角来看，示范定义还有最后一个要素，即“影响政策”。

综上所述，本书得出了示范项目的定义：一个包含特定技术的项目，在现实环境中以全规模或接近全规模，通过检验和展示，促进创新，可能会影响政策。

“推广”一词的英文原意多用于军事领域，意指在准备采取正式行动之前对资源和力量的调度、配置和展开。在科技创新领域，推广

---

① Hendry, Chris, et al., “So What Do Innovating Companies Really Get from Publicly Funded Demonstration Projects and Trials? Innovation Lessons from Solar Photovoltaics and Wind”, *Energy Policy*, Vol. 38, No. 8, 2010.

② Glennan, T. K. Jr., et al., *The Role of Demonstrations in Federal R&D Policy*, Santa Monica, CA: Office of Technology Assessment, 1978; Harborne, Paul and Chris Hendry, “Pathways to Commercial Wind Power in the US, Europe and Japan: The Role of Demonstration Projects and Field Trials in the Innovation Process”, *Energy Policy*, Vol. 37, No. 9, 2009.

③ Glennan, T. K. Jr., et al., *The Role of Demonstrations in Federal R&D Policy*, Santa Monica, CA: Office of Technology Assessment, 1978.

是介于示范与商业化扩散（diffusion）之间的一个技术阶段①，此时技术尚未具有经济性，生产尚处于小型的产业规模②，处于早期商业化和“利基市场”阶段（pre-commercial and niche deployment）③，由政府通过一系列政策工具为技术的商业化创造市场，承担和保护创新的成本④。在这一阶段，创新性的技术能够沿着自身的学习曲线实现成本的下降，新技术市场开始形成。当私人部门承担了新兴技术的大部分风险和收益时，技术就完成了商业化⑤，这时市场形成，技术进入大规模扩散阶段。推广政策就是该阶段政府所采取的各种创造市场、拉动需求政策的总称，例如公共采购、消费补贴等。

推广往往与示范有重叠，二者都具有打开市场空间的功能⑥，因此二者关系密切。我国自 1999 年开始推广节能汽车，此时新能源汽车尚处于五年计划的研发和小规模示范应用阶段，将应用局限于个别地区和个别场合，且数量有限、过程受控，直到 2009 年才启动“十城千辆”节能与新能源汽车示范推广应用工程，正式开启了我国新能源汽车的商业化示范推广阶段。

第二节 技术创新视角：“达尔文之海”和“诺亚方舟”

一 跨越创新的高风险阶段

创新是一个个阶段推进的过程，学术界提出了若干个创新阶段的

---

① 商业化扩散也被称为“市场采纳”（market uptake）。

② IEA and ETP, *Technology Learning and Deployment*, Paris, 2008.

③ Gallagher, Kelly Sims, et al., “The Energy Technology Innovation System”, *Annual Review of Environment and Resources*, Vol. 37, July 2012.

④ Schot, Johan and Frank W. Geels, “Strategic Niche Management and Sustainable Innovation Journeys: Theory, Findings, Research Agenda, and Policy”, *Technology Analysis and Strategic Management*, Vol. 20, No. 5, 2008.

⑤ Lefevre, Stephen R., “Using Demonstration Projects to Advance Innovation in Energy”, *Public Administration Review*, Vol. 44, No. 6, 1984.

⑥ Karlström, Magnus and Björn A. Sandén, “Selecting and Assessing Demonstration Projects for Technology Assessment: The Case of Fuel Cells and Hydrogen Systems in Sweden”, *Innovation: Management, Policy and Practice*, Vol. 6, No. 2, 2004.

模型。最开始，这些模型大多遵循着研究、开发、示范和扩散这一线性的、顺序的过程①。不过，在随后的几十年内，有不少学者对此提出了挑战和修正，认为创新存在大量不确定因素，线性模型忽视了创新过程中的一系列连续活动前后之间的反馈，掩盖了创新过程中学习机制的重要意义，这些反馈对于评价创新绩效、引导后续步骤、估计竞争态势具有重要的作用②。

比如，图 2-1 提出了创新阶段的几种类型。类型 A 代表了旧的线性模型，阶段之间有明显的界线。类型 B 与在连续的阶段之间有实质性的重叠，比较近似于美国制造业在 20 世纪 90 年代前的普遍状况。类型 C 是代表了三个阶段之间更深入的重叠。制造和市场的考量更早地进入上游活动的规划中，大量的研究在顾客反馈的导引下，甚至延伸到第一次市场引进中，这是日式经营方法改善（kaizen）和日本创新系统的重要组成部分。这预示着完全整合创新过程的重要性，这些整合包括在各个阶段之间实际人员的重叠性参与，市场和制造人员将参与到早期的 R&D 中，部分 R&D 人员将与终端用户互动以获得反馈以实现持续改进③。

尽管如此，有顺序的线性模式简明地表明了创新的过程，在研究中仍然有其强大的生命力。创新过程的总体模式可以被认为是有很多交流通道的复杂网络，但它实质上仍然是一个有反馈环的、渐进的、累积的顺序过程。因此，出于分析和规范的目的，将创新的各阶段分别对待仍然是有效的④，有顺序的阶段论仍是科技政策和技术创新理论的一个研究切入点。

---

① Gallagher, Kelly Sims, et al., "Energy-Technology Innovation", *Annual Review of Environment and Resources*, Vol. 31, 2006.

② Rothwell, Roy, "Towards the Fifth-Generation Innovation Process", *International Marketing Review*, Vol. 11, No. 1, 1994.

③ Brooks, Harvey, "What We Know and Do Not Know about Technology Transfer: Linking Knowledge to Action", In *Marshaling Technology for Development*, edited by National Research Council, Washington DC: National Academy Press, 1995.

④ Fri, Robert W., "The Role of Knowledge: Technological Innovation in the Energy System", *Energy Journal*, Vol. 24, No. 4, 2003; Gallagher, Kelly Sims, John P. Holdren et al., "Energy-Technology Innovation", *Annual Review of Environment and Resources*, Vol. 31, 2006; Rothwell, Roy, "Towards the Fifth-Generation Innovation Process", *International Marketing Review*, Vol. 11, No. 1, 1994.

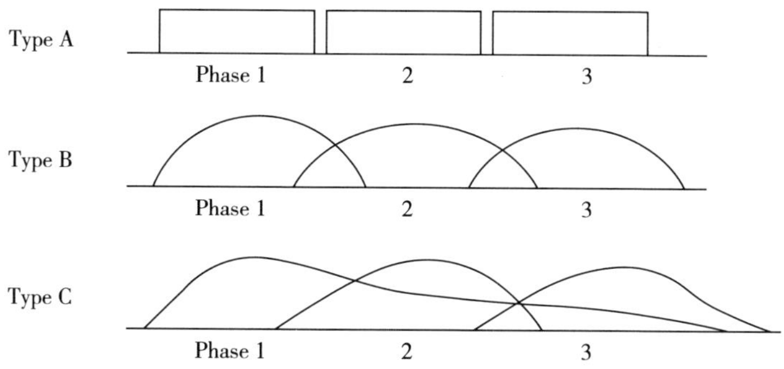

图 2-1　技术创新过程中的各阶段关系

资料来源：Brooks（1995）。

在每个阶段，创新都具有很大的不确定性和风险，包括技术风险、政治风险、市场风险、伦理风险等。R&3D 分析框架中最易出现创新风险的地方有三处。第一处介于研究和开发之间（见图 2-2）。美国国家标准与技术研究院（National Institute of Science and Technology，NIST）高级经济学家、华盛顿大学 Gregory Tassey 教授将 R&D 过程细分为基础研究、共性技术研究和应用 R&D，认为技术创新的风险并非如人们所想象的那样稳定下降，在总风险曲线上存在一个楔形

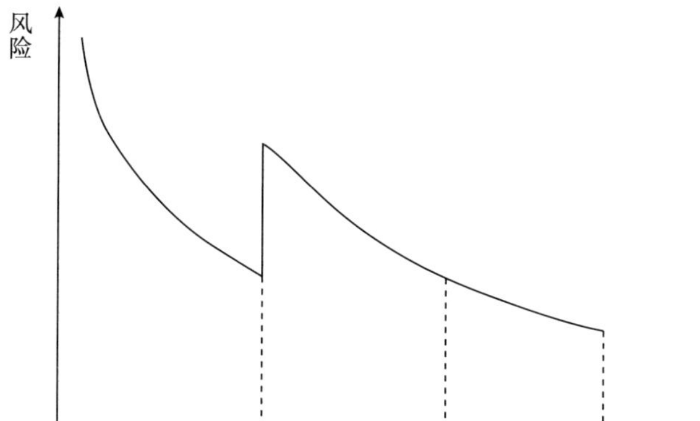

图 2-2　R&D 过程中的风险减少

资料来源：Tassey（1997）。

的风险凸起[①]。事实上，基础研究的成功仅仅意味着对事物的本质和规律有更深刻的理解，并为之后的技术开发提供更多潜在的选择。但是，一旦到了共性技术研究阶段，需要考虑的问题便复杂起来，成本控制、公众认知、融资难度、政治支持等诸多因素都可能让原本具有潜力的技术开发项目遭到失败。

Tassey 的风险研究仅局限在 R&D 阶段，当我们将 R&D 拓展为 R&3D 时，其中的风险高发处便不止这一处，另两处楔形凸起分别出现在开发与示范之间，以及示范与推广之间，如图 2-3 所示。

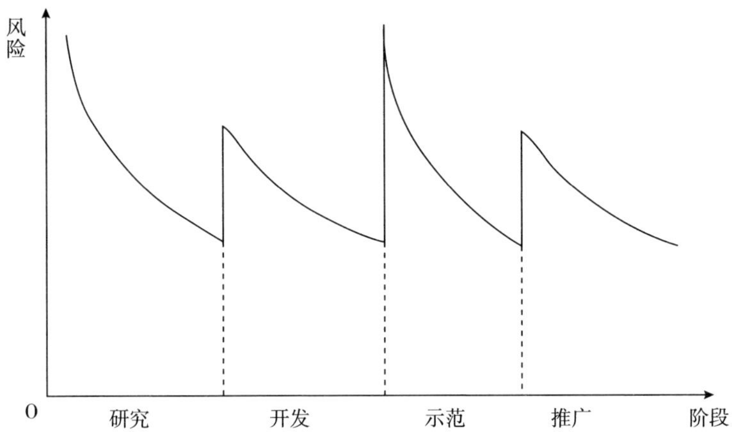

图 2-3　从 R&D 拓展至 R&3D 的风险表征

资料来源：改编自 Tassey（1997）。

事实上，在开发、示范和推广之间存在诸多的风险。有学者认为，将发明带入市场这一过程中的鸿沟（gap）最易发生的情形是，政府认为一项技术已经足以被应用而不需要额外的资助，而产业界却认为这项技术尚处于胚胎阶段不足以被接受[②]。因此，创新在示范阶段易“陷入泥潭”。这个时点处于产品生命周期的重要阶段，有前景的想法已经被发现，概念已经得到验证，政府很少继续冒险，私营产

① Tassey, Gregory, *The Economics of R&D Policy*, Santa Barbara, CA: Praeger, 1997.

② Chertow, M. R., *Accelerating Commercialization of Environmental Technology in the United States: Theory and Case Studies*, Ph. D. Dissertation, Yale University, 2000.

业也不愿意承担风险。

知名商业战略专家 Geoffrey Moore 给出了一个类似于正态分布曲线的钟形曲线来表述技术采用生命周期（technology adoption lifecycle）[①]。他划分了五个群体：创新者、早期受众、早期大众、晚期大众和落后者，在早期受众和早期大众之间存在“深深分开的峡谷”，这是技术接受生命周期中最可怕、最残酷的过渡。在峡谷的左边，早期受众期待新旧发展轨迹之间激烈的不连续性，希望从剧变中获得竞争优势，同时也做好了准备来接受难以避免的故障；而在峡谷的右边，早期大众却希望将这种不连续性最小化，他们需要不断进步的演化的技术，而不是革命性的技术，他们也不愿意“调试”（debug）别人的产品，只想接受一个能够正常工作且兼容良好的产品。

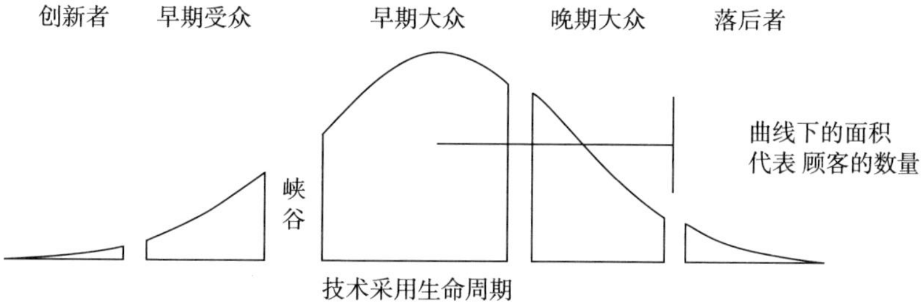

图 2-4　技术采用生命周期中的峡谷

资料来源：Moore（1999）。

原美国总统科学顾问委员会主席、NIST 创院院长、哈佛大学肯尼迪政府学院荣休教授 Lewis M. Branscomb 在研究从发明到创新之间的转化时，将创新过程分成五个阶段，前两个阶段是基础研究和概念验证（proof of concept），第四个阶段是产品开发，第五个阶段是生产和营销[②]。他们将介于发明和创新之间的第三个阶段定义为早期技术

---

① Moore, Geoffrey A., *Crossing the Chasm: Marketing and Selling Disruptive Products to Mainstream Customers*, New York: Harper Collins, 1999.

② Branscomb, Lewis M. and Philip E. Auerswald, *Between Invention and Innovation: An Analysis of Funding for Early-Stage Technology Development*, Department of Commerce: NIST Report, 2002.

开发（early-stage technology development）阶段，在这个阶段满足特定市场需求的产品规格和生产过程已经基本明确，可估计出产品成本，从而可以检验商业模式，并开始吸引足够的资本来进行早期生产和营销。五个阶段的划分及早期技术开发阶段如图 2-5 所示。

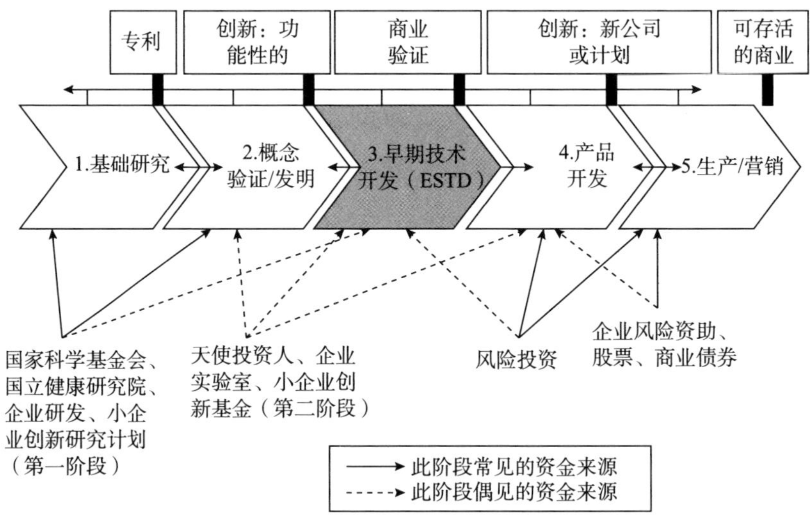

图 2-5　技术创新发展与资助的连续过程模型

资料来源：Branscomb and Auerswald（2002）。

Branscomb 等认为，在现实中，介于科技企业和工商金融企业的两岸间是一个商业和技术观念的生死之海，大鱼和小鱼展开殊死搏斗，有创造力的、敏捷的和坚韧的才能得以生存。因此，他们提出了一个比喻——“达尔文之海”——来描述从原型发明到商业化创新和扩散之间的鸿沟。他们认为，在“达尔文之海”中存在三个挑战：一是研究动机的断层。科学家和资助学术研究的机构很少能有足够的诱因和积极性来将研究付诸实施。二是技术专家和商业管理者的断层。达尔文之海的两岸：一边是技术专家，另一边是投资者或管理者，他们所受的训练、具有的期望、掌握的信息资源、习惯的表达方式都非常不同。技术专家知晓项目的科学意义、技术可行性和新颖性，投资者和管理者了解将产品带入市场的过程，但在涉及项目的技术细节时需要依赖技术专家。如果这两个群体之间没有充分的信任，或无法有效沟通，介于发明与创新之间的“达尔文之海”就更深了。三是资金的断层。研究资助旨在支持产生创意和原初示范，投资资助旨在将研究资助的成功转变为可以上市的原型样机，这二者之间存在资金断层。实际上，“达尔文之海”所缺的资源并不仅仅是资金，还有时间、信息以及人力资源，特别是缺乏两类人：一是通晓特定项目的技术和市场信息的人，二是能够评估和验证信息的人。从这个意义上说，“资金鸿沟”更像是“信息鸿沟”。

“达尔文之海”还有其他类似比喻概念，如“死亡之谷”“沙漏之颈”等，指的是尽管技术越来越成熟，技术风险在下降，但资金的可获得性却越来越困难，这是支持技术创新和技术商业活动的资金流中的阻塞点（choke point）。不管是什么比喻，“鸿沟”“峡谷”“达尔文之海”等概念等均有全部或部分区间落在了示范推广这一阶段。

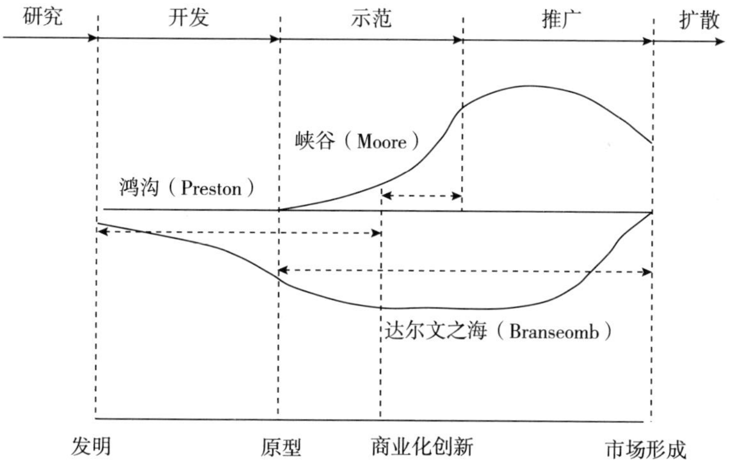

图 2-6　示范推广阶段的风险

示范推广阶段出现的风险叠加现象导致了非常严重的市场失灵。市场失灵的产生有四个原因：垄断、信息不对称、公共物品、外部性，而且非常不幸的是，示范推广所处的特殊阶段使以上四种原因都有不同程度的表现。

（1）基础设施的垄断性。对于能源技术而言，最重要的一种市场失灵是锁定效应（lock-in）[①]。经过工业化的发展，以化石能源为核心的传统能源系统已日臻成熟，世界各国普遍存在电站电网、天然气管道等适应传统化石能源的集中式的基础设施，并被具有垄断地位的利益集团所控制。这些现有基础设施既深刻影响了民众的社会行为和生产生活方式，也在一定程度上主导了公共政策的走向。但大多数新能源技术受自然环境影响较大，具有能量密度较低、产出不稳定、地理分布分散等特点，因此适应新能源的基础设施应该是分布式、智能化的。传统集中式的基础设施无法支撑新能源技术的发展，而新型分布式、智能化的基础设施又无法及时跟上，有些情况下更是出现了"鸡和蛋"的悖论。建设所需的基础设施并投资于附属的先进技术是昂贵的经营行为，如果对未来使用这些基础设施的市场规模没有确定的把握，将很难得到财政上的支持[②]。

（2）信息不对称。示范推广阶段既有技术专家的参与，也有管理者和投资者的参与，技术专家比后者更熟知技术的特性等信息，管理者和投资者比技术专家更熟悉市场和管理等信息，两者之间存在信息不对称[③]，符合 Branscomb 对"达尔文之海"的阐述。美国小企业管理局指出，示范推广活动往往需要大量的资金，但与早期 R&D 阶段不同的是，这个阶段很少有政府的资助，风险投资者和潜在的客户通常要等到一项技术在示范中被证明之后才愿意投资或者购买，因此，如果技术的开发方无法在该阶段存活下来，前期所有的资金投入将被浪费掉[④]。以上这段表述生动地阐释了示范推广阶段中不同群体之间的信息不对称及其后果。

---

① Unruh, Gregory C., "Understanding Carbon Lock-In", *Energy Policy*, Vol. 28, No. 12, 2000.

② Díaz Anadón, Laura and John P. Holdren, "Policy for Energy Technology Innovation", In *Acting in Time on Energy Policy*, edited by Kelly Sims Gallagher, Washington DC: Brookings Institution Press, 2009.

③ Hall, J. A., and E. Fleishman, "Demonstration as a Means to Translate Conservation Science into Practice", *Conservation Biology*, Vol. 24, No. 1, 2010.

④ SBA, *Bridging the Valley of Death: Financing Technology for a Sustainable Future*, U. S. Small Business Administration, 1994.

（3）公共品。示范工程应用最多的领域之一是能源，各国发起的许多示范推广工程属于新能源技术领域，然而，这一领域却带有明显的公共产品烙印。美国前能源部长朱棣文曾经说过，自由市场不能很好地解决长期性和国际性或全球性的问题[①]。新能源技术对人类社会可持续发展和应对全球气候变化有重要意义，因此有近似公共产品的特殊效用，但该产业所需资金额度巨大，并且回报周期长，风险高，所以单纯依靠市场这一“看不见的手”无法达到资源的最佳配置。

（4）外部性。对于技术创新，示范推广有两类作用——促进研发和促进扩散。在投资者眼里，对于前者还能通过专利保护和技术能力提升来占有示范推广产生的效用，然而，对于后者，示范推广的投资者却难以全部占有其效用。一项示范推广可能能够很好地教育公众，向行政当局传递相关信息，提升整个社会对该创新的信心和接受程度，然而这种效应是作用于整个产业的，示范推广的投资者难以独占，很容易被后续的投资者“攫取果实”。因此，外部性因素使得私人投资者大都持犹豫和观望态度，没有动力去投入这类外部性很强的活动，在这种情况下市场失灵不可避免地出现了。

正是创新到了这一阶段，风险和市场失灵并存，达到了一个高峰，决定了政府必须要运用恰当的政策，推动产业技术平稳度过示范阶段，逐渐推广。这时候，为了跨越这片高风险的“达尔文之海”，示范和推广政策就成了“诺亚方舟”，通过三个主要功能来最大化降低创新风险。

二 示范推广有助于形成决策

如果示范推广由公司等私营部门来发起，那么就没有政策工具的属性；但如果由政府等公共部门发起或参与，将不可避免地打上政府意志的烙印，成为公共政策工具。作为政策工具，它首先能帮助政策制定者决定是否接受一项政策，其政策意图较为复杂，根据前人的研

① 朱棣文：《用财政和税收政策推动清洁能源技术商业化》，能源可持续发展财经和税收政策国际研讨会论文，北京，2005 年 11 月 16—17 日。

究主要有以下几类①：

（1）示范是一种妥协的方式。这种妥协可能是技术性的妥协，当一项创新所涉及的不确定性较多时，潜在的使用者将其视为不可靠的，因此需要示范、需要做出妥协，在技术问题的解决方案中做出调和。这种妥协也可能是政治性的妥协，是在彻底的政策或计划变革的提倡者与现状支持者之间的平衡。这种妥协在政府运作中既常见，也重要，通常各方都有一系列目标，当缺乏妥协的时候，我们通常在一项政策的支持者和反对者之间陷入僵局，示范项目将允许通过一项政策的具体体验来解决这一争端。

（2）示范是一种表达关切的姿态。当民众选择遇到困难，政府亦不知如何解决时，示范能够表明政府能够为民众做些什么，表达出一种重要的关切姿态。这种关切的姿态由于与民众关心的问题密切相关，因此能够成为重要的标志性行动，往往成为创新活动中的旗舰项目，帮助政府的科技管理机构获得政治性的支持者。

（3）示范是政策的“风向标”，是以一种相对低的预算成本展示政治主动权（political initiative）的方法。

（4）示范是政策的“触发器”。示范能够为支持创新的拥护者联合体（advocacy coalitions）和早期接受者提供一个焦点（focal point）。示范可以帮助一项政策的促进者迈出第一步，形成一批支持者。

（5）示范是政策的“减压阀”。示范是执行机构应对压力以展示它们所支持的研发项目有效性的一种反应，可以减少外界对其的质疑和随之带来的压力。

（6）示范是政策的“探路者”。示范项目能够帮助认识到影响市

---

① Glennan, T. K. Jr., et al., *The Role of Demonstrations in Federal R&D Policy*, Santa Monica, CA: Office of Technology Assessment, 1978; Hendry, Chris, et al., “So What Do Innovating Companies Really Get from Publicly Funded Demonstration Projects and Trials? Innovation Lessons from Solar Photovoltaics and Wind”, *Energy Policy*, Vol. 38, No. 8, 2010; Jacobsson, Staffan, et al., “Transforming the Energy System—The Evolution of the German Technological System for Solar Cells”, *Technology Analysis and Strategic Management*, Vol. 16, No. 1, 2004; Kemp, René, et al., “Regime Shifts to Sustainability through Processes of Niche Formation: The Approach of Strategic Niche Management”, *Technology Analysis and Strategic Management*, Vol. 10, No. 2, 1998.

场进入的现实的、制度性的和更广范围的社会驱动力量和障碍，从而得到制度变革和公共教育的后续需要。

（7）示范是政策的“传话筒”。示范将提供一个渠道，特定利益团体可以通过它来建立与政府有关部门的对话渠道。

三　示范推广有助于促进研发

示范推广政策的第二个功能在于促进较为成熟的技术创新的 R&D 更为完善，更好地符合市场和顾客的需求，或发展出新兴技术的主导设计。通常，项目开始，很多技术问题没有得到解决，有些时候甚至主要的开发、工程和设计工作依然存在，因此，示范推广有一个功能是解决技术本质的残余因素，推动了研发①。

示范推广项目必须做的一件事是产生学习效应，对技术学习的贡献应该是足够明显的，避免无效项目扩大②。新技术、产品、工艺和系统的早期设计阶段不确定性很高，特别是对于激进创新而言，这一点尤其明显③。在减少技术不确定性方面，有一类试验采取的是不断的试错（trial and error），示范推广则避免了随机试错，在实际使用中，根据情况选择合适的方案来学习④。从这个意义上说，示范推广是一种更为系统、更为科学的检验方案。示范推广对促进研发的作用并不限于产生学习和检验效应，还在于反馈。它让操作者和用户在受控条件下来使用产品，制造商可以此来改进设计以满足市场的需要⑤。

示范推广促进研发的作用机制应该包括导向、检验和反馈三部

---

① Lefevre, Stephen R., "Using Demonstration Projects to Advance Innovation in Energy", *Public Administration Review*, Vol. 44, No. 6, 1984.

② Hendry, Chris, et al., "So What Do Innovating Companies Really Get from Publicly Funded Demonstration Projects and Trials? Innovation Lessons from Solar Photovoltaics and Wind", *Energy Policy*, Vol. 38, No. 8, 2010.

③ Lynn, Gary S., et al., "Marketing and Discontinuous Innovation: The Probe and Learn Process", *California Management Review*, Vol. 38, No. 3, 1996; Veryzer, Robert W., "Discontinuous Innovation and the New Product Development Process", *Journal of Product Innovation Management*, Vol. 15, No. 4, 1998.

④ Hall, J. A., and E. Fleishman, "Demonstration as a Means to Translate Conservation Science into Practice", *Conservation Biology*, Vol. 24, No. 1, 2010.

⑤ Brown, James and Chris Hendry, "Public Demonstration Projects and Field Trials: Accelerating Commercialisation of Sustainable Technology in Solar Photovoltaics", *Energy Policy*, Vol. 37, No. 7, 2009.

分。所谓导向，是通过学习效应获得产品的最终规格和顾客需要的精确性质，使公司自始至终以最终用户为导向来完成设计①。所谓检验，是通过在现实环境中的实地运作来检验技术、产品、工艺、系统的可信性、可靠性和可行性②。所谓反馈，是通过搜集实际使用过程中的技术缺陷信息、消费者需求信息、社会系统信息来反馈给 R&D 阶段，改进研究和开发工作③。这三个部分分别对应着“干中学”（learning-by-doing）、“用中学”（learning-by-using）和“互动中学”（learning-by-interacting）的过程。

对于新兴技术而言，可能同时存在几种可行的技术路线，孰优孰劣尚未分明，示范推广对 R&D 的作用结果则在于形成主导设计（dominant design）④。经典的主导设计理论认为，一个设计被确立为主流技术路线或产品和服务形态之后，焦点转移到生产工艺的改善上，成本将随之下降，工业变得更为集中，这个主导设计成为下一阶段发展的平台⑤，能形成标准的制造机制，减少成本、打开市场，使

① Hendry, Chris, et al., “So What Do Innovating Companies Really Get from Publicly Funded Demonstration Projects and Trials? Innovation Lessons from Solar Photovoltaics and Wind”, *Energy Policy*, Vol. 38, No. 8, 2010.

② Harborne, Paul and Chris Hendry, “Pathways to Commercial Wind Power in the US, Europe and Japan: The Role of Demonstration Projects and Field Trials in the Innovation Process”, *Energy Policy*, Vol. 37, No. 9, 2009; Kalhammer, Fritz R., Bruce M. Kopf et al., *Status and Prospects for Zero Emissions Vehicle Technology*, Sacramento, CA: State of California Air Resources Board, 2007; Macey, S. M. and M. A. Brown, “Demonstrations as a Policy Instrument with Energy Technology Examples”, *Science Communication*, Vol. 11, No. 3, 1990.

③ Harborne, Paul and Chris Hendry, “Pathways to Commercial Wind Power in the US, Europe and Japan: The Role of Demonstration Projects and Field Trials in the Innovation Process”, *Energy Policy*, Vol. 37, No. 9, 2009; Macey, S. M. and M. A. Brown, “Demonstrations as a Policy Instrument with Energy Technology Examples”, *Science Communication*, Vol. 11, No. 3, 1990; Norberg-Bohm, Vicki, “Creating Incentives for Environmentally Enhancing Technological Change”, *Technological Forecasting and Social Change*, Vol. 65, No. 2, 2000.

④ Klepper, Steven, “Entry, Exit, Growth, and Innovation over the Product Life Cycle”, *American Economic Review*, Vol. 86, No. 3, 1996; Utterback, James M., *Mastering the Dynamics of Innovation*, Cambridge, MA: Harvard University Press, 1994.

⑤ Brown, James and Chris Hendry, “Public Demonstration Projects and Field Trials: Accelerating Commercialisation of Sustainable Technology in Solar Photovoltaics”, *Energy Policy*, Vol. 37, No. 7, 2009.

产品从实验室模型到小型商业化规模的比例放大成为可能①。对于不成熟的技术，示范推广将促进新技术与现有“主流”技术（incumbent technology）的竞争。例如 Harborne 等在研究风能时指出：虽然三叶片逆风水平轴风力机（3-blade upwind HAWT）已经取得了主导设计的地位，但设计和材料方面持续进行的试验表明，这种单一的设计是不够的。美国和欧洲在发展兆瓦级大型风机过程中的技术和操作问题引起了对更小规模和分散式风能的重新关注，示范项目帮助发现了这些问题。Brown 等在研究 PV 工业主导设计的发展历程时发现，晶体硅和非晶体硅在早期阶段都曾经被采用过，虽然晶体硅具有技术先进性，但早期的示范项目对晶体硅成为主导设计也许有所贡献②。

因此，示范推广提供了“暂时的保护空间”或“孵化空间”③，激进的新技术（radical innovation）能够在温和的环境中发展，得到培育和检测，在实地评估中识别出是否需要投入更多 R&D，这是正常的、残酷的商业化市场所不能提供的④。除正向信息之外，示范项目对 R&D 的结果还可能导致负向的结果，例如在日本，集中式太阳能热电站的示范导致了它最终被放弃⑤。不过这种貌似失败的示范产生

---

① Hendry, Chris, et al., “So What Do Innovating Companies Really Get from Publicly Funded Demonstration Projects and Trials? Innovation Lessons from Solar Photovoltaics and Wind”, *Energy Policy*, Vol. 38, No. 8, 2010; Sagar, Ambuj D. and Kelly Sims Gallagher, “Energy Technology Demonstration and Deployment”, In *Ending the Energy Stalemate: A Bipartisan Strategy to Meet America's Energy Challenges*, edited by John P. Holdren, Cambridge, MA: Harvard Kennedy School, 2004.

② Brown, James and Chris Hendry, “Public Demonstration Projects and Field Trials: Accelerating Commercialisation of Sustainable Technology in Solar Photovoltaics”, *Energy Policy*, Vol. 37, No. 7, 2009.

③ Harborne, Paul and Chris Hendry, “Pathways to Commercial Wind Power in the US, Europe and Japan: The Role of Demonstration Projects and Field Trials in the Innovation Process”, *Energy Policy*, Vol. 37, No. 9, 2009; Kemp, René, Johan Schot et al., “Regime Shifts to Sustainability through Processes of Niche Formation: The Approach of Strategic Niche Management”, *Technology Analysis and Strategic Management*, Vol. 10, No. 2, 1998.

④ Brown, James and Chris Hendry, “Public Demonstration Projects and Field Trials: Accelerating Commercialisation of Sustainable Technology in Solar Photovoltaics”, *Energy Policy*, Vol. 37, No. 7, 2009.

⑤ Brown, James and Chris Hendry, “Public Demonstration Projects and Field Trials: Accelerating Commercialisation of Sustainable Technology in Solar Photovoltaics”, *Energy Policy*, Vol. 37, No. 7, 2009.

了有用的信息，事实上对进一步的 R&D 大有裨益。

四 示范推广有助于推动扩散

大部分示范项目的最终目标是促进市场渗透，战胜市场扩散的主要障碍之一，即潜在使用者在技术性和经济性上缺乏接受创新的信心，从而鼓励人们使用更好的新技术①。因此，示范可以形象地被称为“开球”（kick-off）②，启动本地市场和国内制造，目标是催化一项技术的发展，奠定工业基础，刺激社会有用产品的生产和扩散。换句话说，“使球滚起来”。

具体而言，示范推广促进扩散的作用有很多种分类和表述，下面从供给面、需求面和环境面三个方面重新进行分类：产生信息，减少不确定性；创造需求，提高政治、社区和市场可接受度；建立基础设施，识别制度障碍，传递创新信号③。

（一）供给面：产生信息，减少不确定性，并提供早期收益

促进扩散的主要途径是产生新的信息，以辅助潜在接受者和其他目标受众的决策制定。新信息减少了五类不确定性：技术不确定性、成本不确定性、需求不确定性、制度不确定性和外部性的不确定性④。无论是对于成熟技术还是新兴技术，示范推广均能减少技术不确定性和成本不确定性。尤其是对新兴技术而言，从不同的技术路线中逐渐发展出主导设计，首先减少了技术不确定性，主导设计确定之后，焦点转移到工艺改善上，成本逐渐下降，随之减少了成本不确定性。这是促进扩散的前提和基础。此外，有研究指出，早期的示范推广项目提供了收益，这

---

① Macey, S. M. and M. A. Brown, “Demonstrations as a Policy Instrument with Energy Technology Examples”, *Science Communication*, Vol. 11, No. 3, 1990.

② Hendry, Chris, et al., “So What Do Innovating Companies Really Get from Publicly Funded Demonstration Projects and Trials? Innovation Lessons from Solar Photovoltaics and Wind”, *Energy Policy*, Vol. 38, No. 8, 2010.

③ Frishammar, Johan, et al., “The Role of Pilot and Demonstration Plants in Technological Development: Synthesis and Directions for Future Research”, *Technology Analysis and Strategic Management*, Vol. 27, No. 1, 2015; Karlström, Magnus and Björn A. Sandén, “Selecting and Assessing Demonstration Projects for Technology Assessment: The Case of Fuel Cells and Hydrogen Systems in Sweden”, *Innovation: Management, Policy and Practice*, Vol. 6, No. 2, 2004.

④ Baer, Walter S., et al., *Analysis of Federally Funded Demonstration Projects*, Santa Monica, CA: RAND Corporation, 1976.

在市场形成之前对新的小企业的存活非常关键①。

（二）需求面：创造需求，提高社会可接受度

美国能源部报告指出，通常来说，一项新技术的实体示范向人们展示了它们能有什么功能，能够激发什么可能性，这种拉动对于使用者接受创新必不可少②，因为“人们不知道他们要什么，直到他们看到了他们能拥有什么”③。该报告援引《纽约时报》的一篇文章的描述：一场贸易展览会上，一位商人被问及他如何看待这一展览，他回答：“突然，你发现了一些之前你没有意识到的问题。”

市场需求的前提是社会要能接受。这里，接受度分为三种类型：社会政治可接受度（socio-political acceptance）、社区可接受度（community acceptance）与市场可接受度（market acceptance）④。

在社会政治可接受度方面，美国国会技术评估办公室指出，示范推广可以增加吸引力。在美国，由于在联邦、州和地方政府之间责任的传统分配使联邦政府不能直接干预地方事务，联邦只能通过成功的示范推广项目来说服州或地方社区接受国家目标的重要性⑤。

对于社区可接受度而言，关键是公众对技术的了解程度⑥。示范活动具有展示和讲述的功能，可以给公众提供一个观察和体验的窗口和机会⑦，这对提高社区可接受度具有重要的作用。

---

① Hendry, Chris, et al., “So What Do Innovating Companies Really Get from Publicly Funded Demonstration Projects and Trials? Innovation Lessons from Solar Photovoltaics and Wind”, *Energy Policy*, Vol. 38, No. 8, 2010.

② DOE, *The Demonstration Projects as a Procedure for Accelerating the Application of New Technology: Charpie Task Force Report*, U. S. Department of Energy, 1978.

③ Drucker, Peter F., *The Age of Discontinuity: Guidelines to Our Changing Society*, New York, NY: Harper and Row, 1969.

④ Wüstenhagen, Rolf, et al., “Social Acceptance of Renewable Energy Innovation: An Introduction to the Concept”, *Energy Policy*, Vol. 35, No. 5, 2007.

⑤ Glennan, T. K. Jr., W. F. Jr. Hederman et al., *The Role of Demonstrations in Federal R&D Policy*, Santa Monica, CA: Office of Technology Assessment, 1978.

⑥ Savvanidou, Electra, et al., “Public Acceptance of Biofuels”, *Energy Policy*, Vol. 38, No. 7, 2010.

⑦ Lampel, Joseph, “Show and Tell: Product Demonstrations and Path Creation of Technological Change”, In *Path Dependence and Path Creation*, edited by Raghu Garud and Peter Karnøe, Lawrence Earlbaum, 2001.

市场可接受度可以从生产者和消费者两个视角分析。从生产者的角度来看，示范项目提供了一个对潜在用户进行观察和实验的机会，能够更广泛地了解这一技术是否比现有产品更能匹配顾客要求、更有经济性能[①]，这是典型的向潜在接受者推销的过程[②]。从消费者的角度来看，一项新技术获得用户认可的困难关键在于用户不易感知该技术与原方案相比较的优劣势。一项技术创新的程度越高，它的价值越没办法被立即感知到。在这个意义上说，示范推广能够现实、直观地促进消费者的感知[③]。它提供了观察和试验的机会，允许潜在顾客不需要通过购买来体验创新，辨别诸如复杂性、先进性以及与目前生活方式或工作实践的兼容性等，有助于创新的接受[④]。从连接生产者和消费者的角度来看，示范推广项目能够帮助建立分销和供应链，与忠诚的顾客建立联系。

需要指出的是，一个示范推广项目可能兼具几种功能，例如，爱迪生在华尔街一家公司的办公室里安装电灯，这个能见度很高的公众示范，既减少了潜在顾客所感受到的不确定性，也减少了立法者的不确定性[⑤]，同时提高了市场可接受度和政治可接受度。

（三）环境面：建立基础设施，识别制度障碍，传递创新信号

示范推广能够提供一些产业初期发展阶段需要的支持性基础设施[⑥]。有许多新技术的使用离不开基础设施，可再生能源和新能源汽

---

① Harborne, Paul and Chris Hendry, "Pathways to Commercial Wind Power in the US, Europe and Japan: The Role of Demonstration Projects and Field Trials in the Innovation Process", *Energy Policy*, Vol. 37, No. 9, 2009.

② Brown, James and Chris Hendry, "Public Demonstration Projects and Field Trials: Accelerating Commercialisation of Sustainable Technology in Solar Photovoltaics", *Energy Policy*, Vol. 37, No. 7, 2009.

③ Glennan, T. K. Jr., et al., *The Role of Demonstrations in Federal R&D Policy*, Santa Monica, CA: Office of Technology Assessment, 1978.

④ Harborne, Paul, et al., "The Development and Diffusion of Radical Technological Innovation: The Role of Bus Demonstration Projects in Commercializing Fuel Cell Technology", *Technology Analysis and Strategic Management*, Vol. 19, No. 2, 2007; Rogers, Everett M., *The Diffusion of Innovations*, New York: Free Press, 2003.

⑤ Hughes, Thomas P., "The Evolution of Large Technological Systems", In *The Social Construction of Technological Systems: New Directions in the Sociology and History of Technology*, edited by Wiebe E. Bijker, Thomas P. Hughes et al., Cambridge, MA: MIT Press, 1987.

⑥ Macey, S. M. and M. A. Brown, "Demonstrations as a Policy Instrument with Energy Technology Examples", *Science Communication*, Vol. 11, No. 3, 1990.

车尤为典型，需要对电力系统进行较多的改造。示范推广通过政策引导激励，有助于形成一批早期基础设施，让新技术产品能应用起来，解决“鸡和蛋”的矛盾，形成正向循环。

示范推广也有助于克服经济社会固有的制度障碍。激进的技术革新往往要求社会制度对应地发生显著变化①，为此，鼓励促进接受新技术的制度性和组织性变革是示范推广的典型目标之一。示范推广不能自己清除制度性障碍，其作用是帮助识别制度性障碍，识别公众的接受和利益相关方的反对，依赖其他措施（立法、支持计划、推广活动）来清除障碍②。那么，示范推广如何识别制度障碍？其中第一个重要的途径是展示，比如向人们展示他们非常想要拥有的功能，向潜在的接受者展示节约的成本足够大，是值得花费制度改变的成本③。识别制度障碍的第二个途径是学习，能够通过学习减少不确定性。

示范推广还有一个重要的功能，是通过政府资助信号鼓励私人投资④。美国能源部的报告指出，成功的示范应该清楚地展示投资的充足回报前景、与其他投资方案相比足够低的风险，以此来吸引私人资本⑤。示范推广为潜在的市场和利益相关方发送了一个创新的信号，

---

① Geels, Frank W., "Technological Transitions as Evolutionary Reconfiguration Processes: A Multi-Level Perspective and a Case-Study", *Research Policy*, Vol. 31, No. 8, 2002; Kemp, René, Johan Schot et al., "Regime Shifts to Sustainability through Processes of Niche Formation: The Approach of Strategic Niche Management", *Technology Analysis and Strategic Management*, Vol. 10, No. 2, 1998.

② Baer, Walter S., et al., *Analysis of Federally Funded Demonstration Projects*, Santa Monica, CA: RAND Corporation, 1976; Brown, James and Chris Hendry, "Public Demonstration Projects and Field Trials: Accelerating Commercialisation of Sustainable Technology in Solar Photovoltaics", *Energy Policy*, Vol. 37, No. 7, 2009.

③ Glennan, T. K. Jr., et al., *The Role of Demonstrations in Federal R&D Policy*, Santa Monica, CA: Office of Technology Assessment, 1978.

④ Hendry, Chris, et al., "So What Do Innovating Companies Really Get from Publicly Funded Demonstration Projects and Trials? Innovation Lessons from Solar Photovoltaics and Wind", *Energy Policy*, Vol. 38, No. 8, 2010.

⑤ DOE, *The Demonstration Projects as a Procedure for Accelerating the Application of New Technology: Charpie Task Force Report*, U. S. Department of Energy, 1978.

潜在的融资人能够更好地理解新技术及应用，让资金募集更为简单①。

第三节　绿色转型视角：大系统和小利基

一　大系统转型始于“小利基”

气候变化、生物多样性丧失、水体污染、森林减少等可持续发展问题不是仅靠技术研发就能解决，也离不开人们的生活消费方式、商业模式创新、组织结构甚至制度的改变，是一个系统性的转型工程。“转型”（transition，也有学者用 transformation）是社会技术系统（socio-technical systems）沿着技术、物质、经济、制度、文化等多维度前进的一系列变化过程，这些维度之间协同演化，在该过程中产生了新的科学技术知识、组织形态、商业模式、制度等，使整个系统发生了深刻变革②。

举例而言，19 世纪中期之前，荷兰城市的卫生状况惨不忍睹，卫生被视为个人责任而不是公共责任。19 世纪 80 年代之后，随着工业化带来的城镇化程度提升、巴斯德微生物理论的发现、卫生学家的强烈呼吁以及人们渐渐认识到城市卫生是公共管理的责任，荷兰的城市管理当局才逐渐改变观念，投入大量精力改造城市排污系统，实现城市卫生的转型③。再举一例，同样是 19 世纪中期前，帆船一直是英国航海的主要船型，技术成熟可靠。蒸汽船在当时的用途只局限于内河航运。1838 年英国资助蒸汽船用于内陆邮件运输，因为它准时可靠，尽管费用昂贵。可是，随着 1848 年爱尔兰大饥荒和欧洲各国革命运动的兴起，大量人口逃往美国，突然增加的跨洋运输让蒸汽船的

---

① Harborne, Paul and Chris Hendry, “Pathways to Commercial Wind Power in the US, Europe and Japan: The Role of Demonstration Projects and Field Trials in the Innovation Process”, *Energy Policy*, Vol. 37, No. 9, 2009; Norberg-Bohm, Vicki, “Creating Incentives for Environmentally Enhancing Technological Change”, *Technological Forecasting and Social Change*, Vol. 65, No. 2, 2000.

② Markard, Jochen, et al., “Sustainability Transitions: An Emerging Field of Research and Its Prospects”, *Research Policy*, Vol. 41, No. 6, 2012.

③ Geels, Frank W., and Johan Schot, “Typology of Sociotechnical Transition Pathways”, *Research Policy*, Vol. 36, No. 3, 2007.

优越性进一步体现。1869 年苏伊士运河开通又使蒸汽船在远东贸易中发挥了无可比拟的优势，加速了航海船队从帆船体系彻底转向蒸汽船体系①。

所谓“绿色转型”，是指社会技术系统朝向生态友好、社会公平和谐的生产消费方式的转变过程②，如启用清洁能源、设立碳排放交易系统就是绿色转型的典型实践，上一段所提到的荷兰城市卫生系统变化也是一种绿色转型。绿色转型的目标在于经济社会的可持续发展，实现方式就是经济社会从不可持续的旧技术、旧产业、旧模式向绿色新技术、新产业、新模式转型。

绿色转型是一个长期、多维度、根本性的社会技术系统变化过程，目标是更可持续的生产和消费方式，并在技术、经济、社会和制度等多维度都产生深远的变化。但这个转型过程并非易事，因为当前占据统治地位的主体有着牢固的传统利益和政治社会关联，现有社会技术体制所确立的政策局限、文化规范、生活习俗、技术路径、产业规则等很难被打破，技术基础设施和制度的转变成本巨大等。因此绿色转型研究的学者试图研究产业、技术、市场、政策、文化和公民社会之间交互协同演化的路径，认为这些元素在长期的协同演化过程中都会变化。绿色转型是一个永无止境的征途③。举例而言，能源史的一次次巨大变革——从钻木取火、天然柴火到后来的蒸汽时代、化石燃料时代、电力时代——都伴随着经济系统和社会生活的大规模调整，无不历经长期的转变过程。

尽管绿色转型不能仅仅依靠技术创新，但技术创新是推动转型的基本动力④。技术创新不仅仅只是产生新产品和新工艺，还可能引致后续一系列物质实体、理念甚至社会制度的变化。但是，这个转型的

---

① Geels, Frank W., “Technological Transitions as Evolutionary Reconfiguration Processes: A Multi-Level Perspective and a Case-Study”, *Research Policy*, Vol. 31, No. 8, 2002.

② Markard, Jochen, et al., “Sustainability Transitions: An Emerging Field of Research and Its Prospects”, *Research Policy*, Vol. 41, No. 6, 2012.

③ Sustainable Transtion Research Network, *A Research Agenda for the Sustainability Transitions Research Network*, 2017.

④ Sustainable Transtion Research Network, *A Research Agenda for the Sustainability Transitions Research Network*, 2017.

过程并非易事，新兴技术有一道“达尔文之海”需要跨越。为了跨越“达尔文之海”，通常政府会通过一系列公共政策建立起“利基市场”（niche market），使得新技术在具备挑战传统技术的竞争力、迈向大众市场（mass market）之前，能受到一定保护，以隔绝正常市场竞争的压力①。这对于激进创新（radical innovation）尤为重要，因为激进创新与传统技术差异很大，甚至要破坏替代现有技术体系和企业能力基础，以致它很难被现行技术体系、市场甚至企业的保守势力所兼容②。绿色转型所基于的创新往往正是与传统技术差异巨大的激进创新，例如可再生能源与化石能源的来源、特性迥然相异；传统汽车的核心技术是内燃机和变速箱，而电动汽车则是电驱动系统。所以，这些创新需要在公共政策给予特殊的对待和保护，需要一片让它们成长的空间——“利基”（niche）。

“利基”的词源是指基督教家庭在家中的墙壁上凿出的一个小小壁龛，里面放置圣母或圣约翰等宗教人物的神像用于供奉，所以其词源本意是一个特殊的、人造的小空间。这个意思后来被生态学借用，最早是一个地理区位的概念，意指一个内部有一定资源的有限空间，特别适合某一类种群的生存和再生产③。后来，这个概念被借鉴到战略管理、市场营销等领域，“利基市场”被用以描述特殊产品和技术所对应的、满足特定客户需求的细分市场④。对应地，在技术创新文献中，“利基市场”则是指技术从研发到大规模扩散中间的一个阶段，在这个阶段中技术处于商业化萌芽⑤。无论在哪个学术领域，利

---

① IEA and OECD, *Creating Markets for Energy Technologies*, Paris: OECD Publishing, 2003.

② Hill, Charles W. L., and Frank T. Rothaermel, “The Performance of Incumbent Firms in the Face of Radical Technological Innovation”, *Academy of Management Review*, Vol. 28, No. 2, 2003.

③ Hannan, Michael T. and John Freeman, “The Population Ecology of Organizations”, *American Journal of Sociology*, Vol. 82, No. 5, 1977.

④ Levinthal, Daniel A., “The Slow Pace of Rapid Technological Change: Gradualism and Punctuation in Technological Change”, *Industrial and Corporate Change*, Vol. 7, No. 2, 1988.

⑤ Gallagher, Kelly Sims, et al., “The Energy Technology Innovation System”, *Annual Review of Environment and Resources*, Vol. 37, July 2012; Wilson, Charlie, Arnulf Grübler et al., “Marginalization of End-Use Technologies in Energy Innovation for Climate Protection”, *Nature Climate Change*, Vol. 2, No. 11, 2012.

基的概念都有几个关键特征：范围有限，含有一定资源，包容一类弱小的新事物，即具有保护性。

本书就将利基定义为“对新技术、新思想、新习俗、新商业模式等创新点发育、萌芽、成长予以保护培育的保护性空间”，这个空间有着不同于外界寻常市场的选择环境，隔绝了寻常市场的选择淘汰压力，激进创新能够进行试验，支持群体能够壮大起来①。利基的一个核心特质是具有“保护性”，从这个意义上说，战略管理或市场营销领域内的利基市场也是具有一定保护性的小市场，符合“利基”一词的本质。图 2-7 非常形象地表达出了利基的作用，如同图中的玻璃罩给幼苗提供了成长的空间。

图 2-7　利基的形象化图示

资料来源：邓少雁根据相关资料绘制。

利基是一个技术创新利益相关者的集合②：宏观上可以是试点区域、细分市场、受到政策扶持的新兴技术产业社群；中观上可以是包

---

① Kemp, René, et al., “Regime Shifts to Sustainability through Processes of Niche Formation: The Approach of Strategic Niche Management”, *Technology Analysis and Strategic Management*, Vol. 10, No. 2, 1998.

② Geels, Frank W., and Johan Schot, “Typology of Sociotechnical Transition Pathways”, *Research Policy*, Vol. 36, No. 3, 2007.

含多方参与者的示范项目、科技研发项目；微观上甚至可以是企业内部致力于新技术研发和生产的事业部、子公司。例如，作为绿色交通转型的利基，新能源汽车产业包含开发电动车的企业或其事业部、购车的用户、高校和科研院所、租车公司，也包含整车控制和电池技术知识、充换电商业模式等；作为能源转型的利基，光伏产业包含了光伏组件厂商、项目开发商、分布式终端用户、光伏电站、科研机构等，也包含了合同能源管理等模式。

二　以示范推广保护和培育“利基”

新技术的利基并非天然存在，通常需要公共政策予以建构和维护，特别是示范推广政策，从而为发展和应用有前景的技术创造保护性空间。示范推广政策的机制在于三点：社会学习、建构网络、塑造预期①。

第一，学习了解新技术的优点，提高应用空间，焦点在于全社会在示范推广过程中学习使用、改进和接纳新技术。学者从市场失灵的基本原理出发，强调在示范推广项目中，通过政府采购、研发补贴、多渠道资本投入等手段让企业能够持续不断地“干中学”“用中学”，大幅降低新技术的成本、改善性能②。随着利基市场内新技术成本下降、性能完善、基础设施建立，才能跨越达尔文之海③。

第二，建立一个包含各方利益相关行动者的创新生态网络（innovation ecosystem）。在这个网络里，示范推广政策引导了多方的创业创新活动，创造和扩散知识，引导着社会对新技术和新商业模式的搜索

① Schot, Johan and Frank W. Geels, “Strategic Niche Management and Sustainable Innovation Journeys: Theory, Findings, Research Agenda, and Policy”, *Technology Analysis and Strategic Management*, Vol. 20, No. 5, 2008.

② Gallagher, Kelly Sims, et al., “Energy-Technology Innovation”, *Annual Review of Environment and Resources*, Vol. 31, 2006; Grübler, Arnulf, Nebojša Nakicenovic et al., “Dynamics of Energy Technologies and Global Change”, *Energy Policy*, Vol. 27, No. 5, 1999.

③ Gallagher, Kelly Sims, et al., “The Energy Technology Innovation System”, *Annual Review of Environment and Resources*, Vol. 37, July 2012; IEA and OECD, *Creating Markets for Energy Technologies*, Paris: OECD Publishing, 2003; Norberg-Bohm, Vicki, “Stimulating ‘green’ Technological Innovation: An Analysis of Alternative Policy Mechanisms”, *Policy Sciences*, Vol. 32, No. 1, 1999.

方向，动员其社会资源，建立了新技术、新模式的合法性①。

第三，向社会表达和传递正面预期，用合理、稳定的技术推动和需求拉动政策来给予企业以良好的预期和必要的支持。利基的形成过程首先要匹配人们对新技术的期望，把期望传递给社会，再特别处理好一系列技术、政策、文化、市场、生产网络、基础设施等要素。政府以建立基础设施、设定技术和绩效监管标准、保护知识产权、构建良好的市场交易机制、设定合理的激励价格、向用户传达信息等手段减少市场不确定性，由此形成新技术发展的长期良好环境，激励从业者持续投入、用户为新技术买单②。

塑造预期的根本意义除了减少市场不确定性，还有推动制度变迁，原理在于对话和话语权。有学者对蒸汽机、汽车、水坝和核反应堆的案例研究甚至表明，利益集团的话语和修辞能造成“幻觉”，让听众高估技术的好处，低估挑战，从而更容易接受新能源的概念③。政策一方面促进社会对技术的正面期望，证明新技术的竞争力；另一方面减少不利的发展环境，争取改变一些当前的游戏规则。由此，对内发展技术、对外传播话语权意义，二者不断结合④。只有这样，在利基内的新技术与正常市场的选择压力隔绝，在公共政策的保护培育下成长，逐渐适应选择环境，最后争取到了市场主流话语权，对现行规则制度予以改变，推动转型⑤。

---

① Hekkert, Marko P., et al., "Functions of Innovation Systems: A New Approach for Analysing Technological Change", *Technological Forecasting and Social Change*, Vol. 74, No. 4, 2007.

② IEA and OECD, *Creating Markets for Energy Technologies*, Paris: OECD Publishing, 2003; Norberg-Bohm, Vicki, "Stimulating 'green' Technological Innovation: An Analysis of Alternative Policy Mechanisms", *Policy Sciences*, Vol. 32, No. 1, 1999.

③ Sovacool, Benjamin K. and Brent Brossmann, "The Rhetorical Fantasy of Energy Transitions: Implications for Energy Policy and Analysis", *Technology Analysis and Strategic Management*, Vol. 26, No. 7, 2014.

④ Smith, Adrian, et al., "Spaces for Sustainable Innovation: Solar Photovoltaic Electricity in the UK", *Technological Forecasting and Social Change*, Vol. 81, No. 1, 2014.

⑤ Smith, Adrian and Rob Raven, "What is Protective Space? Reconsidering Niches in Transitions to Sustainability", *Research Policy*, Vol. 41, No. 6, 2012.

第三章

案例研究方法概述

本书采用案例研究的方法来展现中国新能源汽车的示范推广之路，以及在历史发展过程中遇到的种种问题。本章将首先系统性地介绍案例研究的原理和操作方法，然后说明资料来源。

第一节　案例研究原理

案例研究是非常重要、典型的质性研究方法。所谓“案例”（case）是在一定时空边界内所发生的待解释现象的观测单元，案例研究是通过对一个或若干个案例的深描来理解一个大群体内现象的方法[①]（Gerring，2007）。

相比统计定量研究，案例方法具有几个优点。

首先，案例方法能展示事件的因果机制（causal mechanism），而不仅仅是统计研究所得出的因果推断（causal inference）。传统统计法的本质是基于变量之间的发生频率关系来确定相关性[②]，但不一定是因果关系。现代社会科学的实验思维是匹配合适的处理组和控制组观

① Gerring，John，“The Case Study：What It Is and What It Does”，In *Oxford Handbooks of Political Science*，edited by Robert E. Goodin，New York，NY：Oxford University Press，2007.

② Fearon，James D.，“Counterfactuals and Hypothesis Testing in Political Science”，*World Politics*，Vol. 43，No. 2，1991；Gill，Jeff，*Bayesian Methods：A Social and Behavioral Sciences Approach*，Boca Raton，FL：Chapman and Hall/CRC，2015.

测值，就有可能鉴别可能成立的因果关系①。但要注意的是，这种因果关系的确立是“拒绝原假设”（null hypothesis），而不是“接受备择假设”（alternative hypothesis），实质依然是推断因果，不是确认因果。目前兴起的贝叶斯方法的原理在于不断迭代修正研究者主观预设的估计系数或模型，但获得的系数和模型同样只是一个概率的判断②。与这些定量方法不同，案例方法则深入到事物的发展过程，通过对因果过程的观测（causal-process observation）来发现因果关系③。即使由于材料不充分等多种原因，案例方法不能确立真实的因果关系，但它能建构起一系列中介变量链条，找到因果机制，获得比统计法更深刻的洞见。正因如此，越来越多的经济学和政治学的大样本统计实证研究之后往往会通过案例发现的机制来巩固统计所得的因果关系推断，提倡混合方法④。

其次，正是因为案例善于发掘因果机制，所以它很适合对人们并不理解的社会现象做探索性研究，去形成后来人检验的理论命题⑤。通过深描，案例研究能够理解新事物发展的详细过程，具备现象发生的背景语境知识（context knowledge）和经验，背景知识和经验的获得正是人类学习新事物、形成专业能力的必由之路⑥。而大样本统计

---

① Angrist, Joshua D. and Jörn-Steffen Pischke, “The Credibility Revolution in Empirical Economics: How Better Research Design is Taking the Con out of Econometrics”, *Journal of Economic Perspectives*, Vol. 24, No. 2, 2010.

② Andraszewicz, S., “An Introduction to Bayesian Hypothesis Testing for Management Research”, *Journal of Management*, Vol. 41, No. 2, 2015; Gill, Jeff, *Bayesian Methods: A Social and Behavioral Sciences Approach*, Boca Raton, FL: Chapman and Hall/CRC, 2015.

③ Brady, Henry E. and David Collier, *Rethinking Social Inquiry: Diverse Tools, Shared Standards*, Washington DC: Rowman and Littlefield Publishers, 2010.

④ Ahmed, Amel and Rudra Sil, “When Multi-Method Research Subverts Methodological Pluralism—or, Why We Still Need Single-Method Research”, *Perspectives on Politics*, Vol. 10, No. 4, 2007; Lieberman, Evan S., “Nested Analysis as a Mixed-Method Strategy for Comparative Research”, *American Political Science Review*, Vol. 99, No. 3, 2005.

⑤ Eisenhardt, Kathleen M., “Building Theories from Case Study Research”, *Academy of Management Review*, Vol. 14, No. 4, 1989.

⑥ Flyvbjerg, B., “Five Misunderstandings about Case-Study Research”, *Qualitative Inquiry*, Vol. 12, No. 2, 2006.

研究通常适用于检验理论假设，案例研究则同样能用于检验理论①。

再次，案例方法能够深入描绘事件的复杂性，特别是多原因的社会现象。因果推断的成立要基于“反事实”②。目前经典的基于反事实所构建的定量研究设计通常只有 1 个处理变量③。这是因为当同时存在多个不相互独立的处理变量，例如 X1、X2 时，统计方法的原理在于将处理组（X1=1）和对照组（X1=0）相匹配而控制 X2 在两组之内都一致，且要让两组都有一定的样本数；但事实上很难让 X1 出现反事实而保持 X2 不变——反事实研究设计的一个重要难点就在于如何仅让一个变量出现反事实④。案例方法则有可能洞察语境中的复杂关联，找到满足这种反事实条件的极个别案例；即使无法分离 X1 和 X2，也能清楚阐述由 X1 反事实所引起的后续变化链条以确立 X1 的解释力。而且，案例方法有利于研究者在质性探索中发现研究设计并未预料到的新解释变量，但统计方法只能局限在研究者既定的数据集和变量中。因此，对于多因性、复杂语境的问题，案例方法能鉴别因果关系、建立新的理论假设；这一点是大样本统计所难以做到的，经典统计方法更适合检验假设⑤。

最后，案例方法能让研究者在测度变量时能获得较高的概念效度（construct validity），即变量能更准确地反映事物的本质。很多变量高度依赖于研究语境——例如民主、政治文化等⑥，而且变量的变化值是分类定性的（categorical），没有程度轻重高低的差异。那么这些变

---

① Evera, Stephen van, *Guide to Methods for Students of Political Science*, Ithaca: Cornell University Press. 1997.

② King, Gary, et al., *Designing Social Inquiry: Scientific Inference in Qualitative Research*, Princeton, NJ: Princeton University Press, 1994.

③ Angrist, Joshua D. and Jörn-Steffen Pischke, *Mostly Harmless Econometrics: An Empiricist's Companion*, Princeton, NJ: Princeton University Press, 2009.

④ Fearon, James D., "Counterfactuals and Hypothesis Testing in Political Science", *World Politics*, Vol. 43, No. 2, 1991; Sekhon, Jasjeet S., "The Neyman-Rubin Model of Causal Inference and Estimation via Matching Methods", In *The Oxford Handbook of Political Methodology*, edited by Janet Box-Steffensmeier, Henry Brady et al., Oxford: Oxford University Press, 2008.

⑤ George, Alexander L. and Andrew Bennett, *Case Studies and Theory Development in the Social Sciences*, Cambridge, MA: MIT Press, 2005.

⑥ George, Alexander L. and Andrew Bennett, *Case Studies and Theory Development in the Social Sciences*, Cambridge, MA: MIT Press, 2005.

量不易用若干个量化指标来简单测度，依赖于质性研究对环境的洞察来确定合适的测度方法。

第二节　案例选择和分析方法

根据案例数量多少，案例研究可分为单案例和多案例，这是一个重要的争议点。由于研究变量和自由度的原因，单案例经常被批评无力建立实证的规律，无法被推广来发展理论①。在一场单案例和多案例的论战中，斯坦福大学商学院著名教授 Kathleen Eisenhardt 主张多案例的最大优点在于不同案例之间的理论复制和拓展，前者能巩固单案例命题来消除单案例中的偶然关联，后者则在于案例命题间的互补来形成更精细的理论②。但是，其他学者却认为，单案例的优势在于经过深描，刻画良好的“故事”以产生丰富的理论；相比之下，多案例方法只是在追求能普遍推广的良好理论概念③。经典单案例是一个非常好的案例，对于归纳理论具有十分重要的意义④。

后来哈佛大学政治学系教授 Gary King 等调和了这个争论⑤，认为要关注案例内的观测值（observation）数量，即能够用来检验理论预测的最小分析单元，一个观测值就是对因变量的一次测度。一个案例之内可能会包括多个观测值，例如在多个时间点上观察同一个案例，

---

① Fearon, James D. and David D. Laitin, “Integrating Qualitative and Quantitative Methods”, In *The Oxford Handbook of Political Methodology*, edited by Janet Box－Steffensmeier and Henry Brady et al., Oxford: Oxford University Press, 2008; Flyvbjerg, B., “Five Misunderstandings about Case-Study Research”, *Qualitative Inquiry*, Vol. 12, No. 2, 2006.

② Eisenhardt, Kathleen M., “Better Stories and Better Constructs: The Case for Rigor and Comparative Logic”, *Academy of Management Review*, Vol. 16, No. 3, 1991.

③ Dyer, W. Gibb and Alan L. Wilkins, “Better Stories, Not Better Constructs, to Generate Better Theory: A Rejoinder to Eisenhardt”, *Academy of Management Review*, Vol. 16, No. 3, 1991.

④ Flyvbjerg, B., “Five Misunderstandings about Case－Study Research”, *Qualitative Inquiry*, Vol. 12, No. 2, 2006.

⑤ Gerring, John, “The Case Study: What It Is and What It Does”, In *Oxford Handbooks of Political Science*, edited by Robert E. Goodin, New York, NY: Oxford University Press, 2007; King, Gary, Robert O. Keohane et al., *Designing Social Inquiry: Scientific Inference in Qualitative Research*, Princeton, NJ: Princeton University Press, 1994.

每个时间点形成一个观测值。真正重要的不是案例的数量，而是观测值的数量，要合理增加观测值以降低因果关系估计的不确定性。这里的不确定性既可以是统计意义上变量系数的标准差，也可以是质性意义上理论是否完整、饱和。案例个数的多少、是否有代表性等问题的标准并不在于它是否要让这几个案例作为同质化的样本去代表总体——满足“统计显著性”，而在于它是否充分表达了所关心的社会结构和过程的信息——“社会显著性”，有助于研究者形成认识事物的理论，让理论更饱和，从而能够提出一个高质量的研究假设①。案例研究的著名学者 Robert Yin 曾提出过非常经典的论断：案例研究遵循复制逻辑（replication logic），而不是统计法的抽样逻辑（sampling logic）②。增加案例和观测值的目标就是在新案例中复制对于早前案例的认知，加以修正，达到饱和。

案例选择的方法较为多样化，学者对它们的意义和作用做了归纳，如表 3-1 所示。不同的选择方法有着自己的作用。其中，典型案例法和影响力方法适用于检验经大样本统计后得出的命题，因为此时自变量和因变量才有一个确切关系，能够判断二者之值是否与统计关系相符——“典型”，或是否系数对某个案例的因变量取值或该案例的存在非常敏感——具有“影响力”。在表 3-1 中，有学者提出用匹配法（matching）来量化选择案例③，非常新颖，它本质上是一种“求同法”，通过基于控制变量和因变量的多案例匹配统计，找出最贴近的两个案例，进行比较。

在具体案例选择时，还有学者归纳了如下准则④：①资料丰富；②自变量、因变量或条件变量具有极端值；③自变量、因变量或条件变量的值在案例内的差异较大；④相互竞争的理论对案例所做的预言

---

① Small，Mario Luis，“How Many Cases Do I Need? On Science and the Logic of Case Selection in Field-Based Research”，*Ethnography*，Vol. 10，No. 1，2009.

② Yin，Robert K.，*Case Study Research*：*Design and Methods*，Thousand Oaks，California：Sage，2003.

③ Nielsen，Richard A.，“Case Selection via Matching”，*Sociological Methods and Research*，Vol. 45，No. 3，2016.

④ Evera，Stephen van，*Guide to Methods for Students of Political Science*，Ithaca：Cornell University Press. 1997.

存在分歧；⑤案例的背景条件与当前政策问题情况相似；⑥案例背景条件具有典型性；⑦适合与其他案例进行受控比较；⑧反常性；⑨内在重要性；⑩适宜重复先前的检验；⑪可以进行先前所遗漏的检验。

选择案例、收集数据后的跨案例分析方法总体可分为两大类①：一是变量取向路径（variable-oriented），即着眼于变量，比较同一变量在不同案例的取值来推断该变量是否具有解释力；二是案例取向路径（case-oriented），即着眼于案例本身，通过一个案例内部变量之间关系的梳理来整理出因果机制。

变量取向路径主要包括受控比较法（controlled comparison）和相符性程序（congruence method）。受控比较法是将两个或若干个案例放在一起比较，通常采用求同法或求异法来选择案例——特别是求异法最常见，其他变量则被控制住。如表 3-1 所示，如果两个案例的其他因素相同而解释变量不同，且这两个案例的因变量恰好也不同，那么该自变量就很可能是因变量的充分条件；如果两个案例的其他因素不同而解释变量相同，且这两个案例的因变量没有差异，那么该变量可能是因变量的必要条件。不过，求同法的逻辑一般不适用于建构理论，而适用于检验理论；求异法则二者皆可②。

表 3-1　　　　案例常见选择方法

选择方法	释义	作用
典型案例法（typical）	自变量 X 和因变量 Y 的关系非常典型（on-line），符合理论预期	验证理论
极端案例法（extreme）	X 或 Y 有极端值的案例	探索理论
关键案例法（critical）	最有（不）可能发生的案例，如果案例没有（有）发生，那么就要修正理论	验证理论
差异化案例法（diverse）	选择多个 X 值或 Y 值差异较大的案例	探索理论

① Miles, Matthew B. and A. Michael Huberman, *Qualitative Data Analysis: An Expanded Sourcebook*, Sage, 1994.

② Campbell, Donald T. and Julian C. Stanley, *Experimental and Quasi-Experimental Designs for Research*, Chicago, IL: Rand McNally and Company, 1969; Evera, Stephen van, *Guide to Methods for Students of Political Science*, Ithaca: Cornell University Press, 1997.

续表

选择方法	释义	作用
影响力方法（influential）	当因变量取反事实时，对因果推断产生强烈影响的案例	验证理论
偏差案例法（deviant）	X 和 Y 的关系偏离预期的案例	验证、探索都可以
求异法（method-of-difference，most-similar）	寻找两个案例在其他自变量都相同或相似，但在解释变量上恰好不同	探索理论
求同法（method-of-agreement，most-different）	寻找两个案例在其他自变量都不同，但在解释变量上恰好相同或相似	验证、探索都可以
匹配法（matching）	求同法的一种，运用统计学匹配多案例，找出最贴近的两个案例	探索理论

相符性程序则判断在理论解释或预言下，解释变量是否会与因变量一致出现在预言的方向①。譬如，要推断自变量 X 和因变量 Y 是否存在因果关系，就可以观察是否在 X 高于正常值的情况下，Y 也显著高于正常值。倘若在多个案例中都存在这个关系，那么很可能因果关系是成立的。但即使存在这种一致的共变关系，也会存在其他可能的虚假因果关系。还要再确认这个一致关系是否能得到一般定律或统计规律的支持，自变量是否是因变量的必要条件②。

案例取向路径主要是过程追踪法（process tracing）。过程追踪法是在案例内分拆因变量和解释变量之间的决策链条或事件发生链条，仔细检验支持或质疑假说的每个证据，核心是关注假设的因果过程的顺序和中间机制③。过程追踪法的每一步都必须基于假设预测或修正假设，用真实观测值来检验假设。一般来说，任何检验可以分出四种强度：一是“墙头草”检验（Straw-in-the-wind），即不论是否通过

① George，Alexander L. and Andrew Bennett，*Case Studies and Theory Development in the Social Sciences*，Cambridge，MA：MIT Press，2005；Evera，Stephen van，*Guide to Methods for Students of Political Science*，Ithaca：Cornell University Press，1997.

② George，Alexander L. and Andrew Bennett，*Case Studies and Theory Development in the Social Sciences*，Cambridge，MA：MIT Press，2005.

③ Bennett，Andrew，“Process Tracing and Causal Inference”，In *Rethinking Social Inquiry：Diverse Tools，Shared Standards*，edited by Henry E. Brady and David Collier，Lanham，MD：Rowman and Littlefield，2011；Evera，Stephen van，*Guide to Methods for Students of Political Science*，Ithaca：Cornell University Press，1997.

检验，都只是加强信心或疑心，但不构成证实或否决；二是“烟枪”检验（Smoking-gun），即如果假说通过了该检验，就能证实它，否则只是降低假设可信度但不构成否决；三是“箍圈”检验（Hoop），即如果没有通过该检验，那么就能否决假设，否则只是增强假设但不构成证实；四是“双重决定性”检验（Double-decisive），即假设的通过与否直接决定能否证实或者否决假设[①]。实际的过程追踪法是这四种检验的有机组合运用。

案例取向路径与变量取向路径的根本逻辑上是有差别的。案例取向遵循了“序贯研究”（sequential study）和复制逻辑[②]，在一个案例内部充分获得关于因果机制的命题后，将该命题复制到第二个案例中去检验是否需要修正，再接着到第三个等，直到命题不需要修正，达到理论饱和。这时候，其实因果机制已经清楚，所以再将多个案例放在一起比较的目标不是去推断某个变量是否有解释力，而是去确定变量的解释力大小；或将案例分组，寻找组内相似和组间差异，归纳单案例看不出来的模式[③]。变量取向则往往没有在案例内先形成充分的因果机制，只是先提炼出各个案例共有的变量，然后放在一起比较，通过自变量和因变量在各案例之间的取值变异来测试某个自变量是否能影响因变量。如果测试比较结果表明这两个变量的变异是一致的，那么就有理由相信二者的变异关系有很强相关性。再通过其他辅助证据和逻辑演绎来排除其他关系，推断为因果关系。所以它的本质更接近于判定因果关系存在与否，且具有更强的推测性，而不像案例取向法那样直接揭示因果机制——后者是更强的检验方法[④]。

任何研究方法的应用需适应于研究问题和研究对象。本书应用案

---

① Bennett, Andrew, “Process Tracing and Causal Inference”, In *Rethinking Social Inquiry: Diverse Tools, Shared Standards*, edited by Henry E. Brady and David Collier, Lanham, MD: Rowman and Littlefield, 2011.

② Yin, Robert K., *Case Study Research: Design and Methods*, Thousand Oaks, California: Sage, 2003.

③ Eisenhardt, Kathleen M., “Building Theories from Case Study Research”, *Academy of Management Review*, Vol. 14, No. 4, 1989.

④ Evera, Stephen van, *Guide to Methods for Students of Political Science*, Ithaca: Cornell University Press, 1997.

例研究方法的原因有三点：首先，案例适合解释因果机制和过程，本书探讨新能源汽车产业的长期转型过程，揭示其中因果链条，与案例的功能相符。其次，案例研究能揭示复杂社会现象中的因果机制。新兴技术产业的演化是一个高度复杂的社会现象，本书试图找出企业技术路线和政策在长时期内变化的因素。这也非常适合案例方法，正是案例方法发挥探索性研究用处之所在。

从宏观上，本书选择中国新能源汽车产业的单案例，能够获得对这一产业 20 年的纵向观察，理解这个产业复杂的因果逻辑变化。从微观上，不同的章节有差异化的应用，具体的使用方法待后面几章涉及具体问题时再详细展开。

第三节　资料来源

资料收集有三大原则：使用多种证据来源、建立案例研究数据库、组成一系列证据链①。本书尽量从多种渠道收集案例资料，通过文献、档案、访谈等渠道分别建立两个案例的数据库，在充分引用的基础上阐述相关事实，以形成信度较高的证据链。数据来源分为五类，如表 3-2 所示。

表 3-2　　数据来源和用途

数据来源	用途
中央政府的政策文件	全面准确反映中国新能源汽车政策变化，理解制定政策的官方背景考量
半结构化直接访谈	通过半结构式的访谈获得企业高层经理对企业技术路线决策、专家和政府人士对政策制定原理的认知
媒体资料（含公开论坛发言和传记）	获得企业高层经理、专家、政府人士在公开场合接受访谈或者论坛上的发言记录。既充实历史信息，又对访谈记录给予了三角验证
参与行业会议	获得专家、政府人士和企业家的第一手公开发言信息，也有利于开展非正式访谈

① Yin, Robert K., *Case Study Research: Design and Methods*, Thousand Oaks, California: Sage, 2003.

续表

数据来源	用途
行业报告和年鉴	著名汽车研究机构所编制的行业报告、年鉴能系统梳理产业发展的实际情况，提供较为权威的统计数据
科技论文和行业标准	一方面提供技术信息；另一方面政府人士、专家的产业研究论文能更准确、严格地表现他们对产业的认识，与他们的访谈或公开发言形成较好的三角验证，补充信息

（一）政策文件

中央政府的政策文件是最主要的数据来源。政策文件来源于：首先，中国汽车工业协会，它公布了中国汽车行业相关的几乎所有国家政策；其次，第三方专题报告如《中国新能源汽车产业发展报告》《节能与新能源汽车统计年鉴》，它们对该产业进行了完整的梳理，列出了重要的产业创新政策文件。得到这些政策文件后进行筛选，排除了纯粹的程序性工作文件如组织会议、巡视、申报项目、批复通知等。还有一些政府或准官方的措施并非成文形式颁布的政策，但具有重大意义，例如北京奥运会示范、国务院常务会议决定等，它们都或多或少体现了国家的意志，因此，本书将之纳入广义的政策或政府举措范围；最后，从剩下的政策文件中，根据文件间的“引用”关系，即找出某个文件所明确陈述的上位政策或前期政策依据（黄萃等，2015），以防疏漏。三步结束后，共得到 88 份政策文件，以此作为政策数据。这些数据的时间跨度起于 1987 年，反映了我国从早期开始探索新能源汽车至今的整个历史过程。

（二）半结构直接访谈

访谈是本书案例研究部分最重要的信息来源之一，研究决策过程的一个直接数据来源是对参与决策者的访谈。在企业中，位于部门总经理级别以上且在企业内具有多年工作经验的人员对企业的新能源汽车技术战略决策较为熟悉，他们的阐述能较为准确地反映企业的决策逻辑。在我国的高技术产业政策制定过程中，除政府决策者外，来自行业协会、企业、高校和科研院所的科技专家同样发挥了举足轻重的作用，政策制定的过程往往是决策者和这些专家不断协商，并在社会各界征集意见之后达成一定程度共识的过程[①]。因此，参与政策制定或者熟悉决策的专家就成为至关重要的数据来源，特别是一些权威的专家。

笔者在2011—2016年走访了国内各地20多家企业，访谈了多名高校、科研院所和行业协会专家，数十名企业管理者和技术专家、政府人士。每次访谈的时间在1个小时左右，为半结构访谈。这数十家企业涵盖了我国新能源商用车和乘用车的大部分知名企业，保证了获得信息的全面性。有若干名技术专家是“863”计划电动汽车重大专项的总体组成员，对我国自2001年以来的电动汽车技术政策具有详细的了解，增强了本书所获信息的准确性。

此外，笔者曾在科技部电动汽车重大项目管理办公室借调过一段时间，也利用工作方便访谈过同事。该办公室负责全国从2009年至今的示范推广工作，积累了大量工作文件，极有权威性，也使笔者有机会接触得到独特的资料。

在访谈前，笔者通过查阅文献预先熟悉项目背景资料，努力摒除先入之见，与相关人员讨论后确定半结构化的访谈提纲。访谈时，紧密围绕本书研究命题来提出问题，尽量覆盖分析单位的各类信息，在征得受访者同意的前提下，做好访谈录音工作，并留下受访者的联系方式，以备后续补充调研。访谈结束后，笔者重新复述主要观点和逻辑链条，并请受访者确认，并就学术文章和媒体报道中的部分观点与受访者进行核实。

但是，访谈资料不是一定可靠的证据，因为有些专家并未直接参与决策，他们只是以自己的经验和见闻提供一个较为可能的判断。为了避免偏颇，笔者将同一套问题向多个专家提问，互相比较他们之间的答案，形成访谈对象之间的三角验证。如果他们的答案较为一致，那么该证据的可信程度较高；如果出现不一致，那么就单独提取不一致的个别问题，再向其他专家咨询，谋求更多信息，直到所得信息在逻辑上相容、与事实走向相符。而且，笔者用其他渠道数据来验证细节的正确

① 汝鹏：《科技专家与科技决策“863”计划决策中的科技专家影响力》，清华大学出版社2012年版；陈玲：《制度、精英与共识：寻求中国政策过程的解释框架》，清华大学出版社2011年版。

性。笔者广泛查阅了各种资料，例如媒体的报道、专家的公开论坛发言、行业的研究报告和科技论文。这些资料既能够验证访谈资料的关键细节是否正确，又能给予充分的政策背景知识，使问题的描述和分析更加透彻。在实地考察期间，笔者还查阅受访者提供“研究成果鉴定会”、科研项目结题材料、政府文件、公司文件、管理手册、技术标准等文字档案资料，仔细研读并摘录。利用与验收专家组或督导专家组同行的机会，聆听专家组成员在检查时对实物证据的专业意见。

（三）媒体资料和论坛会议发言记录

除直接的一手访谈之外，报刊、网络等媒体提供的二手报道也是较为重要的资料来源，能够对一手访谈进行佐证，以免访谈对象在访谈过程中出现记忆偏差等现象；而且媒体报道也能提供较为丰富的历史信息。特别是在高速发展的新能源汽车行业上，网络媒体的报道很多。不过，为了避免记者的主观判断和缺乏事实的报道，本书只参考记者对企业高层经理、专家、政府人士发言的直接引用，将之作为参考证据，而非记者的自行论述。笔者从“中国知网”的报刊数据库检索报纸文献，以“电动汽车”“新能源汽车”“动力电池”“锂电池”为题名，再辅以若干重要专家和主管部门政府人士姓名作为全文检索条件，总共检索出1000多条报道，删去一些重复报道之后进行快速浏览，记录关键信息。此外，笔者也会将一系列名字放入互联网搜索，获得不少专家和政府人士在公开论坛上的发言记录，这也是很重要的信息来源。

（四）参与行业会议

笔者积极参加各类新能源汽车行业会议，既包括官方或半官方（行业协会、百人会、中汽中心）组织的会议，也包含媒体和企业组织（第一电动网、网易汽车）等组织的会议。参与这些会议有两个作用：一是获得专家、政府人士和企业家的第一手公开发言信息；二是便于在会议间隙与专家展开非正式访谈，获得不便于公开场合透露的信息。

（五）行业报告和年鉴

国内外在传统汽车、新能源汽车行业的报告和年鉴具有较好的参考价值，对产业技术进步、发展情况、产销数据等都有较为完整、权威的介绍和统计。其中，中国汽车技术研究中心和中国电动汽车百人会是两个最重要的报告来源，他们的报告撰写者通常就是国家政策制定的专家，也是政府委派调研的主要承担者，所以报告具有很高权威性。笔者阅读了超过 20 本的报告和年鉴，包括《节能和新能源汽车年鉴》、百人会的年度课题报告等。

（六）科技论文和行业标准

新能源汽车产业发展与技术息息相关，因为科技论文和国家的行业标准是查询技术信息的权威来源，所以是论文的另一数据来源。此外，许多政府人士或专家会发表产业研究的论文，用较为翔实的数据和资料展现产业发展中的一个片段或者一段较长历史的回顾，具有很重要的参考意义。笔者同样用国内若干重要专家和主管政府机构负责人姓名作为检索条件，从中国知网中阅读了超过几十篇论文。

第四章

筚路蓝缕的新能源汽车产业

第一节　新能源汽车的概念与技术路线

首先界定“新能源汽车”（new energy vehicle）的概念，这个概念的发展经历了一定的历史变化，且在国内外的文献中有诸多相近甚至相同的概念——例如电动汽车（electric vehicle）、替代能源汽车（alternative fuel vehicle）、清洁汽车（cleaner vehicle）、低排放汽车（low emission vehicle）、绿色汽车（green vehicle）等，可笼统地概括为相对于以汽柴油为完全动力来源的传统汽车的一组非常规机动车，目标在于降低碳和其他尾气污染物排放。根据国家政策文件，我国新能源汽车及其相近概念的界定经历了 1999 年、2007 年、2012 年三次典型的转变，如图 4-1 所示①。

1999 年虽然没有明确提出“新能源汽车”的说法，但国家用“清洁汽车”第一次做了概括性的界定；2012 年的定义则沿用至今。由于概念界定经历了复杂的变化，在我国历史上的涵盖范围由大到小，很难从政策文件中清楚分开，所以，本书的“新能源汽车”并不采取固定的最新概念，而根据时代变化涵盖对应年代的官方界定车辆范畴，例如，在 1999 年的新能源汽车所指等同于清洁汽车的范畴，

① 详见国科发高字〔1999〕564 号、发改公告〔2007〕72 号、国发〔2012〕22 号。事实上，2009 年示范推广工程中对乘用车私人试点的补贴政策中就明确指出新能源汽车主要包括插电式和纯电动，规定了电池组能量必须高于 10 千瓦时；但是在公共领域的补贴中仍然纳入普通混合动力。

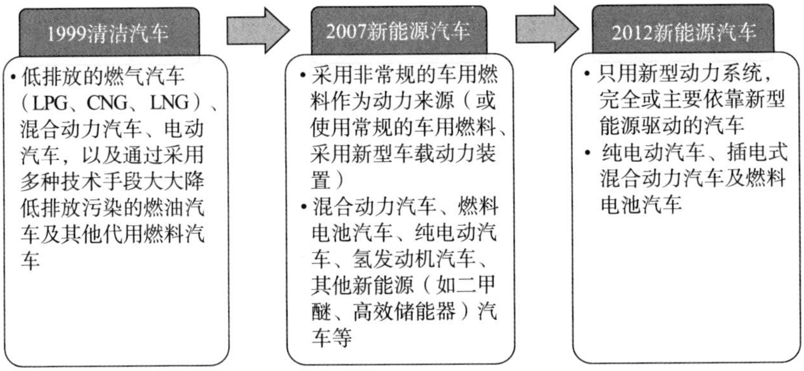
1999清洁汽车
•低排放的燃气汽车（LPG、CNG、LNG）、混合动力汽车、电动汽车，以及通过采用多种技术手段大大降低排放污染的燃油汽车及其他代用燃料汽车
2007新能源汽车
•采用非常规的车用燃料作为动力来源（或使用常规的车用燃料、采用新型车载动力装置）
•混合动力汽车、燃料电池汽车、纯电动汽车、氢发动机汽车、其他新能源（如二甲醚、高效储能器）汽车等
2012新能源汽车
•只用新型动力系统，完全或主要依靠新型能源驱动的汽车
•纯电动汽车、插电式混合动力汽车及燃料电池汽车

图 4-1　我国新能源汽车概念演变

2012 年前则包括普通混合动力等。

还有另一个重要的概念——“电动汽车”（electric vehicle），事实上，这是国外更常用的概念，国外很少用“新能源汽车”这样的笼统定义。国内外文献对电动汽车的界定各自不同，核心在于是否将混合动力（HEV）和燃料电池汽车（FCV，也有人写成 FCEV）纳入其中[①]。有些学者例如陈清泉并不把混合动力列入电动汽车的范畴[②]。北京理工大学孙逢春教授等定义电动汽车要以蓄电池为能源、通过电力驱动，但未说明蓄电池是否是主要能源[③]。而且按照这个定义，燃料电池汽车不能算电动汽车，因为燃料电池不是蓄电池，前者在化学原理上是一次电池，而后者是二次电池。陈清泉将燃料电池排除出电动汽车的范围[④]。但如果抛开这个蓄电池的定义，仅用电池来指代，燃料电池汽车的确是用电来作为直接驱动能源。欧阳明高等学者则用

① 混合动力汽车的英文有两种说法：一是 hybrid vehicle，二是 hybrid electric vehicle（HEV）。

② Chan，C. C.，“The State of the Art of Electric，Hybrid，and Fuel Cell Vehicles”，*Proceedings of the IEEE*，Vol. 95，No. 4，2007.

③ 孙逢春、张承宁等：《电动汽车——21 世纪的重要交通工具》。北京理工大学出版社 1997 年版。

④ Chan，C. C.，“The State of the Art of Electric，Hybrid，and Fuel Cell Vehicles”，*Proceedings of the IEEE*，Vol. 95，No. 4，2007.

电动汽车（EV）来笼统指代三种汽车①。冯飞认为，燃料电池属于电驱动，却在内容安排中将电动汽车和燃料汽车并列，电动汽车仅包含混合动力和纯电动汽车②。总之，如果从技术文献角度分析，电动汽车的涵盖概念莫衷一是，公认的只是纯电动汽车，其他则有争论。本书倾向于采用官方的定义。

在2001年“863”计划的“电动汽车重大专项”中，电动汽车的官方定义包含了混合动力、燃料电池和纯电动三类，但到了“十一五”之后该概念不再出现在官方政策文件中③，取而代之的是节能汽车或新能源汽车。尽管如此，国内通常情况下还是大量讨论到电动汽车这个概念，而且事实上电动汽车也是我国新能源汽车的主体，二者在日常讨论上基本等同④。所以，本书在后面主要应用新能源汽车这个动态的官方概念范畴，而将电动汽车定义为混合动力（包括插电式）、燃料电池和纯电动，以示这三类车与其他代用燃料汽车的区别。它们的概念谱系如图4-2所示。电动汽车四个主要门类的技术特点归纳如表4-1所示。

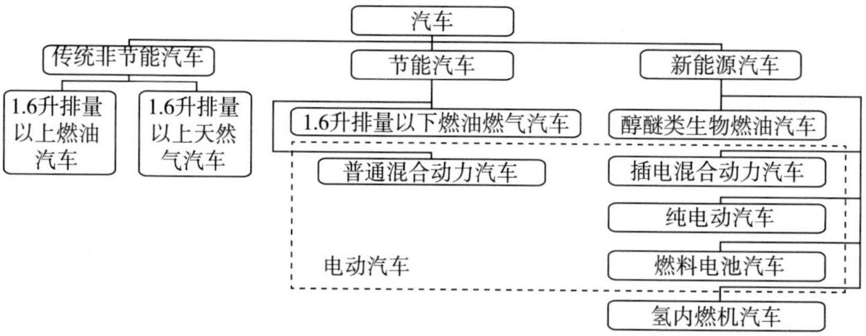

图4-2　不同能源汽车门类示意

---

① Hao Han, et al., “China's Electric Vehicle Subsidy Scheme: Rationale and Impacts”, *Energy Policy*, Vol. 73, 2014.

② 冯飞：《中国车用能源战略研究》，商务印书馆2014年版。

③ 除了2012年科技部颁发的电动汽车科技专项规划使用了“电动汽车”一词。

④ 例如，我国权威的《节能与新能源汽车年鉴》之第一部（2010年本）开篇就只讨论了电动汽车，没有讨论其他代用燃料汽车，尽管在后面的数据统计部分纳入了天然气汽车等。我国最著名的新能源汽车智库和交流平台的名字就叫“中国电动汽车百人会”。

表 4-1 各类电动汽车技术特征

类型	普通混合动力 HEV	插电式混合动力 PHEV	纯电动 BEV	燃料电池 FCV
主要子类型	强混（strong）、中混（mild）、弱混（weak）	增程式	无	无
驱动部分	内燃机、电机	电机、内燃机	电机	电机
能量来源	汽柴油、天然气，电池或超级电容	电池或超级电容，柴油和天然气，也可用燃料电池作为增程器	电池	燃料电池
特点	1. 内燃机为主推动力，电机为辅。 2. 制动能量回收给电池充电。 3. 弱混：电机只在启停时代替内燃机驱动以省油。 4. 中混：电机除了在启停时代替内燃机驱动，还在加速和大负荷工况时辅助内燃机驱动车轮。 5. 强混：电机在低速状态可以独自驱动汽车，但加速或高速时就只能辅助内燃机驱动，根据工况灵活调节电功率和内燃机功率输出以省油	1. 在一定里程范围内，只有电机驱动车轮。当电池能量消耗到一定程度后，内燃机介入，开始发挥主要能源供给作用。此时，在增程式插电混合动力中，内燃机燃烧发电给电池充电，继续由电机来驱动；在普通插电式中，内燃机接管为主要驱动力，电机起到辅助作用，根据工况灵活配比功率输出以省油。 2. 电池容量较大，电池耗尽后可以用外接充电口充电	纯用电池供给能量，驱动电机	氢气和氧气在燃料电池内通过化学反应产生电力，驱动电机
优缺点	优点：1. 燃油经济性强，强混能省油约 30%；2. 不用充电，无里程焦虑。 缺点：1. 多套动力系统，结构和控制复杂，成本高于传统车；2. 排放仍然很明显	优点：1. 对充电基础设施并不依赖，所以没有里程焦虑；2. 在一定行驶里程内是“零排放”。 缺点：1. 多套动力系统，结构和控制复杂，成本高于传统车；2. 当内燃机发动后，仍然有排放	优点：1. “零排放”；2. 不依赖化石燃料。 缺点：1. 续驶里程不长，因此依赖于充电设施，有里程焦虑；2. 因电池缘故而成本较高、充电速度很慢	优点：1. “零排放”；2. 不依赖化石燃料；3. 长续驶里程；4. 加气速度很快。 缺点：1. 高度依赖加氢基础设施；2. 成本非常高，距离规模商用较远；3. 技术复杂

注：根据陈清泉和 Holweg 等文献以及其他技术资料整理（Chan，2007；Holweg，2014）。

第二节　三十年产业政策史

中国新能源汽车产业的发展历史上，中央政府起了最重要的推手作用，产业的起起伏伏与国家政策密不可分。据笔者统计，1991—2021年，我国颁布了147份与新能源汽车产业链上下游密切相关的主要政策文件（附录给出了政策列表），每年的政策数量如图4-3所示。由图4-3显示，除2013年有突然下滑外，我国的新能源汽车政策数量从2007年之后几乎逐年增长，增幅较大，到2015年达到数量顶峰。这表明我国新能源汽车的政策在三十年来经历了较多变化。不仅在数量上，我国所用政策工具的种类日益丰富，类型上发生了较大变化。早年的政策工具以政府为主导来选择受益对象，例如科技计划和政府采购的受益方最终由政府决定；目前大部分政策工具都交给市场来选择受益对象，例如中央的购车补贴公平面向所有厂商。早年的政策工具偏重于鼓励刺激企业创新，例如购车补贴名义上是给消费者，实际上也是对企业的补贴；现在越来越多的政策工具关注汽车的使用环节，降低使用中的成本，提高用车的便利性，例如大量的充电基础设施政策都聚焦于用户①。中央政府的政策在不断根据国内外技术和产业发展的形势而调整，至今仍在不断修正完善中，构成了一卷色彩斑斓的长图。

从20世纪90年代早期至今，我国的新能源汽车产业发展可以划分为四个阶段：第一阶段（1991—1998年）是早期科技计划零散摸索；第二阶段（1999—2008年）以"清洁汽车行动"为序幕，以"863"计划电动汽车重大专项为正式起点，结束于北京奥运会，是科技计划专项支持和小型技术示范结合的阶段；第三阶段（2009—2013年5月）是示范推广工程及其后续尾声阶段；第四阶段（2013年9月至今）是推广应用阶段，并在2020年起开启了燃料电池示范。前两个阶段侧重于产品的研究和开发，并有小规模的技术性示范，意

① Xu, Lei and Jun Su, "From Government to Market and from Producer to Consumer: Transition of Policy Mix towards Clean Mobility in China", *Energy Policy*, Vol. 96, 2016.

在技术验证。第三阶段开始大规模的商业性示范，意在向客户展示，推广产品。这种典范性示范其实持续到如今。第三阶段同时也是商业化推广的起步，第四阶段进一步强化了推广。事实上，这样的阶段划分符合能源技术创新的R&3D的特征，图4-4刻画了它们之间的联系和区别。

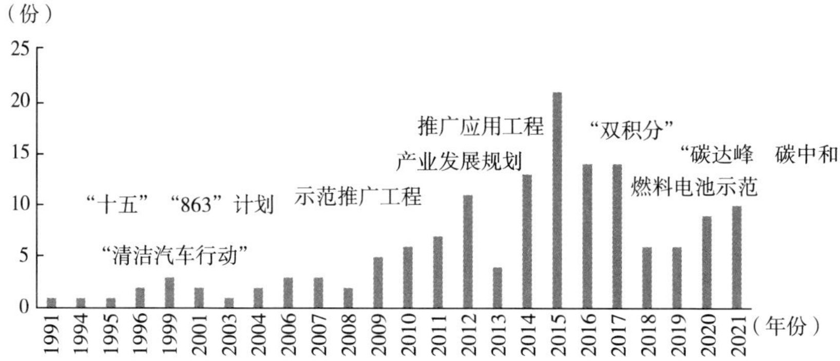

图4-3 历年新能源汽车相关政策文件数量

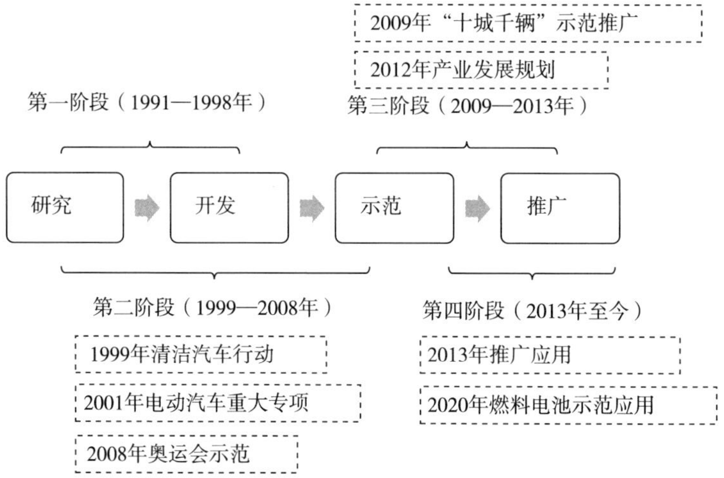

图4-4 我国新能源汽车产业发展阶段划分

一　第一阶段（1991—1998 年）：技术探索

1987 年中国电工技术协会成立了电动车辆研究会。1990 年国务院办公厅又发布国办发〔1990〕64 号文件，提到“支持节能汽车排气净化装置发展”，可以视作我国节能和新能源汽车产业政策的滥觞，可见保护环境、减少排放是我国发展节能和新能源汽车的最初动机。但是真正开始有组织地探索新能源汽车始于 1991 年，国家科委启动了“八五”科技攻关计划“电动汽车计划”，投资数千万元用于开展电动汽车关键技术的研究，开启了我国在国家层面上研究电动汽车技术之路①。1996 年，科委又在“九五”科技攻关计划中设立“国家重大科技产业工程项目电动汽车实施方案”（黎懋明，1997），进行电动汽车研发和标准化制定。1998 年，全国汽车标准委员会组建电动车辆分委会，设立纯电动汽车、混合动力电动汽车、燃料电池电动汽车的标准，开始了国家标准的制定工作。1996 年 6 月 9 日，广东汕头南澳岛开创了另一项重要工作——通用汽车、丰田和清华大学、华南理工大学等学校联合改装的 17 辆电动汽车进入那里设立的国家电动汽车运行试验示范区，开始局部地区的小型示范。

二　第二阶段（1999—2008 年）：专项系统研发与小型示范

第二阶段的十年对于中国新能源汽车的发展十分关键。经过一年多的方案准备，1999 年 4 月 6 日，科技部等 14 个部委启动了“清洁汽车行动”，选择了京津沪渝等 12 个试点城市，在全国清洁汽车行动协调领导小组的协调下，开展起燃油汽车清洁化和燃气汽车的示范推广工作。同年 12 月 7 日，十四部委联合印发国科发高字〔1999〕564 号文件，确立清洁汽车的总体发展目标、研发步骤和政策措施；并在年底“九五”科技攻关计划中设立“清洁汽车行动关键技术攻关及产业化”项目，分两期（1999—2002 年、2002—2005 年）拨付 7000 万元，系统地开始研究燃油汽车清洁技术、燃气汽车、电动汽车和混合动力汽车的研发和示范推广②。清洁汽车行动标志着我国开始集中

---

① 在纯粹的技术研究上，我国从 1987 年就成立全国电动车辆研究会，后来在全国电工技术学会下成立电动车辆技术委员会，在中国汽车工程学会下成立了电动汽车及代用燃料汽车分会。资料来源：张兴业：《电动汽车技术的发展与前景》，《汽车人》1999 年。

② 第二期只研究燃油汽车清洁化和燃气汽车，电动汽车已专门立项。

各部委力量，从科研到示范来大规模支持新能源汽车，而不再是科技部单打独斗做研发。

如果清洁汽车还是序曲，覆盖各种动力车辆，那么随着2001年10月“十五”“863”计划电动汽车重大专项启动，我国电动汽车发展终于掀开了属于自己的一页。该项目的重要意义在于确立了“三纵三横”的系统性研发布局，并开展相应政策法规的研究，这个布局沿用至今，后来又增补了“三大平台”，确立了中国新能源汽车发展路线的主轴。同一年，北京市启动了“科技奥运电动汽车重大专项”工作，为我国后面几年电动汽车的示范应用树立了目标，对很多企业的早期探索产生了深刻影响。2003年，科学技术部、商务部将电动汽车用电机及控制系统被列入鼓励外商投资高新技术产品目录。当年，上海诞生了我国第一台燃料电池汽车。2004年5月，《汽车产业发展政策》（发改委令〔2004〕8号）正式提出支持、引导和鼓励各类新能源汽车，将新能源汽车从科技政策上升到了国家产业政策。到2005年，我国已实现了第一辆纯电动汽车的出口，几十辆电动汽车在北京等地示范运营，并有燃料电池汽车服务于北京国际马拉松比赛（科学技术部，2012）。

“十五”电动汽车重大专项顺利结束后，2006年9月，科技部根据《国家中长期科学和技术发展规划纲要（2006—2020年）》的精神[①]，在“十一五”“863”计划中配套经费11亿元，延续对电动汽车的研发支持，坚持“三纵三横三大平台”的研发布局，并将代用燃料汽车技术也结合进来，旨在建立电动汽车系统技术和关键零部件产业化技术体系，还新增了对知识产权服务和信息数据平台的研发支持。2006—2007年，国务院还两次在节能减排政策文件中强调鼓励节能环保型车辆的开发应用和税收优惠，表明了节能减排一直是我国发展清洁和电动汽车的第一动力。2007年10月，发改公告〔2007〕72号文界定了新能源汽车概念，并依据发改委令〔2004〕8号文确定了新能源汽车生产企业资格和产品资格——这在后来成了电动汽车

---

① 低能耗和新能源汽车被《国家中长期科学和技术发展规划纲要（2006—2020年）》列入优先发展主题。

生产企业资格之争的源头。

2008 年北京奥运会顺利召开，经历了 7 年储备，国内许多企业已经为了奥运会生产了一批新能源汽车，做好了技术储备。由“863”计划支持的奇瑞、长安福田等 8 家企业联合清华、同济、北理工等高校提供了自主研发的各类节能与新能源汽车 595 辆，圆满服务于北京奥运会，成了我国新能源汽车的首次大型示范活动，车辆平均节油率约 20%。全国 2005—2008 年四年间累计生产燃气汽车和新能源汽车超过 1 万辆（中国汽车技术研究中心，2013）。北京、杭州、深圳等 7 个城市先后开展了新能源汽车商业化示范运营，投入 500 余辆车运营 1500 多万公里；燃气汽车也实现了将近 50 万辆的大范围商业化①。

三　第三阶段（2009—2013 年）：商业化示范和推广

2008 年北京奥运会对新能源汽车的成功示范使国家的信心得到了提升。2009 年伊始，财政部、科技部联合工信部、发改委正式启动了我国新能源汽车发展史里程碑式的示范推广工程（俗称“十城千辆”工程），对 13 个试点城市（翌年拓展到 25 个）在公交、出租等若干公共服务领域购买新能源汽车给予补贴。2010 年 5 月国家又确定在京沪杭深等 6 个试点城市实施私人购车补贴②。这个以试点城市为基础、中央给予激励政策的新能源汽车推广模式沿用至 2015 年，在全球主要国家中独具特色，既刺激了地方努力推广汽车，使我国的新能源汽车正式开始了市场导入，又带来了地方保护主义等一系列复杂的问题。另外，我国还在上海世博会和广州亚运会举行了集中示范，进一步检验了车辆的性能。

与示范推广工程相呼应，在此期间，我国密集颁布了一系列产业和科技规划，来引导新能源汽车及其相关产业链的发展，描绘了“十二五”或更长时期内的产业蓝图和重点突破方向。2009 年 3 月，《汽车产业调整和振兴规划》明确了国家要实施新能源汽车战略，拨付 100 亿元支持新能源汽车及关键零部件产业化，力争到 2011 年新能源汽车的市场份额达到 5%左右，为新能源汽车的产业化提供了充裕

① 科学技术部：《这十年——现代交通领域科技发展报告》，科学技术文献出版社 2012 年版。

② 一开始只有 5 个，北京是后来增补的试点城市。

的资金支持和远景规划。更进一步的是，2010 年 10 月，国务院将新能源汽车列入七大战略性新兴产业之一，予以全方位的政策支持。在“战略性新兴产业”的旗帜下，国家陆续颁布了工业转型升级、新材料、智能电网、节能环保等多个主题的规划文件，对新能源汽车、电池、充电设施等各项产业技术都做了规划。

在这一系列规划中，最重要的两个文件是 2012 年先后颁布的《电动汽车“十二五”科技专项规划》（国科发计〔2012〕195 号）和《节能和新能源汽车产业发展规划》（以下简称《发展规划》，国发〔2012〕22 号）[①]。这两个文件标志着，在经过三年示范推广后，中国新能源汽车的主流技术路线归结到“纯电驱动”——简单理解，就是以纯电动、插电式和燃料电池为主。事实上，在 2010 年发布的“十二五”“863”计划指南就已经提出了“纯电驱动”的技术转型战略，只是 2012 年得到确定，将非插电式的普通混合动力汽车列入“节能汽车”，就为 2013 年下一阶段的补贴政策变化树立了依据。产业发展规划的另一个重要作用就是谋划了市场发展前景，制定了 2015 年和 2020 年两个关键时间节点，纯电驱动的车辆累计产销量要分别达到 50 万辆和 500 万辆。

2012 年，政府又在多方面加大力度，制定了一系列政策。首先，有两个很重要的技术标准和准入管制政策。第一个是 3 月的《乘用车企业平均燃料消耗量核算办法》，要求 2020 年平均燃料消耗量降至 5.0 升/100 公里[②]，被称为“中国的 CAFE”（Car Average Fuel Economy）[③]，从监管角度对企业形成了长期的压力。第二个是 5 月制定的《纯电动乘用车技术条件》，对纯电动乘用车提出了“双 80”的基本要求[④]，这个要求给低速电动车设置了一个门槛，对该产业的发展产生了较大影响。其次，9 月出台了新能源汽车产业创新工程，扶持了 25 个企业的重点项目，产业创新工程的支持力度很大，每个项目给

① 《节能与新能源汽车产业发展规划（2012—2020 年）》。

② 2015 年的目标则是 6.9 升/百公里。

③ CAFE 源于美国环境保护署 EPA 对汽车企业燃料消耗值的严格监管。

④ 最高时速不低于 80 公里，维持 30 分钟，续航里程大于 80 公里。

予1亿—2亿元的资助来开发产品，大大超过了“863”计划项目[①]，覆盖了整车、电池和电机，产出了若干后来的畅销产品。另外，国家还免除了新能源汽车的车船税和公交车的购置税，集中采购了约5000辆普通混合动力客车向非试点城市推广。

为期四年的示范推广工程取得了一定效果。2009年以前我国节能和新能源汽车累计运行500辆左右，而三年内示范推广总量则达到2.7万辆，翻了将近6倍；进入工信部推荐车型目录的品种达到600多个[②]。尽管国家雄心勃勃，制订计划在2015年达到累积销量50万辆，但事实上“十城千辆”工程在2012年年底结束后，我国的新能源汽车发展完全没有达到预想的效果，与政府的原计划相去甚远。25个试点城市原计划公共领域车辆推广5.2万辆，私人领域推广13.2万辆，2012年新能源汽车市场份额争取达到10%。可是，实际公共领域推广2.5万辆，推广量仅占原计划的一半；私人汽车推广量更惨不忍睹，只有0.54万辆，还不到原计划的10%。而且推广车辆集中在合肥、深圳、杭州等四五个城市——这些城市虽然表面推广量较大，但与计划相比也有很大差距[③]。其中暴露出一系列问题如地方保护主义、政策体系不协调、基础设施落后等，全国都在思考，新能源汽车究竟怎么发展？2013年5月终止了最后一批混合动力客车的补贴之后，市场沉默了。

四 第四阶段（2013年至今）：大规模推广应用

在全行业的翘首期待中，2013年9月，四部委终于启动了新能源汽车推广应用工程（第二轮推广），分两批选择了39个城市（群）共计88个试点城市，将新能源汽车在这些地方大规模推开。相比上一轮补贴政策，推广应用工程有四个较大变化：第一，按照“纯电驱动”的技术路线，放弃了对普通混合动力客车的补贴；第二，补贴标准所参照的技术参数发生了较大变化；第三，2014年和2015年的补

① 以“十二五”为例，“电动汽车关键技术与系统集成”“863”科技计划项目的平均金额为814万元。资料来源：科技部工作报告。

② 中国汽车技术研究中心：《节能与新能源汽车年鉴》，中国经济出版社2013年版。

③ 中国汽车技术研究中心：《新能源汽车产业发展报告》，社会科学文献出版社2013年版。

贴分别比 2013 年减少 10%和 20%；第四，补贴在全国范围内公开，2013—2015 年尽管仍然依托 88 个试点城市开展推广应用，但事实上财政部已经改变了补贴范围，在全国各个城市销售都能获得补贴①。除了补贴外，该文件还对上一轮中出现的许多问题做出了回应：要求各地推广车辆的至少 30%须为外地品牌，以应对地方保护主义；公共领域采购中不少于 30%的比例要采购新能源汽车；准备对试点城市予以末位淘汰，避免上一个三年内有些试点城市不作为；对基础设施建设先进的试点城市给予奖励。2014 年 1 月，响应企业呼声，政府将补贴退坡的速度降低到了 5%和 10%，并表示到期之后将继续有补贴政策。

从 2014 年 5 月开始，中央政府陆续推出一系列令人惊喜的政策，箭头直指前三年暴露的一系列矛盾问题。中机车辆技术服务中心不再要求发展期或成熟期车型在公告参数中注明示范运行区域。这为将来取消示范试点城市，形成全国统一补贴下的市场奠定了基础。7 月，国家更是连续颁布四道政策，彻底引爆了新能源汽车行业。最重要的是国务院办公厅关于加快新能源汽车推广应用的指导意见（国办发〔2014〕35 号，以下简称《指导意见》），首次从国务院高度对新能源汽车的一系列问题予以了政策方向的大力支持，例如承诺在 2014 年年底发布 2016—2020 年的补贴政策，稳定企业预期；承诺建立全国统一标准和准入目录，取消地方保护主义。在这个政策指导下，其他政策顺水推舟就产生了。其次，国务院常务会议决定对包括进口车在内的电动汽车免除车辆购置税，这不仅在购车补贴之上增加了新福利，一下子让新能源汽车对于私人消费者变得更有吸引力。再次，要求中央国家机关和试点城市公共机构新购车辆必须有一定比例用于新能源汽车，并且比例逐年提高，这为电动汽车的乘用车和商用车提供除了私家车、公交车、特种车之外的新市场。最后，国家发改委发文对居民充电给予峰谷分时电价，集中充电站采取工业电价；允许充电

---

① 2009—2012 年的政策文件上清楚写明对试点城市相关单位和个人购买给予补贴；但 2013—2015 年的政策文件并没有明确指出补贴只局限在试点城市内。从文本上看，“依托城市推广应用”和“对消费者购买给予补贴”这两块内容是并列关系，但含义写得不清楚。据电动汽车重大项目办公室介绍，许多企业都有所误解，后来财政部再下发一份内部文件明确该问题，该文件并未公开。

站收取充电服务费；充电站电网增容成本由电网企业负担，大大减轻了用户安装充电设施的成本。10 月，发改环资〔2014〕2368 号文公布，指出要制定实施充电设施发展规划，适度超前加快建设。工信部等五部委再次发文，重申各个企业必须满足企业平均燃料消耗量，倒逼乘用车企业通过生产新能源汽车、开发节能技术来满足要求。11 月，四部委发布财建〔2014〕692 号文，要对成效突出且不存在地方保护的新能源汽车推广城市或城市群给予充电设施奖励，并特别提到对加氢站和钛酸锂充电设施提高补助标准。

这一系列强有力的政策推出，给予了整个新能源汽车业很强的信心。2014 年全国新能源汽车呈现井喷局面，全年生产新能源汽车 8.49 万辆，是 2013 年的 4 倍；推广总量 7.96 万辆，36%是私人购车①，号称“新能源汽车进入家庭的元年”②。

作为推广应用的 2015 年延续了 2014 年的政策密度。1 月，国家免去了锂电池和镍氢电池的消费税，对铅酸电池按 4%征收消费税，鼓励锂电池产业的发展。2 月，中央政府设立了具有里程碑意义的“国家重点研发计划新能源汽车重点专项”，整合国家各个部委下面有关新能源汽车的科技专项如“863”计划、支撑计划等，形成一个统一渠道的重点研发计划来支持新能源汽车的基础研发和产业化，并对 2020 年的各项技术水平提出了目标。这些方向和目标又在 5 月颁布的《中国制造 2025》及 9 月发布的分行业技术路线图中得到重申。11 月 17 日该试点专项正式发布第一批课题立项指南。

在推广工作上，2015 年 3 月交通部发文重点力推城市公交车、出租汽车和城市物流配送车辆的电动化。4 月，四部委如约颁布第三轮推广（2016—2020 年）的补贴准则，给予了市场稳定的预期。5 月国家又宣布逐步下降公交车的成品油补贴，取而代之地增加电动公交车的运营补贴，将有力刺激公交电动化的发展。9 月末，国务院常务会议要求各地取消对新能源汽车的限购，为消费者购车消除了行政上的制约。10 月，国务院颁布了《关于加快充电设施发展的指导意

① 中国汽车工业协会。

② 《国家重点研发计划新能源汽车重点专项实施方案（征求意见稿）》。

见》，从发展目标、车桩比要求、建设施工审批、区域规划、补贴、业主协调、政府部门分工等多个角度全面提出了各项政策方针，体现了国家努力突破充电设施瓶颈，加快新能源汽车推广的决心。国家发改委随之制定了充电设施的五年规划（发改能源〔2015〕1454 号），确定了 2020 年全国充换电基础设施的数量目标，并将目标按地理区域和建筑场所进行了细分，这个目标将对后续五年的基础设施建设提供指引。11 月，交运发〔2015〕164 号文发布，详细制定了各地新能源公交车在年度新增公交数量中的比例，并将此与电动公交车运营补贴挂钩，刺激地方推广电动公交。12 月，住建部规定，核发新建工程规划许可证时必须要满足充电设施的配比要求，为政策执行提供了保障。当月，新充电国标发布，要求从 2016 年起强制实行新国标，为统一充电设施标准迈出了实质性的一步。

2015 年，国家还在整车和电池企业的监管上出台了新的政策，来规范产业化的发展。3 月，工信部对锂电池单体生产企业提出不低于 2 亿瓦时的年度产能要求和企业的技术能力要求。6 月，国家发改委和工信部又颁布第 27 号令，为纯电动乘用车企业的新建打开了准入窗口，解除了原发改委令〔2004〕8 号文对普通整车企业资质的约束，但规定新企业只能生产纯电动汽车。更重要的是，该文件规定汽车最高时速和续航里程都在 100 公里以上，进一步突破了 2014 年规定的“双 80”要求，抬高了门槛。8 月和 12 月，工信部分别对锂电池上下游企业和铅酸电池行业做出规范。

在一系列全方面政策的有力支持下，据中国汽车工业协会统计，2015 年全年新能源汽车销售量达到惊人的 33.1 万辆，示范推广以来的累计保有量达到 44.4 万辆，较为接近 2012 年制定规划的目标。从年销量及市场占有率看（新能源汽车销量占全年所有汽车销量比例），2015 年新能源汽车市场占有率已经达到 1.35%，一举突破 1% 的标志线，不少专家和业内人士判断，我国的新能源汽车已经走过了市场导入期，迈入了快速成长期①。

① 工信部部长苗圩的判断，参见 http://news.xinhuanet.com/auto/2014-09/26/c_127033774.htm，以及欧阳明高在 2016 年电动汽车百人会年度论坛上的发言。

进入快速成长期，国家从多个角度继续着力，让新能源汽车产业走上了快车道。先看需求侧。

一是加强充电基础设施力度。2016 年，国家出台 3 个政策，分别从推广奖励、居民区建设、停车场规划布局等方面拓展基础设施，从而拉动新能源汽车需求。类似的政策延续到 2017 年，继居民区、停车场外，国家又倡导在各个政府和企事业单位内部加快充电基础设施建设。

二是调整完善新能源汽车推广补贴政策。2016—2020 年，政府发布了 4 份推广补贴政策调整完善的通知，在 2015 年政策的基础上不断提高汽车能耗、续航里程、动力电池等技术门槛，调整退坡了补贴的具体金额标准。特别是在财建〔2020〕86 号文中，四部委不仅因为新冠疫情而延缓了两年补贴退出时间，还提出了设置年度补贴 200 万辆上限、单车价格 30 万元以下、公共交通及特定领域车辆补贴不退坡等措施（另有财建〔2019〕213 号文加强公交车推广），显示了国家在新能源汽车推广上审时度势、政策愈加成熟，已经度过了 2015 年大幅变化的摸索期。

三是单独为燃料电池启动了示范应用工程，仿照了当年电动汽车的示范推广，选择若干城市群进行优先示范。而且，在激励方面，四部委调整了以前单纯的补贴做法，购置补贴政策改成“以奖代补”，奖励产业化攻关和示范应用。截至 2019 年，我国燃料电池推广量还不足 1 万辆。这个政策将对燃料电池汽车的发展产生重大积极影响。

除了需求侧拉动，政府还从供给侧推动新能源汽车产业的技术和产品进步。2017 年 9 月，政府颁布《乘用车企业平均燃料消耗量与新能源汽车积分并行管理办法》，倒逼车厂必须加大电动化转型力度，降低传统汽车排放量、多生产新能源汽车。2017—2018 年，国家还重点关注电池产业的健康发展，相继颁布电力需求侧管理办法、储能技术和产业规划、动力蓄电池回收办法，让新能源汽车的核心组件能够梯级利用，从而让新能源汽车的价值最大化。

2020 年 10 月，国务院发布《新能源汽车产业发展规划（2021—2035 年）》，更是继 8 年前的产业规划后又一份纲领性政策，全面指明了后面十五年的长期发展方向。随着我国启动“碳达峰 碳中和”宏大战略，新能源汽车成为支撑“双碳”战略目标的重要产业。2021 年，新能源汽车产销量突破 350 万辆，比 2020 年爆发式地增长 1.6 倍。从示范推广启动的 2009 年至今，销量年平均增长率在 80%以上，显示出强劲的增长势头，走出了一条极为漂亮的增长曲线（见图 4-5）。

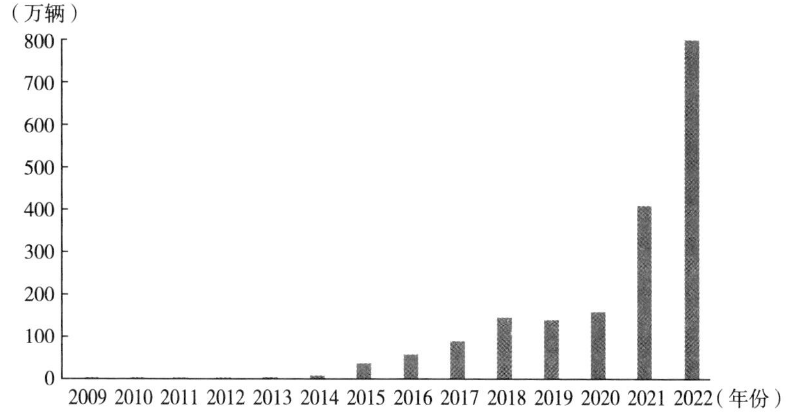

图 4-5　我国新能源汽车历史销量

资料来源：中国汽车工业协会。

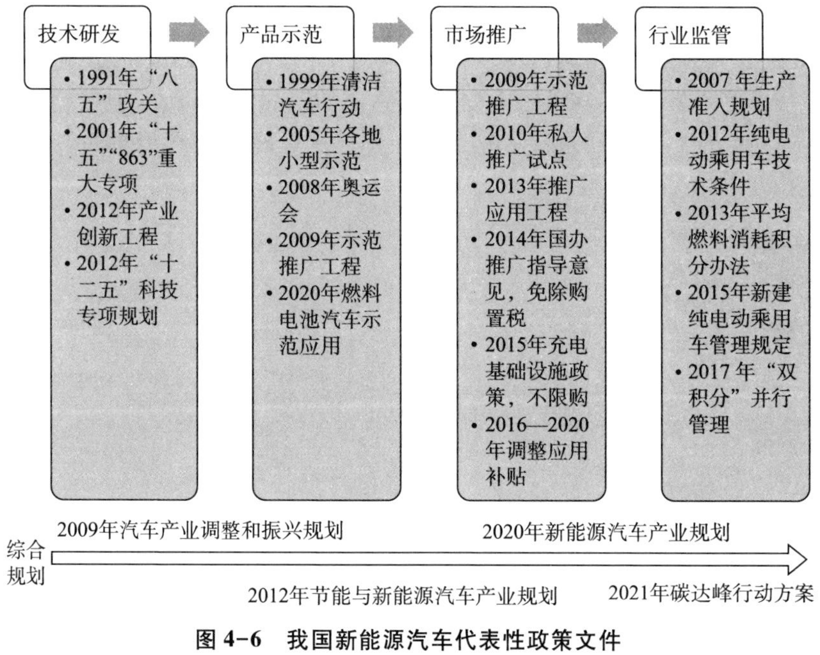

图 4-6　我国新能源汽车代表性政策文件

由以上四个阶段的概述可见，经过三十年的演变，我国新能源汽车政策已经构成了一个从技术研发、产品示范、市场推广到行业监管的完整覆盖。显然，从 20 世纪 90 年代起步到如今政策体系的建立，这个过程并非一蹴而就，而是经历了较长的演化。那么，为什么这个政策体系会发生这些变化？第七章将回答该问题。

第五章

示范工程的成败之因

第一节　研究设计

本章将通过两个天然气汽车的示范工程案例，来展示影响示范项目成败的主要因素是什么，从而理解研究问题二：有哪些因素能影响示范推广政策成败？本章将首先探讨具备什么样属性特点的示范工程项目更可能成功；然后深入解释示范工程成功运行的底层行为机制。

本章选取了贵阳市单一燃料液化天然气（liquefied natural gas，LNG）公交车的成功示范案例与北上广液化石油气（liquefied petroleum gas，LPG）公交车的失败示范案例作为对比，并在理论检验部分补充了北理工纯电动公交车案例。

案例研究的证据大体可以通过6种渠道获得：文献、档案记录、访谈、直接观察、参与性观察和实物证据。本章涉及了除参与性观察之外的五种渠道，如表5-1所示。值得说明的是，笔者在科技部节能与新能源汽车重大项目办公室工作期间，借国家“863”项目验收与“十城千辆”工程督导的机会，到贵阳和广州两地开展实地考察和调研，这为案例研究提供了重要资料。

表5-1　天然气汽车案例资料来源

资料渠道	贵阳LNG示范案例	北上广LPG示范案例
文献	“中国学术文献网络出版总库”下载期刊文章、报纸文章共计21篇	“中国学术文献网络出版总库”下载期刊文章、报纸文章共计25篇

续表

资料渠道	贵阳 LNG 示范案例	北上广 LPG 示范案例
档案	1.《城市客运在用车辆燃油改用液化天然气技术开发研究成果鉴定会》资料（一）至资料（五） 2.“国家高技术研究发展计划”《贵阳市单一燃料 LNG 公交汽车高原条件下运行考核研究》结题材料 3.《贵阳市公交总公司天然气公司管理手册》	
访谈	2011 年 4 月，访谈贵阳市公交总公司副总经理 1 次，技术总监 1 次，修理车间主任 1 次，修理公司技术科科长 1 次 2. 2011 年 4 月，访谈全国清洁汽车行动协调领导小组办公室专家组组长 1 次	1. 2011 年 4 月，访谈吉林大学汽车学院负责人 1 次 2. 2011 年 11 月，访谈广州市科技局负责人 1 次，广州市电车公司负责人 1 次 3. 2012 年 1 月，电话访谈广州市交委负责人 1 次
直接观察	1. 2011 年 4 月，参观贵阳公交 LNG 加气站 2. 2011 年 4 月，参观贵阳公交总公司	2011 年 11 月，参观广州电车公司
实物证据	2011 年 4 月，鉴定“油改气”关键装置	无

访谈是本书案例研究部分最重要的信息来源之一。在访谈前，笔者通过查阅文献预先熟悉项目背景资料，努力摒除先入之见，与相关人员讨论后确定半结构化的访谈提纲。访谈时，紧密围绕本书研究命题来提出问题，尽量覆盖分析单位的各类信息，在征得受访者同意的前提下，做好访谈录音工作，并留下受访者的联系方式，以备后续补充调研。访谈结束后，笔者重新复述主要观点和逻辑链条，并请受访者确认，并就学术文章和媒体报道中的部分观点与受访者进行核实。

在实地考察期间，笔者查阅受访者提供的“研究成果鉴定会”、科研项目结题材料、政府文件、公司文件、管理手册、技术标准等文字档案资料，仔细研读并摘录。利用与验收专家组或督导专家组同行的机会，聆听专家组成员在站点检查时对实物证据的专业意见。

案例研究在进行研究设计时要特别注意 5 个要素：研究问题、理论假设、分析单位、连接数据与假设的逻辑、解释研究结果的标准①。

① Yin, Robert K., *Case Study Research: Design and Methods*, Thousand Oaks, California: Sage, 2003.

在本章的探索性研究中，5 个要素的具体内容如表 5-2 所示。

表 5-2　　天然气汽车案例资料处理

案例研究的五个要素	本书的探索性案例研究
研究问题	为什么有的示范项目成功了？有的示范项目失败了？
理论假设	示范项目对技术创新产生影响首先取决于技术、市场和制度
分析单元	政府支持的示范项目
数据与假设的连接	因素对比
解释研究结果的标准	示范项目对技术创新的影响机制

在资料分析方面，本章根据相符性程序的要求，分为两个环节：首先，通过对案例内的观察比较来检验理论预设，分别将贵阳 LNG 示范案例和北上广 LPG 示范案例的自变量和因变量提炼典型内容，形成变量间的作用路径并与理论预设进行比较。其次，通过对案例间的观察比较来检验理论，特别是通过观察自变量的变化来分析成功和失败两种因变量的极端值，并通过比较背景资料中的差异之处来提出新的假设命题。

第二节　理论预设

理论预设对案例研究非常关键，案例研究应从理论预设开始。在关于示范的最早研究中，示范结果有三个衡量维度：信息成功（Information Success）、应用成功（Application Success）和扩散成功（Diffusion Success）①，这一定义得到后世诸多学者的认可和沿用②。因此表明示范成功的因变量可定为产生信息、实现应用和促进扩散。

① Baer, Walter S., et al., *Analysis of Federally Funded Demonstration Projects*, Santa Monica, CA: RAND Corporation, 1976.

② Brown, Marilyn A., et al., "Demonstrations: The Missing Link in Government-Sponsored Energy Technology Deployment", *Technology in Society*, Vol. 15, No. 2, 1993; Macey, S. M. and M. A. Brown, "Demonstrations as a Policy Instrument with Energy Technology Examples", *Science Communication*, Vol. 11, No. 3, 1990.

前人的研究表明，具有不同属性的示范项目，其结果千差万别，一般而言成功的示范有几个特点：①完全掌握了一项技术；②与当地的参与者进行成本和风险分担；③项目发起方来自非联邦来源；④存在适合商业化的强大产业系统；⑤包含商业化需要的所有要素；⑥没有紧张的时间限制①。美国国会技术评估办公室提出了决定示范项目成功的两个普遍因素，一是正在示范的技术的性质；二是示范项目所处的制度环境的性质②。另有学者指出，当技术不确定性很高的时候，示范并不是实验室试验、现场试验或试点工程的符合成本效益的替代方案，当需求很弱、技术困难很显著或存在制度障碍的时候，示范也不可能加速商业化的过程③。以上因素大同小异，大致可以划分为三类范畴：技术、市场和制度。因此，理论预设中的自变量定为技术、市场和制度。

在技术、市场和制度这些项目特点自变量与信息、应用和扩散这些因变量之间还可能存在逻辑环节，因为这些特点是静态条件，并不是每一个具备条件的示范项目都能自动成功，在项目示范的过程中一定存在复杂的底层行为机制。因此，我们的理论预设如图 5-1 所示。

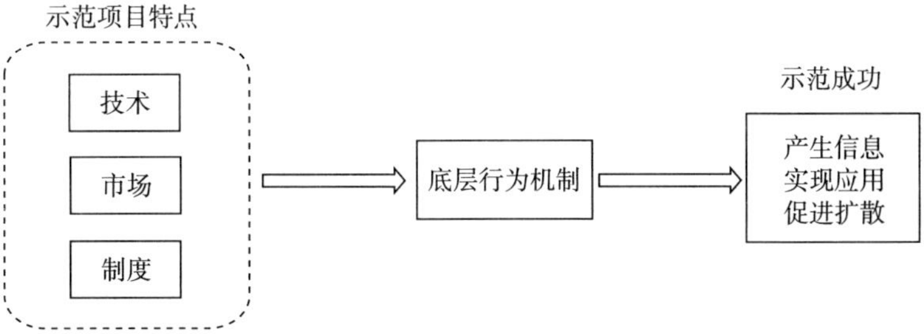

图 5-1　示范项目成功因素的理论预设

---

① Baer, Walter S., et al., *Analysis of Federally Funded Demonstration Projects*, Santa Monica, CA: RAND Corporation, 1976.

② Glennan, T. K. Jr., et al., *The Role of Demonstrations in Federal R&D Policy*, Santa Monica, CA: Office of Technology Assessment, 1978.

③ Macey, S. M. and M. A. Brown, "Demonstrations as a Policy Instrument with Energy Technology Examples", *Science Communication*, Vol. 11, No. 3, 1990.

第三节　贵阳 LNG 公交车的成功示范

一　案例介绍

贵阳公交有辉煌的历史：因其在全国较早发展城市公交，并在普遍亏损的形势下率先扭亏为盈，《人民日报》称其为“共和国城市公共交通史上的奇迹”，《中国企业报》称其为：“公交界永恒的传奇”，中央电视台更是八次专程赴贵阳公交采访。

2004 年，贵阳市被列为首个全国循环经济试点城市，市领导提出两个目标：汽车尾气污染物要达标，要实现污染物减量化。在这种背景下，全市的老锅炉被燃气锅炉和电锅炉所取代，公交车尾气成为全城最主要的污染源头。2005 年，油价开始波动，从 2.89 元涨到 3.14 元，本已微利的公交行业面临巨大的经济压力。2006 年 11 月，贵阳市被原国家建设部授予“优先发展城市公共交通示范城市”。在政治意愿和经济利益的双重驱动下，贵阳公共交通总公司开始了“油改气”的探索之路，主要经历了四个阶段，如表 5-3 所示。

表 5-3　　贵阳公交 LNG 公交车示范项目大事记

阶段	时间	事件
Ⅰ. 试验	2004 年 11 月	赴乌鲁木齐考察单一燃料 LNG 公交车辆示范工程项目
	2005 年 3 月	开始“油改气”试点，包括 LPG、CNG、甲醇等；与四川公司合作
Ⅱ. 改装	2005 年 11 月	在 1 路、2 路等线路上改造成 147 台 LCNG 公交车
	2006 年 1 月	实现了公交车充灌，完成一次液化天然气载车运行 500 公里的目标
	2006 年 4 月	将 LCNG 报给市政府，市政府专门成立清洁汽车行动领导小组（日常工作设在贵阳公交）
	2006 年 4 月	柴油车改造成功，既能用 CNG，也能用 LNG
	2006 年 10 月	首台改装的 LNG 公交车投入运营
	2007 年 4 月	汽油机改造成功

续表

阶段	时间	事件
Ⅲ. 改装采购并行	2007 年 4—9 月	到南充内燃机公司试验半年，车功率只限定在 120 千瓦左右
	2007 年 6 月	组建三桥站，人工充装 50 台 LNG
	2007 年 6 月至 2008 年 4 月	CNG 向 LNG 的过渡，LNG50 辆（4 台柴油车、46 辆汽油车）
	2007 年 9—11 月	申报国家“863”项目并得到批准
	2007 年 12 月	对 600 余辆公交车进行改装
	2008 年 2 月	成立天然气公司
	2008 年 4 月	正式建好三桥站，规模化充装（最高达到 300 辆）
	2008 年 12 月	国家“863”项目 LNG 低地板公交车上线运营启动仪式
	2009 年 12 月	一边到南充内燃机公司合作开发，改造旧车，另一边直接采购新车，从 147 辆 CNG 过渡到 1790 辆；开始试验功率大、排放标准高的高等级车
	2010 年 5 月	与万达客车公司成功联合开发出两辆“贵阳造”液化天然气公共汽车样车，并投入试运营
	2011 年 2 月	与贵州华能公司共同合作的利用焦炉尾气生产 LNG 项目启动

资料来源：笔者根据访谈记录整理。

在经历了 LPG、甲醇、CNG 的探索之后，贵阳公交最终敲定了液化天然气作为公交车的替代燃料。由于 LNG 公交车较为昂贵，以副总经理胡翔成为首的团队开始对汽油和柴油公交车进行改装，历经失败，自主创新，终于将发动机改装成既能燃烧传统化石燃料，也可燃烧液化天然气的新型发动机，从最初改装的 1 辆，到试点 140 辆，到超过 1200 辆，再到完成全部 2000 辆公交车的改造，贵阳公交拥有全国数量最多的 LNG 公交车。此外，为了解决气源的问题，贵阳公交与中国航天、上海交大、西南化工设计研究院等企业、高校和科研院所合作，将化工尾气回收利用，截至 2010 年，已与开磷集团联合开发 30 万吨合成氨尾气，与贵州华能焦化联合开发 60 万吨焦化尾气综合利用项目。

贵阳公交的“油改气”技术取得了良好的社会效益。1200 辆车燃用 LNG 与汽油、柴油相比，每年可减少废气排放量 50 万吨，减少各类污染物排放量 4800 吨，在减少污染的同时，也改善了驾驶员的工作环境①。2008 年 4 月，国家科技部认为“此举是引领中国公交业节能减排的成功范例”。全国清洁汽车行动协调领导小组办公室专家组组长王秉刚称，这“不仅创了全国第一，也创了世界第一，世界上还没有哪一个城市在液化天然气车辆的推广总量和推广技术上走得如此成功”。

贵阳公交的“油改气”技术产生了显著的示范效应，城市客运在用车辆燃油改用液化天然气技术不仅在该公司 1200 余辆公交车上得到了成功应用，还应用在了贵阳当地的出租车上。该公司计划将成熟的“油改气”技术推向市场，成为技术提供商与技术服务商，包括矿山载重汽车等多种柴油汽车都已进入公司的视野②。贵州省也计划在省内其他城市推广该项技术。

二　变量分析

（一）自变量 1：技术特性

在贵阳公交探索“油改气”的过程中，曾经对液化石油气（LPG）、压缩天然气（CNG）、甲醇、乙醇、生物柴油、液化天然气六种材料进行过试验和对比，对于国内其他地方采用较多的 LPG，贵阳公交经过改装并在两台公交车上试验，发现了三大缺点：经济性低、清洁性低、发动机成熟程度低。而对于 CNG，贵阳公交曾经尝试过一段时间，但由于加气时间是以前加汽油时间的 3 倍，导致了排队时间过长，严重影响营运，且加气站需要较大的建设面积，贵阳市城区土地紧张，再加上 CNG 本身存在行驶里程短的问题，最终该技术在经过 8 个月的尝试之后被弃用。

对比之下，从表 5-4 可知，LNG 汽车具有污染物排放少、噪声小、平稳性能高、充气速度快、非有效载荷小、续驶里程长等技术先进性，具有适合公交车、适合贵阳当地路况、适合运输等技术适用

---

① 涂俊超、苏舟：《利用工业尾气剪掉“黑尾巴”——贵阳公交公司的低碳三部曲》，《贵阳日报》2011 年 3 月 16 日。

② 王宁：《贵阳着力打造城市绿色公交体系》，《贵州日报》2010 年 5 月 7 日第 6 版。

性，具有充装压力低、不易燃烧等技术安全性，并且由于该技术的民用历史具有较好的技术成熟度。贵阳公交探索将柴油车和汽油车改用LNG技术不仅获得了自主知识产权，也于2007年3月通过了国家权威部门的碰撞试验，并于2007年4月通过全国清洁汽车行动协调领导小组的评审。

表5-4　　贵阳市单一燃料LNG公交汽车的技术特性

技术特性	表征
技术先进性	减少污染物排放：大幅度降低尾气排放量，苯、铅、粉尘等减少100%
	减少噪声：汽车噪声减少40%，充装噪声低，在60分贝以下，而CNG则在80—85分贝
	提高平稳性能：在运行过程中避免了燃油车“打嗝”的状况，能够大幅度提高车身的平稳性能
	充气速度快：充满时间仅为4—5分钟，而CNG需要10—15分钟
	非有效载荷小：300—400千克，6个CNG瓶就有1吨重
	续驶里程长：充装一次400公里以上，CNG充装一次180—200公里
技术适用性	适合车型：LNG辛烷值在140左右，耐爆震能力好，适合用在大车上
	适合路况：适合贵阳市内的陡坡、长坡道路况
	适合运输：能够以液态形式储运，到达范围广
技术安全性	充装压力低：0.5—1兆帕，连接头不易漏气
	不易燃烧：LNG的密度和比重比空气小，公交车多为露天停放，在发生泄漏时可迅速扩散到大气中，不易达到燃烧的浓度
技术成熟度	LNG民用历史较长，积累了较多的使用经验

资料来源：笔者根据访谈记录和新闻报道（乔怡：《贵阳至金阳40余大巴下月“上岗”》，《黔中早报》2010年12月30日）等整理。

（二）自变量2：市场与产业

在经济特性方面，公共交通是一个微利甚至亏损的行业，因此对成本非常敏感。在改装期间，LNG燃料价格仅为3.5—4元/立方米，非常经济；在产业配套方面，LNG汽车的产业基础和上下游配套均较好；在基础设施方面，贵阳公交与开磷集团合作建成全国首个使用工业化工尾气生产液化天然气的项目，该项目可为全市600余辆公共汽车提供动力燃气，每年节约燃料费用约1000万元[①]。此外，贵阳公交还与贵州华能焦化（制气）股份公司合作在建利用焦炉尾气生产液化天然气项目，该项目建成后，每年可替代汽柴油共约3.6万吨，每年可节约燃料成本约3000万元，除满足贵阳公交车辆使用外，还可向省内其他城市公交供气，或作为其他需求的调峰用气[②]。贵阳单一燃料LNG公交车的市场与产业环境如表5-5所示。

表5-5　　贵阳市单一燃料LNG公交汽车的市场与产业环境

市场与产业环境	表征
经济特性	燃料价格低：3.5—4元/方
	初始投资低：贵阳地处难以铺设管道的山区，但邻近天然气充足的四川地区，初始投资较需要管道的燃料低
产业配套	产业基础好：LNG汽车的储气钢瓶属高压容器，在国内多个领域有应用，国内有成熟的技术标准，多个厂家具备先进制造水准
	上下游配套好：气瓶制造等产业链配套完善
基础设施	加气站充足：已有三桥、二戈寨等6座LNG加气站
	气源充分：与开磷集团合作建成国内首个使用化工尾气生产LNG的项目，与华能公司合作利用焦炉尾气生产LNG项目

资料来源：笔者根据访谈记录整理。

（三）自变量3：制度环境

在组织保障方面，贵阳公交的"油改气"示范项目极大地受益于政府意志，在中央层面，2004年，贵阳市被列为首个全国循环经济试点城市，2006年11月，贵阳市被国家建设部授予优先发展城市公共交通示范城市，加上国家"863"项目的支持，中央政府各部门对贵阳公交的示范项目给予了较大的支持。在地方层面，贵阳市领导在2004年提出两个目标：汽车尾气污染物要达标，要实现污染物减量化。基于环保与节能的双重考虑，贵阳市政府把城市公交减排降耗作

① 涂俊超、苏舟：《利用工业尾气剪掉"黑尾巴"——贵阳公交公司的低碳三部曲》，《贵阳日报》2011年3月16日。

② 胡俯茂：《贵阳与华能合作推动化工尾气和公交尾气减排》，《贵州政协报》2011年3月22日。

为发展循环经济、创建生态经济城市的突破口①，市政府专门成立清洁汽车（LNG）行动协调领导小组下设专家组、测试鉴定组、工程技术中心筹备组、改造生产基地建设筹备组，其日常工作设在贵阳公交。贵阳公交不仅得到了市政府的支持，还得到了省政府有关部门的支持，省市两级有关部门探索出一种“政府推动、部门协调、企业为本、产学研结合”的工作模式②。

在技术标准方面，受访专家普遍认为，国家标准“在 LNG 方面做得比较好，没有太大的问题”，贵阳公交结合实际，编制了《在用车辆 LNG 改装技术要求》等企业标准。

在财政金融方面，贵州省和贵阳市针对该示范项目投入了省级环境保护专项资金等 2000 万元经费，国家“863”计划投入 110 万元经费。

表 5-6　　贵阳市单一燃料 LNG 公交汽车的制度环境

制度环境	表征
组织保障	中央层面支持：首个全国循环经济试点城市；优先发展城市公共交通示范城市；国家“863”项目支持
	地方层面支持：贵州省和贵阳市各级政府部门大力支持，在推进 LNG 汽车方面作了大量富有成效的工作；贵阳市发改委立项等；2006 年 4 月成立清洁汽车行动领导小组，2008 年变为责任分解
技术标准	国家标准成熟：“国家标准做得比较好，没有太大的问题”
	企业标准完善：贵阳公交编制《在用车辆 LNG 改装技术要求》
财政金融	各级资金支持：国家“863”计划 110 万元，省市针对油改气 2000 万元（省级环境保护专项资金等）

资料来源：笔者根据访谈记录及媒体报道整理。

（四）因变量：示范结果

在产生信息方面，贵阳市单一燃料 LNG 公交汽车成功地将柴油车和汽油车改装为燃用 LNG 的清洁汽车，通过示范减少了技术先进

① 刘志强：《贵阳公交车用上液化天然气》，《科技日报》2007 年 4 月 9 日。

② 贵阳市委政策研究室、贵阳市经济学会：《贵阳公交发展纪实》（上），《贵阳文史》2009 年第 2 期。

性、适用性、成熟度和安全性等技术不确定性。其运营成本较之以往有较大幅度的降低，减少了成本不确定性。贵阳公交在改装的过程中也降低了制度不确定性，减少了后续观望者的疑虑。此外，清洁汽车显著的节能减排效果彰显了正外部性，降低了这方面的不确定性。从以上结果来看，贵阳公交的 LNG 示范项目在产生信息方面是成功的。

在实现应用方面，贵阳公交在原有柴油机和汽油机的基础上进行改装，在保留原有供油系统的同时，加了供气系统和油气两用转换开关。这种改装经实地检验是成功的——2005 年 12 月，贵阳公交改装的 LNG 公交车在贵阳市内最陡和最长的坡路上进行重载试验，其性能基本与改装前车辆持平[①]。此外，这种改装通过最大功率、扭矩、噪声、气耗、排放等项目的台架实验，使 LNG 发动机空气和燃气的比例达到最佳状态，尾气排放主要指标达到国Ⅱ标准[②]。贵阳公交已拥有超过 1200 辆的 LNG 公交车，全国清洁汽车行动协调领导小组办公室专家组组长王秉刚评价："贵阳公交车如此大规模地使用液化天然气，不但在全国，即使在世界上都是少有的。"从以上证据可以得出本地应用成功的结论。

在促进扩散方面，贵阳公交的 LNG 改装技术扩散到了出租车上。出租车一次充灌天然气可运行 480 多公里，同时当车上的液化天然气耗尽后，可经由"油气互换开关"转换为燃用汽油，这不仅可节约能源，还加大了行驶里程，更加经济实惠。这种使用 LNG 改装技术的出租车已经在国家重型汽车质量监督检验中心进行了"碰撞"试验，证明没有安全隐患[③]。除此之外，按照贵阳市清洁汽车发展进程计划，2010 年起，贵阳向省内其他城市推广液化天然气公交车[④]，全国清洁汽车行动协调领导小组组长石定寰亦要求将贵阳成功的经验在

---

① 况莎：《"绿色公交"贵阳快步走——贵阳市公交总公司实施"油改气"工程纪实》，《贵阳日报》2010 年 8 月 19 日。

② 宋黔云：《公交液化天然气为生态贵阳美容》，《贵州日报》2007 年 12 月 4 日。

③ 贵阳市委政策研究室、贵阳市经济学会：《贵阳公交发展纪实》（上），《贵阳文史》2009 年第 2 期。

④ 黄蔚：《贵阳公交领跑全国清洁汽车》，《贵州日报》2007 年 3 月 21 日。

全国推广[①]。从以上证据来看，该技术取得了扩散成功。

表 5-7　　贵阳市单一燃料 LNG 公交汽车的示范结果

示范结果	表征
信息	减少不确定性：减少了技术、成本、制度等不确定性
应用	本地应用成功：LNG 公交车在本地运营状态良好，与基础设施兼容
扩散	扩散至其他地域：贵州省内城市等
	扩散至其他领域：出租车等

第四节　北上广 LPG 公交车的失败示范

一　案例介绍

1999 年，广州、北京、上海等 12 个城市被科技部列为清洁汽车行动第一批试点示范城市，开始进行燃气汽车试点示范工作，然而经历十余年的发展，三个城市的 LPG 汽车的示范推广工作均不同程度地陷入困境。

北京自 1998 年开始改造 LPG 汽车，主要分为公交车和出租车两种车型。例如，原来的 402 路全部采用的是京华 BK6111LPG 车型，使用的是 EQ6105 汽油和 LPG 双燃料发动机。截至 2005 年，北京拥有 2000 多辆采用 LPG 和汽油的双燃料公交车。单燃料 LPG 出租车自 2003 年开始营运至 2005 年也发展到了 600 多辆，再加上 2300 多辆单燃料 CNG 公交车，北京拥有的清洁能源汽车总量曾经位居世界各城市首位。然而，到 2007 年，LPG 公交车在北京全部退出使用。2009 年，首汽公司处理掉 300 辆 LPG 出租车，北汽公司也将其逐步替换掉。在基础设施方面，北京市原有的 72 座加气站，坚持营运的仅剩两家[②]。

在 20 世纪 90 年代，上海市有关部门曾经大力推广 LPG 汽车。1996 年，上海市成立了由 14 个部门组成的领导小组；1997 年 8 月，

① 聂莹：《敢为人先　讲求实效　自主创新——贵阳公交车液化天然气开发工作综述》，《贵阳日报》2006 年 10 月 14 日。

② 吴洣麓：《北京的清洁能源 LPG 出租车为何消失?》，《北京科技报》2009 年 11 月 9 日。

市政府下发了《关于推进液化石油气汽车发展的实施方案》；自1998年起，市出租汽车管理处要求出租汽车必须安装LPG装置。此外，上海市政府还把发展LPG汽车和建设加气站列入实事工程①。上海示范推广的LPG车辆包括LPG助动车和LPG出租车，LPG助动车数量曾经达到50万辆之多，2011年也有20余万辆，LPG出租车在2006年达到峰值4万辆，占出租车总保有量的90%以上。然而，LPG汽车数量在后来急速下滑。据媒体报道，上海市有关部门计划将LPG助动车于2013年"退市"，LPG出租车至2011年仅有3000余辆，由于种种问题也将退出上海交通系统。上海市高峰期有加气站112座，但到了2012年正常营业的只有37座。

与北京和上海相比，广州的情况较为复杂。1999年4月，广州市被列为示范城市之后，启动了出租车和公交车的"双改造"。2003年，广州市交通委员会制定了《广州市公交出租车使用LPG推进工作方案》，大力示范推广LPG汽车，花了六年时间，将全市85%的公交车改造为LPG公交车，2007年时共有6400辆公交车、1.6万辆出租车完成推广使用LPG燃料，分别占公交总数的80%和出租车总数的100%。广州成为全球LPG公交车保有量最大的城市②。然而，自LPG公交车开始示范以来，争议声一直不绝于耳。主要批评意见包括经济成本大、碳氢化合物排放增多、不够安全等。汽车界多位专家对LPG是否属于清洁能源有较多争议③。国家环保总局有关人士亦明确表态不赞成用改造的方式使车辆成为双燃料车，不赞成全部改用LPG，并特别提醒"广州要汲取北京发展LPG汽车的教训"④。

二　变量分析

（一）自变量1：技术特性

LPG汽车在技术先进性、适用性、安全性和成熟度方面均有不同

① 文琰霞、乔勇：《车用LPG起落失意为哪般》，《国际金融报》2005年11月18日。

② 江辽：《吊诡LPG：争技术还是争利益》，《时代汽车》2010年第Z1期。湛社玲：《政策过程的网络分析》，硕士学位论文，广东省社会科学院，2007年。

③ 何海宁：《广州LPG全民大辩论》，《南方周末》2009年10月28日。王华平等：《公交企业老总算细账LPG两大投入致公交巨亏》，《新快报》2008年1月16日。

④ 王华平等：《广州推进LPG不畅，环保总局称要吸取北京教训》，《新快报》2008年1月16日。

程度的劣势，如表 5-8 所示。

表 5-8　　LPG 公交汽车的技术特性

技术特性	表征
技术先进性	动力下降：改用 LPG 后对提速能力和爬坡能力有一定的影响
	排放增加：尾气中碳氢化合物超标，无法通过年检
	发动机温度过高：高速运行或新置换不经适当调试容易烧掉机头
	噪声少：司机反映运行过程较为安静
	有形污染物减少：根治了公交的“黑尾巴”问题
技术适用性	不适合大车型：LPG 适用于小车型，不适用于大车型柴油机，容易造成缺氧燃烧，耗气量大且不完全燃烧
	对气质要求高：车用 LPG 对气质要求高，组分不纯时，排放效果很差，但国内专用气源不充足
技术安全性	存在爆炸隐患：改装的 LPG 车难免漏气，由于其比重大，泄漏后不容易挥发，悬浮在距离地面 2 米高的空气中，容易触碰火星引发爆炸
技术成熟度	改装车技术达不到尾气排放“国Ⅳ标准”
	原装车技术不够成熟

资料来源：笔者根据访谈记录整理。

在技术先进性方面，改用 LPG 后，首先公交车的动力性能有所下降，影响提速和爬坡能力，因此改装车仅可满足一般条件下的行驶要求，原装车的动力性能需要更好的电控技术来与之匹配①。其次，改装后的 LPG 汽车尾气中的碳氢化合物超标，无法通过年检②。最后，LPG 发动机温度过高，高速运行时容易烧掉机头，新置换的 LPG 发动机不经过适当的调试也容易烧掉③。

在技术适用性方面，LPG 仅适用于出租车等小车型的发动机，这是因为出租车的汽油发动机带有气门，可以保证 LPG 燃烧充分，而用柴油机改装的发动机是后加装气门，有些时候会缺氧燃烧，既耗气

① 鞠青、吴冕：《广州的士：想爱 LPG 不容易》，《华南新闻》2005 年 10 月 27 日。

② 王华平等：《广州 LPG 的士难闯安检死穴　司机烧汽油混检》，《新快报》2008 年 1 月 16 日。祝勇等：《6 年争论不休　LPG 风波再起》，《南方都市报》2009 年 10 月 21 日。

③ 付可：《的哥多赞成　公交司机多中立》，《南方都市报》2009 年 10 月 28 日。

较多，也因不完全燃烧，排出更多的碳氢化合物等[①]。此外，车用LPG对气质要求高，当组分不纯时，排放效果甚至不如汽油，但国内的专用气源却不充足[②]。

在技术安全性方面，LPG汽车存在安全隐患。与柴油比较，LPG泄漏后不容易挥发，悬浮在距离地面2米高的空气中，一旦遇上火星就会引起爆炸。而那时改装的LPG汽车容易在压力泄放阀和燃料控制阀等部件出现问题，造成泄漏[③]。还有专家在接受访谈时表示LPG辛烷值为110—120，不能用在大缸径上，容易产生爆震。

在技术成熟度方面，有公交行业专家认为，荷兰是世界上第一个研究LPG能源的国家，已发展到了第四代、第五代，但到2010年时，也没有推广LPG汽车，因为技术还不够成熟[④]。我国自己的LPG车改装技术不成熟，改装车的尾气排放不符合“国Ⅳ标准”[⑤]。

需要指出的是，LPG汽车在技术特性方面的劣势并不完全是燃料本身的问题，众多技术问题的根源在于改装。有专家指出：原始设计、单一燃料的LPG车一般不会产生排放超标的问题；LPG车之所以有污染，问题主要在于早期的许多车是从汽油车改装而来。在20世纪90年代末，北上广等城市除少数正规的改装车之外，存在大量的地下改装点，这些改装点的技术水平参差不齐，造成改装后的性能有差异。此外，燃气汽车的匹配过程非常重要，不同的车型加装不同的LPG装置之后，若未经严格匹配，燃气汽车不能发挥其应有的优势，有时候甚至还会使排放恶化[⑥]。

（二）自变量2：市场与产业环境

在经济特性方面，LPG汽车有两个劣势。一是燃料价格相对柴汽

---

① 薛冰妮等：《一路反对声，广州LPG又是如何推广的》，《南方都市报》2009年10月29日。

② 张晓萌、李武：《我国液化天然气汽车发展前景的探讨》，《汽车工业研究》2009年第9期。

③ 吴洣麓：《北京的清洁能源LPG出租车为何消失?》，《北京科技报》2009年11月9日。

④ 祝勇等：《6年争论不休　LPG风波再起》，《南方都市报》2009年10月21日。

⑤ 吴洣麓：《北京的清洁能源LPG出租车为何消失?》，《北京科技报》2009年11月9日。

⑥ 阿比旦·阿吉等：《北京市发展燃气汽车的技术评估与对策研究》，《公路交通科技》2002年第2期。

油优势不明显，如果使用 LPG，气价盈亏点在 2.5 元/升，然而，那时的气价较盈亏点要高很多，因此公交公司在亏本①，也影响了驾驶员的积极性。二是初始投资大，置换 LPG 发动机超过 10 万元，更换新车则需 50 多万元②。以广州市为例，全市 6400 辆公交车仅购置和换装发动机即需要投入 9 亿—10 亿元，较购置同样达到“欧Ⅱ标准”的柴油车多出 4 亿—5 亿元，而若按 6400 辆全部购置新的 LPG 整车计算，全部总投入超过 30 亿元③。

表 5-9　　北上广 LPG 公交汽车的市场与产业环境

市场与产业环境	表征
经济特性	燃料价格优势不明显：LPG 成本太高，相对柴汽油价格优势不明显
	初始投入大：置换 LPG 发动机超过 10 万元，购买新车需 50 多万元
产业配套	零部件昂贵：每部“三元催化器”处理器要 3000 元至 6000 元不等，电子打火器等 LPG 专用器件价格高达上千元
	缺乏关键部件：世界上找不到一个厂家定型生产大巴 LPG 发动机
	国产化程度低：“九五”时期，有几十种燃气汽车上国家目录，但下线供给市场的燃气汽车新车却寥寥无几
	维保体系不完善：电喷车改装 LPG 的技术储备、改装工艺以及维修保养方面没有及时跟上，造成电喷 LPG 车在技术性能方面存在不足。LPG 系统维修不方便，维修点少
基础设施	加气站少：北上广均有 LPG 汽车用户加气难的现象
	缺乏国家规范：仅有地方性或行业性技术规范，尚无国家正式规范
	存在安全隐患：广州天平架 LPG 加气站泄漏导致万人大疏散

资料来源：笔者根据访谈记录和其他资料整理。④

① 王华平等：《公交企业老总算细账　LPG 两大投入致公交巨亏》，《新快报》2008 年 1 月 16 日。

② 王瑞武：《广州公交 LPG 发动机缘何“水土不服”》，《人民公交》2010 年第 1 期。

③ 王华平等：《公交企业老总算细账　LPG 两大投入致公交巨亏》，《新快报》2008 年 1 月 16 日。

④ 吴浩洪、杨建峰：《浅析上海市 LPG 汽车行业现状》，《上海煤气》2004 年第 2 期。秦鸿雁等：《LPG 好不好？建议组织专家 PK》，《南方都市报》2009 年 11 月 30 日。王瑞武：《广州公交 LPG 发动机缘何“水土不服”》，《人民公交》2010 年第 1 期。

在产业配套方面，当时全世界尚找不到一个厂家定型生产公交车的 LPG 发动机，因为根据国际经验，长 10 米以上、载重超过 5 吨的车型多采用柴油车。这是由于如果发动机缸径超过 110 毫米，汽车都不会采用点燃式发动机，而采用压燃式发动机。然而改装的车辆性能必然无法发挥 LPG 燃料的最佳效用，将极大地影响 LPG 公交车的使用效果。“九五”时期，有几十种燃气汽车上国家目录，但下线供给市场的燃气汽车新车却寥寥无几，一些整车厂出产的属于厂内加装，无法提供类似汽油车的售后服务①。事实上，LPG 的关键设备国产化程度低，最便宜的那种燃烧不充分，容易出现故障。最好的那种是意大利进口的，有四个气缸，燃烧比较充分，产生废气少，但价钱是最便宜的 2 倍②。除关键设备之外，LPG 汽车的维护保养费用昂贵，以零部件为例，一个减压装置就要 180 元，据技术人员分析其成本最多二三十元③，加装的“三元催化器”处理器，每 3 个月需要更换一次，每个要 3000—6000 元不等，而诸如电子打火器等 LPG 专用的电子元件价格更是高达上千元④。上述的缺乏关键零部件、设备国产化程度低、零部件昂贵的问题都指向了一个关键的问题：LPG 汽车的维护保养体系跟不上。一方面，LPG 系统维修不方便，缺乏技术和手段，例如上海 LPG 出租车从化油器改为电喷车后，其维护保养、改装工艺等没有及时跟上，造成性能存在不足，而且维修时不像用油车那样可以到公司的维修厂，而是要到指定的维修点，既不方便，还需要驾驶员自行承担维修费用⑤。另一方面，主要是改装造成的，改装后的设备出现故障被很多修理厂排除在整车维保范围之外，并将故障片面地归咎于燃料本身，而实施改装的整车厂也推卸责任，于是造成了“公司不让用、驾驶员不敢用、修理厂不愿修”的怪圈⑥。

---

① 吴浩洪、杨建峰：《浅析上海市 LPG 汽车行业现状》，《上海煤气》2004 年第 2 期。

② 王华平等：《公交企业老总算细账　LPG 两大投入致公交巨亏》，《新快报》2008 年 1 月 16 日。

③ 邓新建：《耗资 24 亿不知该打谁的板子》，《法制日报》2009 年 11 月 12 日第 11 版。

④ 吴浩洪、杨建峰：《浅析上海市 LPG 汽车行业现状》，《上海煤气》2004 年第 2 期。王瑞武：《广州公交 LPG 发动机缘何“水土不服”》，《人民公交》2010 年第 1 期。

⑤ 钟晖：《上海环保出租车从 4 万辆跌至 3 千辆》，《新闻晨报》2007 年 10 月 24 日。

⑥ 吴浩洪、杨建峰：《浅析上海市 LPG 汽车行业现状》，《上海煤气》2004 年第 2 期。

在基础设施方面，主要有三个问题：一是加气难。LPG 汽车加气难一直是困扰北上广等城市的问题，这一方面是由于 LPG 耗气量引起的，LPG 公交车一天至少加一次，但最主要的是由于加气点少引起的，2004 年广州只有 8 个加气站，2009 年虽然增加到 30 多个，但仍存在加气难和加气频的问题①，而且这些气站大都分布在郊区，既不方便，又难以管理，最主要的是间接增加了运营成本。上海市加气站大量暂停的最主要原因是经营性亏损。第二个问题是缺乏技术规范，据访谈，LPG 加气站仅有地方性和行业性的技术规范，当时尚无权威性的国家正式规范出台。第三个问题是存在安全隐患。

（三）自变量 3：制度环境

在组织保障方面，北京、上海、广州均被列为清洁汽车行动第一批试点示范城市，获得了中央层面的支持，在地方层面，三个城市均按照中国政府惯行的模式，成立相关领导小组以利于协调推进。例如，上海于 1996 年成立了由 14 个委办局组成的领导小组，广州市成立了治理机动车尾气排放污染协调领导小组。

在技术标准方面，在推广初期我国并没有 LPG 标准，造成了大量将杂质很多的民用气用在车上的现象，直到 2003 年才制定出标准，一开始标准委让中石油来牵头制定，但中石油借鉴的是美国 HD-5 标准，而我国的实际情况是烯烃多，这造成的后果是我国生产的 LPG 满足不了国际标准，且排放标准和燃料标准不统一，实际执行不到位，这种情况直到 2011 年才重新修订。以上的事实反映了在技术标准方面的三个问题，一是制定不及时，二是标准不适用，三是标准之间有冲突。

在认证体系方面，在改装初期，改装市场缺乏专业的技术人员、厂房设备、认证检测体系，造成管理混乱，故障频出。事实上，对于 LPG 这类存在危险的燃料而言，按照有关规定，无论是安装还是维修相关装置，均应由取得特种设备安装和维修资质的企业来实施。

在财政金融方面，尽管北上广等城市有公共资金对公交车和出租车进行几十亿元的财政补贴，但仍存在不充分和不到位的问题。企业后续技术升级时也未能获得财政补贴，损害了企业的积极性。

① 邓新建：《耗资 24 亿不知该打谁的板子》，《法制日报》2009 年 11 月 12 日，第 11 版。

在政策确定性方面，中央和地方层面均存在不同程度的问题。以建设部为例，在2000年前后“城市公交燃气经验交流暨研讨会”上以LPG为主要议题，然而，2004年3月18日发布的《建设部推广应用和限制禁止使用技术》公告中，推广使用的低污染代用燃料里却没有LPG①。在地方层面，上海市出租汽车管理处自2006年起放弃了坚持8年的“出租车必须加装LPG装置”的规定，这导致了出租车公司不再为现有的车辆加装LPG装置，更新的车辆也不再考虑LPG出租车②。另外，广州还存在行政干预代替市场选择，搞“一刀切”的现象，提前报废了6000多辆柴油公交车③。

（四）因变量：示范结果

北上广LPG公交车的示范产生了不佳的结果，主要体现在信息、应用和扩散三个方面，如表5-10所示。

表5-10　北上广LPG公交汽车的示范结果

示范结果	表征
产生信息	不确定性增加：减少了技术、成本、制度等不确定性
	信心减少：制造商、营运商和消费者的信心下降
实现应用	本地应用失败：北京、上海的本地应用失败，广州的本地应用存在较多问题
促进扩散	扩散失败：当初参与示范的几个城市纷纷退出，仅在东三省有部分应用

资料来源：笔者根据访谈记录及媒体报道整理。

从信息的角度来看，在技术方面，三座城市的示范结果表明LPG燃料在技术先进性、适用性、安全性和成熟度四个方面都有不同程度的问题，技术不确定性仍然存在；在成本方面，无论是从初始投入还是从燃料价格来看，三座城市的示范结果均表明LPG汽车的成本较高，与原有的柴汽油车相比没有优势；在需求方面，并没有证据表明

① 秦鸿雁等：《LPG好不好？建议组织专家PK》，《南方都市报》2009年11月30日。

② 田玲翠：《上海市燃气出租车缘何急剧减少》，《文汇报》2007年5月10日。

③ 薛冰妮等：《一路反对声，广州LPG又是如何推广的》，《南方都市报》2009年10月29日。

LPG 汽车的需求旺盛，特别是出现很多问题之后更是如此；在制度方面，LPG 汽车政策缺乏稳定性，政策的不明朗加上燃油税迟迟未能出台，使燃气汽车的政策前景不容看好；在外部性方面，广州的案例突出地表现出这样的事实：尽管 LPG 属于国际公认的清洁能源，但由于气源和改装等问题，LPG 汽车的实地示范应用并没有取得良好的节能减排效果。因此，从减少技术、成本、需求、制度和外部性等方面来看，北上广的 LPG 汽车示范并没有产生足够的信息来排除市场和社会对创新接受的各种障碍，反而使整个社会和市场对 LPG 汽车的信心大幅度下降，进而导致对 LPG 燃料的质疑。这是一个非常严重的后果，因为往往一个市场做砸了，恢复市场和社会的信心是非常困难的。

从应用的角度来看，在 LPG 出租车方面，自 2009 年首汽公司处理掉 300 辆 LPG 出租车，北汽公司也将其逐步替换掉，原有 72 座加气站仅剩 2 家坚持营运，可见北京的清洁燃料出租车几乎已经消失。上海的出租车同样从最高峰的 4 万辆下降到 3000 辆左右，加气站仅剩高峰期的 1/3。在 LPG 公交车方面，北京市的 LPG 公交车已经全部退出使用，广州市的 LPG 公交车则遭遇了重大挫折，企业背上了沉重的经济负担。

从扩散的角度来看，当初与北上广一道成为示范城市的还有青岛、哈尔滨等地，但是，在随后的几年内，当初的试点示范城市纷纷退出，仅在东北三省有部分应用。众多城市公交纷纷选择了混合动力或 LNG 汽车。

第五节　示范项目特点归纳

一　案例比较分析

在前述研究中，笔者在理论预设的基础上，以贵阳 LNG 公交车的成功示范和北上广 LPG 公交车的失败示范为对照，检验了技术特性、市场与产业环境和制度环境对示范结果的影响，自变量和因变量的分析如表 5-11 所示。

表 5-11　　贵阳 LNG 公交车示范项目与北上广 LPG 公交车示范项目的案例对比

变量	变量表征	贵阳	北上广
技术特性	1. 技术先进性	• 减少污染物排放 • 减少声音 • 提高平稳性能 • 充气速度快 • 非有效载荷小 • 续驶里程长	• 动力下降 • 排放增加 • 发动机温度过高 • 噪声少 • 有形污染物减少
	2. 技术适用性	• 适合车型 • 适合路况 • 适合运输	• 不适合大车型 • 对气质要求高
	3. 技术安全性	• 充装压力低 • 不易燃烧	• 存在爆炸隐患
	4. 技术成熟度	• 民用历史	• 缺乏理论依据 • 改装技术不成熟
市场环境	1. 经济特性	• 燃料价格低 • 初始投资低	• 燃料价格优势不明显 • 初始投资高
	2. 产业配套	• 产业基础好 • 上下游配套好	• 零部件昂贵 • 缺乏关键部件 • 国产化程度低 • 维保体系不完善
	3. 基础设施	• 加气站充足 • 气源充分	• 加气站少 • 缺乏国家规范 • 存在安全隐患
制度环境	1. 组织保障	• 中央层面支持 • 地方层面支持	• 中央层面支持 • 地方层面支持
	2. 技术标准	• 国家标准成熟 • 企业标准完善	• 制定不及时 • 标准不适用 • 标准有冲突
	3. 财政金融	• 各级资金支持	• 补贴问题 • 投入问题 • 隐性损失
	4. 认证准入		• 缺乏认证体系
	5. 其他因素		• 政策稳定性 • 强制干预技术路线

续表

变量	变量表征	贵阳	北上广
示范结果	1. 信息	• 减少不确定性	• 不确定性增加 • 信心减少
	2. 应用	• 本地应用成功	• 本地应用失败
	3. 扩散	• 扩散至其他地域 • 扩散至其他领域	• 扩散失败

从细化的研究中可以发现，成功示范与失败示范的结果对比是非常明显的。成功案例通过减少不确定性产生了信息，在本地实现了良好的应用，还扩散至其他地域和其他领域。反观失败案例，示范项目虽然也产生了信息，但并没有减少不确定性，反而增加了技术、成本、需求、制度和外部性等不确定性，使市场和社会的信心大幅度下降。在实现应用和促进扩散方面，成功案例不仅在本地实现了持续良好稳定的应用，还将新技术扩散至其他领域和其他地域。反观失败案例，不仅未能在本地实现良好应用，遭遇了车辆和气站数量剧减，各界非议颇多，而且对外扩散受挫。

从技术特性、市场环境以及制度环境三组自变量来看，对比也是非常明显。在技术特性组变量里，成功案例的技术先进性高、适用性强、安全性高、成熟度高，而失败案例的技术先进性不高、适用性不强、安全性差、成熟度低——尽管这不完全是由燃料的特性引起的，部分原因需要归咎于改装本身。

在市场环境组变量里，成功案例的燃料价格和初始投入等经济特性好，产业基础、产业链配套好，基础设施充足。相反，失败案例的经济特性较差，零部件、维护保养等配套体系差，基础设施较少且缺乏规范。

在制度环境组变量里，成功案例和失败案例均有较强的组织保障，因此组织保障可能不是一个重要的影响因素。在技术标准方面形成鲜明对比的是，成功案例中的国家标准成熟完善，而失败案例的技术标准制定存在着不及时、不适用甚至相互冲突的情况。在财政金融方面，成功案例和失败案例的各级资金支持均较多，失败案例的资金投入还远远大于成功案例，但失败案例存在政府补贴不充分、不到位，企业投入负担过重和隐形损失等问题。在认证准入方面，成功案例未见证据支撑，而失败案例明显缺乏认证准入体系，这正是改装造成其他众多问题的根源所在。此外，失败案例还存在着较高的政策不确定性，以及政府强制干预技术路线，以行政命令取代市场选择的事实。

二 理论细化

本章第二节提出了理论预设：技术、市场和制度将对技术创新产生信息、应用和扩散三个方面的影响。从第四节的因素对比可知，理论预设是成立的。示范对技术创新的影响结果可以从产生信息、实现应用和促进扩散三个方面来测度。示范项目的客观特点可以从技术就绪水平（Readiness Level）、市场和产业就绪水平和制度就绪水平三个维度来衡量。其中技术就绪水平包括技术先进性、适用性、安全性和成熟度等要素，市场和产业就绪水平包括经济特性、产业配套和基础设施等要素，制度就绪水平包括财政金融、技术标准、认证准入等要素。

因此，本书围绕“示范对技术创新的影响机制”这一问题，初步构建了概念模型，其中自变量为技术就绪水平、市场和产业就绪水平和制度就绪水平，因变量为信息、应用和扩散，但其中间的底层行为机制仍然是个未知数，如图 5-2 所示。

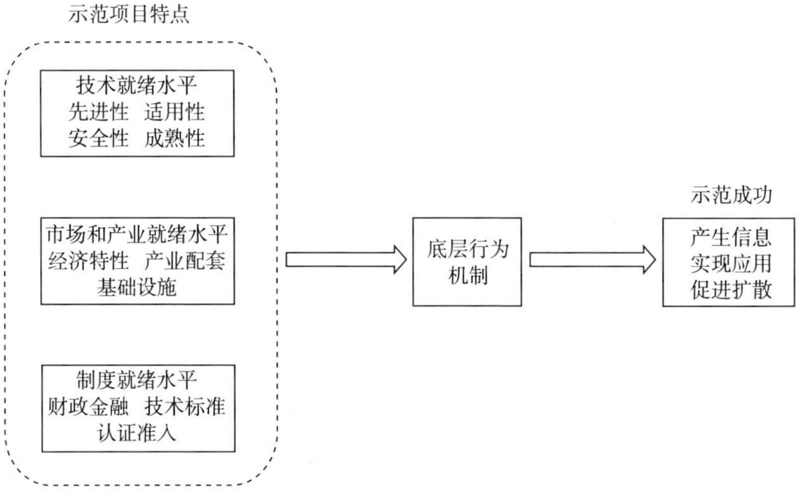

图 5-2 示范项目特点的理论细化

第六节　行为机制：学习与沟通

尽管示范对促进 R&D 能够产生作用是毋庸置疑的，但其作用机制却是一个很少被了解的"黑箱过程"[①]。创新的采用主要是学习（learning）和沟通（communication）的结果[②]，所以，示范通常被看作技术学习的一个部分，被理解为通过科学和工程手段及专家的后续沟通来确立客观事实的过程[③]。

一　学习机制

示范项目的一个核心机制是"学习"[④]。它不仅是参与者获取知识以提高技术专有系统绩效的过程，也通过新的信息来减少不确定性，使产品朝着主导设计进步[⑤]。

研究技术创新和科技政策的大部分文献对学习模式的研究主要集中在"干中学"（learn by doing）和"研发中学"（learn by R&D）上，不过近年来，学习机制已经被拓展到"用中学"（learning by using）和"互动中学"（learning by interacting）[⑥]，其中"互动中学"与下文的沟通接近，因此可并入沟通机制。在此过程中，参与者学习项目规划、安装和维护，相互了解，分享彼此的惯例和愿景[⑦]。

丹麦的风电示范经验表明，除了研发中学习，制造商还从与顾客

---

① Gallagher, Kelly Sims, et al., "Energy-Technology Innovation", *Annual Review of Environment and Resources*, Vol. 31, 2006.

② Brown, L. A., *Innovation Diffusion: A New Perspective*, New York: Methuen, 1981.

③ Markusson, Nils, et al., "The Social and Political Complexities of Learning in Carbon Capture and Storage Demonstration Projects", *Global Environmental Change*, Vol. 21, No. 2, 2011.

④ Hendry, Chris, et al., "So What Do Innovating Companies Really Get from Publicly Funded Demonstration Projects and Trials? Innovation Lessons from Solar Photovoltaics and Wind", *Energy Policy*, Vol. 38, No. 8, 2010.

⑤ Brown, James and Chris Hendry, "Public Demonstration Projects and Field Trials: Accelerating Commercialisation of Sustainable Technology in Solar Photovoltaics", *Energy Policy*, Vol. 37, No. 7, 2009.

⑥ Kamp, Linda M., et al., "Notions on Learning Applied to Wind Turbine Development in the Netherlands and Denmark", *Energy Policy*, Vol. 32, No. 14, 2004.

⑦ Smit, Thijs, et al., "Technological Learning in Offshore Wind Energy: Different Roles of the Government", *Energy Policy*, Vol. 35, No. 12, 2007.

合作的沟通和互动中学习，从操作和支持工作装置的“用中学”获益，也从制造更多数量的风机“干中学”获益。制造商的学习效应帮助他们提高技术、最终发展出主导设计，这正是学习效应的实质之一[①]。这启发了我们将示范的理论基础扩展到学习的不同模式中。

二 沟通机制

创新系统是知识扩散、信息共享和愿景交流的网络活动，参与者在其中创造和分享知识、传播和使用知识。因此，沟通是一个无法绕过的关键要素，对于创新系统的黏结是至关重要的[②]。

沟通与示范密不可分。学习机制是示范项目中最为重要的产出，而通过沟通来传播其结果亦成为示范的必需。沟通影响了示范项目的成功与否。政府资助的“拨号叫车”（Dial-a-Ride）示范项目成功的三个原因中，有两个与信息的沟通有关——潜在接受者传递联邦政策的方向，以及向潜在接收者提供创新和操作细节的技术性信息[③]。

在示范项目中，有组织的沟通形式有正式和非正式之分。正式的组织形式意味着从计划到执行均有系统性，而非正式的组织形式则相反，因此可能将导致不同的沟通效果。宣传手册、期刊文章、各类沙龙、一对一的会谈，以及到示范项目的实地参观、培训项目、场所开放等都是不同形式的沟通。在以上各类渠道中，宣传手册、期刊材料、正式的沙龙、会谈、培训和场所开放应属于正式的沟通渠道，而临时组织的沙龙、一对一的会谈、随意性较强的实地参观等较为接近非正式沟通渠道的范畴，还有一些是私人之间、工作场合之外的沟通，通过私人的关系反馈示范项目的成果，争取认同和实际利益。

---

① Brown, James and Chris Hendry, “Public Demonstration Projects and Field Trials: Accelerating Commercialisation of Sustainable Technology in Solar Photovoltaics”, *Energy Policy*, Vol. 37, No. 7, 2009; Hendry, Chris, Paul Harborne et al., “So What Do Innovating Companies Really Get from Publicly Funded Demonstration Projects and Trials? Innovation Lessons from Solar Photovoltaics and Wind”, *Energy Policy*, Vol. 38, No. 8, 2010.

② Smit, Thijs, et al., “Technological Learning in Offshore Wind Energy: Different Roles of the Government”, *Energy Policy*, Vol. 35, No. 12, 2007.

③ Magill, Kathleen P. and Everett M. Rogers, “Federally Sponsored Demonstrations of Technological Innovations”, *Science Communication*, Vol. 3, No. 1, 1981.

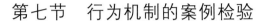

第七节　行为机制的案例检验

一　贵阳市 LNG 公交车示范

贵阳公交 LNG 示范项目的成功很大程度上取决于技术就绪水平、市场和产业就绪水平及制度就绪水平，但这并不是穷尽的因素集合。在贵阳公交公司及其主要负责人开展 LNG 示范项目的过程中，有非常明显的学习机制和沟通机制，如表 5-12 所示。

表 5-12　　贵阳公交 LNG 示范项目的学习机制与沟通机制

类别	观测变量	表征
学习机制	“研发中学”	国家“863”科技项目
	“干中学”	将三级减压改为二级减压 技术团队在失败中学习
	“用中学”	在市内最大和最长的坡路上进行载客 120 人的测试
沟通机制	正式沟通	与重庆鼎辉等签订合同、请专家指导、外出考察
	非正式沟通	使用部门和试验部门共同工作，既是使用者，又是试验者；同事间有私人友谊

（一）学习机制

在“研发中学”方面，贵阳公交非常重视通过有组织、系统化的 R&D 项目来提高技术能力，该公司于 2007 年 12 月至 2009 年 12 月承担了国家高技术研究发展计划（“863”计划）项目“贵阳市单一燃料 LNG 公交汽车高原条件下运行考核研究”，并于 2011 年 3 月通过验收。

在“干中学”方面，由于我国在 LNG 公交车的改造方面没有先例，因此贵阳公交只能独自探索，以“三级减压改为二级减压”为例，为了使汽车系统与发动机进气压力相匹配，贵阳公交的技术团队采取汽化器供热反堵，减少了一级减压，最终解决了动力不足和暂停供气的问题。此外，他们认为，既然示范是探索性、引导性，那么“成功是成功，失败也是成功”。他们在 LNG 汽车的示范过程中，“所有的弯路，一条都没有少走”，无论是从最早探索 LPG、甲醇等燃料，还是在后续的改装过程中，技术团队经历了诸多失败的探索，在带火作业时甚至需要冒着生命的危险。一次次失败的经历，使技术团队不断地吸取教训，不断地“试错”，最终取得了成功。在这一过程中，公司领导层对失败的宽容态度有力地保障了“干中学”效应的发生。

在“用中学”方面，贵阳公交注意吸取驾驶员的使用意见，例如针对驾驶员反映的动力不足甚至暂停供气的情况，技术团队改造了相关部件，在最大和最长坡路上进行载客120人的测试，在后续的行驶过程中继续改进，进一步提高技术能力。

以上的事实表明，贵阳公交在示范LNG公交车的过程中有非常明显的学习机制，该公司负责人将其总结为“在学习当中去实践，在实践当中去总结，在总结当中去完善，在完善当中去提高”。

（二）沟通机制

在“正式沟通”方面，贵阳公交技术团队先后与南充内燃机厂、重庆鼎辉汽车燃气系统公司、玉柴集团进行沟通交流。需要指出的是，这种沟通交流是基于合同要求的。签订合同的双方在履行提供产品和技术的条款时，在技术开发、售后服务等过程中，存在大量的沟通交流。此外，贵阳公交注重“走出去，请进来”的沟通策略，2004年公司领导带队赴新疆考察乌鲁木齐示范项目，之后又多次请专家赴该公司现场指导。

在“非正式沟通”方面，第一，贵阳公交的使用部门和试验部门在一起共同工作，既是使用者，又是试验者，无论是从频度还是从效果来说，内部非正式的沟通交流效应都非常显著。第二，贵阳公交属于国有老企业，内部人员相对稳定，在长期的工作中结下了非常深厚的友谊，班子非常团结，除正常的工作交流之外，存在大量的非正式沟通。这一点在笔者的访谈中不断得到强调，受访者认为这是导致宽容失败环境的重要保障。

二　北理工纯电动公交车商业化示范

北京理工大学电动车辆工程技术中心是国内最早探索新能源汽车的科研单位之一，在政府有关部门的支持下，北理工的科研团队研制的四种电动大客车已经完成定型试验和国家汽车产品公告获取工作，并实现小批量生产，已在北京121公交线及密云开发区进行示范运营，2008 年北京奥运会期间，由北理工牵头的奥运中心区 50 辆电动客车示范运营取得了成功，这些示范项目有显著的学习机制和沟通机制，如表 5-13 所示。

表 5-13　北理工纯电动公交车商业化示范的学习机制与沟通机制

类别	观测变量	表征
学习机制	“研发中学”	“十五”“十一五”“863”电动汽车重大专项
	“干中学”	“田字格”自动换电池的设备
	“用中学”	三次掉挡的故障
沟通机制	正式沟通	严格的产品设计和审核流程，所有部件均签订正式采购合同。领导接见了很多次，科委每月开一两次会，项目组每周都开会
	非正式沟通	“对总师很尊重”“私下关系很好”

（一）学习机制

在“研发中学”方面，北京理工大学原来是国防科工系统所属的高校，科研传统非常好，长期遵循“自上（总体）到下（细节）”的分布式设计，有严格的产品设计和审核流程，这种有组织的 R&D 是示范成功的重要保障，系统性地提高了技术能力。

在“干中学”方面，电动公交汽车运营频度较高，采用换电模式对时间要求较高，但是，在换电设备方面，国际国内均没有现成的解决方案，只能独自探索。北理工按照快换的要求，设计标准电池包，开展结构设计，并与北京电巴科技有限公司合作改造原有换电设备，提出田字格的办法，能灵活随需取几块电池，这种“边干边学”摸索出来的方法，提高了更换电池的效率，大幅度地缩减了换电时间。

在“用中学”方面，有一个例子很能说明问题。北理工牵头的纯电动公交车在使用的过程中，曾经三次出现换挡换不上去的问题，出现了严重的故障。第一次故障出现在 2008 年 8 月，原有的换挡装置靠 ECU 单元控制换挡，ECU 在传统车没有问题，在电动车是靠 CAN 总线来实现控制，CAN 在电动车上往往受到较大的干扰，ECU 一旦受到总线干扰，容易发错误的指令，导致错误。后来研发团队向电机厂家提要求，采取屏蔽设施，改进设计，之后干扰就很少，掉挡就很少。第二次故障出现在2008年8月之后，在示范过程中，研发团队发现，根据传统变速箱的精度手动换挡会出现一致性的问题，有的能装上有的装不上，于是改成电机换挡，换挡距离能够精确到毫米级。第三次故障出现在2010年世博会之后，在使用过程中又出现了掉挡的问题。原来的换挡电机是用国产的高等级军品，在使用过程中强度大了，时间长了，绝缘出现问题，导致换挡电机的故障。这是一个出乎研发团队意料之外的问题，最后以每台2000元的成本将其更换成进口电机。

（二）沟通机制

在正式沟通方面，北京理工大学牵头的团队在奥运会期间承担了奥运中心区的示范项目，这是一个政治性很强的任务。在这种特殊的情况下，信息共享非常完善，在生产者和使用者之间，研发部门和销售部门之间，内部与外部专家之间，以及政府与企业之间形成了多种形式的互动和信息共享。而且在示范过程中，内部制定了严格的产品设计和审核流程，这一约束力很强的流程使内部之间的沟通非常充分，对外则签订正式合同，强制性地保障采购产品等过程的权责，其中也包括售后服务、技术指导等沟通行为。示范团队多次得到时任北京市委领导的接见，北京市科委每个月也牵头开一两次会，最大限度地减少了政治与技术之间的信息不对称，此外项目组内部每周都开会，就技术细节和实施进度等进行沟通。

在非正式沟通方面，受访者指出，“这个圈子很小”，合作者都是多年的好朋友，电巴公司甚至“举家迁到北京”，彼此非常熟悉。受访者举了一个非常形象的例子来说明私人沟通，“出了问题，甚至夜里一两点打电话臭骂一顿”。这种沟通使合作各方对总师非常尊重，可以最大限度地贯彻设计意图。

第八节　本章小结

本章选取了贵阳市单一燃料LNG公交车的成功示范案例与北上广LPG公交车的失败示范案例作为对比，解释了中国特有的政策、市场、技术环境中，在相似的新兴产业背景下，为什么有的示范项目成功、有的示范项目失败。随后本章以两个成功的示范项目（贵阳市LNG公交车示范项目和北理工纯电动公交车商业化示范）为案例定性检验了示范项目成功的底层行为机制。

由此，我们解释了本书的第二个研究问题——有哪些因素能影响示范推广政策成败？首先，项目的技术、市场和制度的就绪水平对于示范成败具有决定性作用。其中，技术就绪水平包含技术先进性、适用性、安全性和成熟性等要素，市场和产业就绪水平包括经济特性、产业配套和基础设施等要素，制度就绪水平包括财政金融、技术标准、认证准入等要素。其次，正是通过持续的学习和沟通，创新才能最终示范成功。其中，学习的具体机制是“研发中学”、“干中学”和“用中学”，沟通的具体机制是正式或非正式沟通。由此我们得到如图5-3所示的概念模型。

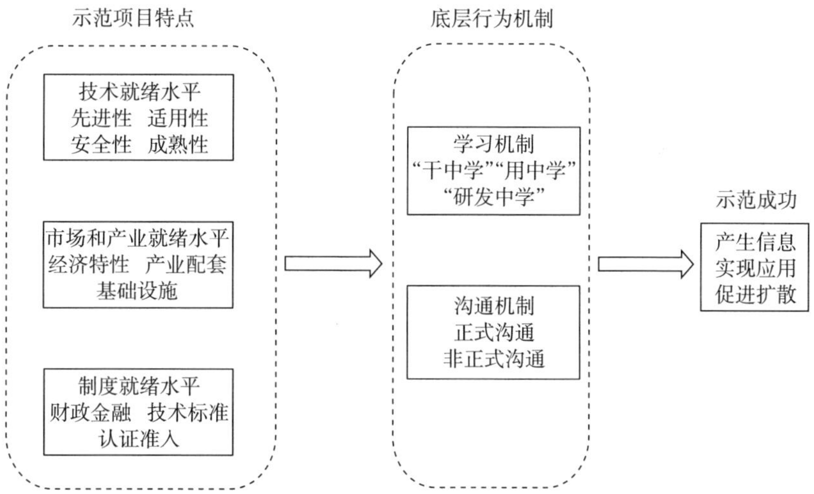

图5-3 示范项目成功的影响因素模型

第六章

因势利导下的企业战略

本章旨在回答第三个研究问题：在我国，示范推广政策如何影响企业的战略选择？正如第一章所述，这个问题的现实背景就是我国新能源汽车企业的早期技术路线从横向对比上呈现一定差异化，从纵向上也经历了不少变化。此外，还有不少人质疑政策的引导。因为在这个领域，探索新能源技术路线是传统燃油汽车企业非常重要的战略决策。本章就以此为案例展开研究，首先探讨什么因素驱动了单个企业转向新能源领域、在该领域变化技术路线；其次探讨什么因素影响了跨企业之间技术路线的差异化。

第一节　研究设计

本章选择新能源乘用车企业作为案例。之所以选择乘用车企业，是因为乘用车与商用车的商业模式决定了技术路线对二者的影响程度差异很大。二者的一个根本区别是商用车是定制化生产，完全根据订单生产，企业则是提前储备相应技术和样车即可，虽有不同技术路线车型研制投入，但商用车的技术研发相对乘用车容易一些，成本相对不高。据笔者访谈所知，我国主要客车厂一般都有不同技术路线的新能源样车。可是，乘用车企业研制一条技术路线并确定开发一款相应车型进行商业化后，就提前生产放入自身或经销商库存，等待消费者购车。本来研发一条技术路线的成本就很高，要充分保证批量化产品的一致性、稳定性、耐久性，且针对一款车型的生产、分销、库存、广告等成本也很大。所以，乘用车企业一般会慎重确定技术路线，随后将相应车型商业化。倘若乘用车企业跟商用车企业一样同时将若干条技术路线的车型都商业化，那么承担的成本压力就大得多。因此，乘用车企业对技术路线的敏感程度要远远高于商用车企业，选择技术路线的战略意义更重要。

本书按照解释变量的差异化来选择案例。我们关注政府在企业技术路线变迁过程中发挥的作用。企业有两个特征维度与政府解释变量相关：一是所有权性质，即企业是国有还是私有，这会影响到政府对企业的控制程度；二是车企总部所在地，北京、上海等大城市面临的交通和环境压力、居民消费能力、地方政府支持能力等要素与中小城市不一样，对车企的战略可能存在影响。

根据这两个特点，我们选择了 6 个新能源乘用车企业作为案例，并将研究时间点定在 2015 年前。如本书第四章所述，2015 年前的新能源汽车市场处于一个市场导入期，各个企业都在探索技术路线，市场也没有起量，示范推广政策的影响就会比较大。因此 2015 年之前是一个较好的时间观察窗口。事实证明，2015 年之后，各个企业基本延续了之前的技术路线做产品①。

所选 6 个企业的新能源乘用车在当时（2014—2015 年）销量均位居全国前列，总和达到 70. 6%，占全国绝大多数（见表 6-1），且恰好在技术路线上也呈现出多样化的分布，很具有代表性。注意到其中众泰汽车在近年一度陷入资不抵债、破产重整的困境。但是，在 2016 年前，它的确是一个有特色的市场参与者，因此具有一定的历史价值，也放入了案例样本。从 2014 年 8 月到 2015 年 10 月，我们陆续前往这 6 家企业访谈，访谈对象多为负责企业技术或战略规划的中高管人员。他们熟悉企业的发展历史，有助于我们全面了解企业技术路线变迁的前因后果。同时，为了解政府所发挥的作用，并佐证和补充企业访谈资料，我们也采访了北京、杭州、合肥等地负责新能源汽车推广的政府部门工作人员。每次访谈时间为 1—2 小时。

---

① 北京汽车在 2020 年秋天的第十六届北京国际汽车展览会上才首次亮相它的第一款 PHEV 产品。

表 6-1　　企业案例概览

		企业					
		比亚迪	上汽	江淮	北汽	奇瑞	众泰
城市		深圳	上海	合肥	北京	芜湖	杭州
所有权性质	国有企业		√	√	√	√	
	民营企业	√					√
技术路线	纯电动	√	√	√	√	√	√
	插电式	√	√	*		√	*
	燃料电池		*				
	强混合动力		*	*			
2014—2015 年总销量市场份额（%）		30.2	5.3	4.9	8.5	8.9	12.8
访谈对象	公司总经理级			1	1	2	1
	技术总监级		2	1	1		
	战略总监级	1					
	研发和市场部门经理		1	1			

注：√表示 2015 年年底前该技术路线已经被商业化，* 表示企业正在研发，准备商业化。

资料来源：全国乘用车市场信息联席会，转载于 http：//www.zhev.com.cn/news/show-1453279620.html？f=wangzhan。

在每个案例的分析过程中，本书着重关注企业的每一次技术路线的变化，分析其影响因素。分析完每个案例之后，再按照分析框架，对各个因素分类，对应于技术路线的每一次变化，绘制在一张图上，由此直观展示技术路线变化的原因及其分类。

第二节　比亚迪

比亚迪是一家总部位于深圳的高科技公司，创立于 1995 年，最早从事消费电子产品的锂电池业务。该公司之所以转向汽车业务有三个原因。首先，1998—1999 年电池产量大幅增长，当时比亚迪承担了国家科技计划中车用动力电池研发的项目，就计划为扩大的电池产能寻找消化的出口，制造能容纳电池的汽车。其次，在世纪之交，公司董事长王传福已经预见到了电池产业的后续拓展空间不大，希望寻找新的产业进行战略转型。手机通信、家电等行业涉及电池下游利益，又都遭到国外的反倾销投诉，所以，王传福希望寻找一个门槛高、竞争者少、利润较高的行业。那时候中国汽车业还在国家产业政策保护范围内，私家车市场潜力巨大，利润丰厚，许多公司都向汽车业进行多角化，因此，他认准了汽车业[①]。最后，今后汽车业发展方向是节能环保，比亚迪所拥有的电池技术基础正好可以为电动汽车奠定基础。但是，比亚迪买了其他品牌的汽车进行拆解之后，发现汽车制造的技术较为困难，直到 2003 年，由于意外的机会收购了西安秦川汽车厂，借助其较为雄厚的技术实力，开始在秦川汽车厂福莱尔牌轿车的基础上迈开了向汽车业进军的第一步。

尽管比亚迪在秦川福莱尔的基础上开始做传统燃油车，但王传福的眼光一直放在电动汽车上。在 2003 年接受《中国汽车报》的采访时，他表示要把电动车开到北京去，实现清洁奥运。当时，无论国内外的汽车企业都在追求车辆的低排放，全球汽车产业的趋势就是聚焦在新能源上。而且，除了节能目的，由于国内有成熟的电池和电机技术，中国希望通过电动汽车来实现“弯道超车”。相比其他企业，比亚迪有超车的独特技术优势——那就是电池技术。王传福坚持认为，电动汽车的核心技术就是电池，他在电池领域的技术基础使之产生了强大的自信。所以，收购秦川汽车厂后，他就用自己开发的磷酸铁锂电池做起了电动版的福莱尔汽车。不过那时候的车只是处于研发阶段的原理车，刚刚搭好平台。2003 年 9 月，比亚迪用自己的技术人员就能做出第一款纯电动车型 F3。2004—2005 年，比亚迪就有了一支完整的电动汽车团队，能做电动车的理论分析和基础研究。

比亚迪在新能源汽车发展过程中，面对公共交通用户和私人用户制定了两条技术路线。最早的两款新能源汽车分别是 E6 纯电动乘用车和 F3DM 插电式混合动力，就分别是这两条路线的代表。

第一条是以 E6 以及后来的 K9 客车为代表的纯电动路线，体现了王传福倡导的“公交先行”的新能源发展思路，因为公交客车、出租汽车等公共交通领域用车数量只占我国汽车保有量的 1.7%，排放却占到近 1/3[②]，同时公交车辆能集中充电、集中采购。E6 的研发起

---

① 胡志刚、胡祥宝：《黑马首富王传福：比亚迪的中国梦》，凤凰出版社 2009 年版。

② 刘宝华：《王传福：渐离初心?》，《汽车商业评论》2014 年第 11 期。

始于 2006 年，直到 2009 年才上市。做这款车是因为比亚迪看到市场对长里程、较大型的电动车有需求，特别是瞄准了政府公务车有这样的需求，政府一定会“尝鲜”。百姓往往认为，公务车具有可靠的品质，会跟着公务车的品牌来买自己的私家车——就像奥迪先在官方市场、后在私人市场流行一样，这样后续市场就能打开。所以，比亚迪就从公务车和出租车做起，E6 就定位到了这个群体。2009 年“十城千辆”示范工程启动时，国家推动公交车、公务车等电动化，比亚迪就在公务车和出租车市场上推 E6，又收购了一家客车厂，以此为技术基础进入客车业，推出了 K9 产品。比亚迪原来是一家乘用车公司，之所以要进入公交客车市场，是基于较为详细的测算。首先，他们测算了深圳的公交客车，认为大巴就是一个承载性产品，电池不构成过重负担；其次，公交车的运输距离固定，可以准确确定所需电池量，不需要插电式，在晚上至少有 6 个多小时充电时间；最后，电池是比亚迪的“土特产”，所以在这一块市场将很有利可图，技术和运行方案也完全可行。E6 和 K9 成了比亚迪在公共交通市场上的“拳头产品”①。截至 2014 年，K9 在世界多个国家 44 个城市销售了数千台，2014 年国内销量就达到 2500 台；E6 的国内出租车销量是 3560 台②。

第二条是以 F3DM 为代表的私人市场插电式混合动力路线。2005—2006 年，当时丰田的普锐斯混合动力是世界上最流行的新能源汽车，比亚迪对此进行跟踪，发现如果跟着丰田做混合动力，它已经把知识产权布局得非常严密，很难绕过。为了避开丰田的行星齿轮技术专利壁垒，比亚迪后来就采取发动机和电机双模驱动的策略，经过并联、串联、混联的尝试，最后定型到了混联策略的插电式混合动力 F3DM。F3DM 于 2008 年 10 月成了国内第一个通过工信部公告的新能源汽车，12 月正式上市销售。它虽然面向的是私人市场，但由于私人消费市场在中国尚未启动，直到 2010 年国家在 6 个城市启动了私人购买新能源汽车试点之后，F3DM 才作为比亚迪的私人领域产

---

① 比亚迪还有 K8 公交车，长度 10.8 米，定位于中小城市；K7 和 K6 尚未批量商业化；E5 乘用车也将用于出租领域。参见电动汽车百人会 2015 年课题《中国城市客运电动化及智能化策略研究》报告。

② 大公财经，http://finance.takungpao.com/q/2015/0121/2897951.html。

品推向市场。但由于种种原因，F3DM 的销量一直不佳，上市数年的销量仅为几千台。2012 年之后比亚迪开始研发并联式动力系统的“秦”车型，在结构设计上有了较大的突破，2013 年 12 月正式上市。

选择在私人市场上走插电式混合动力的技术路线，王传福也经历过思想的变化。虽然比亚迪早早推出了 F3DM 混合动力，但基于对铁锂电池技术的自信，早期他并没有在私人市场上坚持主打混合动力，还在比亚迪 A 股的路演阶段高调宣称天天都开 E6 纯电动乘用车，希望 E6 在深圳出租车市场试运营后能够于 2010 年开始推动私人消费市场。但几年下来，他的认识发生了转变。据《财新周刊》对他的专访，王传福认识到插电式混合动力是当前中国私人新能源汽车市场最合适的产品。其原因有三：第一，插电式能够减少对充电设施的依赖，缓解里程焦虑，符合消费者需求，这毕竟是中国绝大多数家庭的“唯一用车”；第二，它也减缓了政府在基础设施上跟进不足的压力；第三，美国通用汽车公司当年开发电动汽车，碰到强大的石油行业的阻力，而插电式的阻力相对较少。他认识到自己不能太理想化，插电式是多方妥协的必然选择，未来插电式和纯电动所占比例将分别是 70%和 30%，而且纯电动只能主打高端①。因此，2013 年之后“秦”成了比亚迪在私人消费市场的主导产品，创下 2014 年中国私人新能源乘用车市场的销量之冠，达到 14747 辆，占整个新能源乘用车市场的 27%份额②。

尽管如此，2010 年比亚迪跟戴姆勒合资注册成立的公司，用来做“腾势”品牌纯电动乘用车，2014 年北京车展正式发布，进入北上深。该公司是双方各自 50%控股，从一开始就定位在中国市场面向中高端的纯电动车，面向公务车市场。2015 年销量达到 2958 辆③，很可能与宝马和特斯拉形成中国市场上高端纯电动乘用车三足鼎立的形势④。

作为国内领先同行的企业，比亚迪积极参与了国家政策制定过程，在各种场合向政府阐述企业的实际经验和理念，得到了一定认可，比亚

---

① 吴燕子：《将电动进行到底》，《福布斯》2014 年 10 月专刊。

② 来自比亚迪和中国汽车工业协会数据。

③ 参见凤凰网对时任比亚迪戴姆勒新技术有限公司 CEO 严琛的专访，http：//tech. ifeng. com/a/20160114/41539554_0. shtml。

④ 参见腾势公司主页，http：//www. denza. com/？ s = mainandr = articleanddid = 636ands = engands = main。

迪所主张的技术路线也契合了2012年国家出台的《节能与新能源汽车产业发展规划（2012—2020年）》。进入2013年之后，“十城千辆”示范推广工程暂时结束，国家的补贴政策出现了一段“真空期”。国家下一步补贴的额度、资格是什么，很多企业处于困惑状态。由于工信部都多次强调新能源汽车的支持政策肯定会延续，因此比亚迪继续坚定不移地继续做插电式和纯电动汽车的研发，跟中央的政策步调保持一致，只是在小参数上有所调整。例如，考虑到95%的用户日行驶里程不超过50公里，“秦”的纯电续驶里程原来就按照50公里设计，但2013年9月国家有关部门发布了新一轮推广应用工程，插电式的补贴政策要求纯电续驶里程达到50公里，考虑到产品续航里程不能卡在政策线上，比亚迪就把“秦”的纯电里程上调到了70公里。

图6-1概括了比亚迪的技术路线变迁过程。图片标注出每次经典变化的原因，分为五类——全球环境、政府、市场、技术和企业特征，标注在纵轴上。

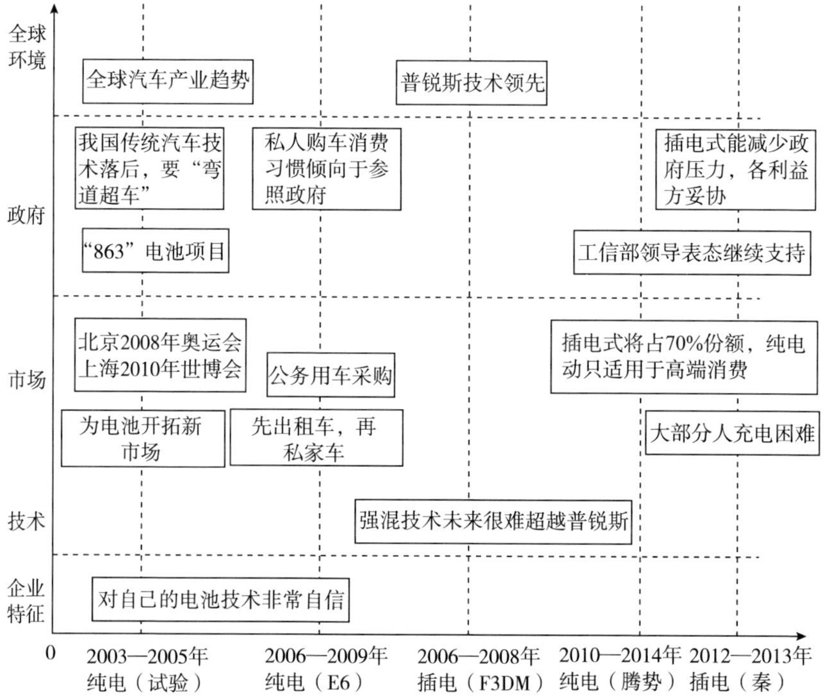

图6-1　比亚迪乘用车新能源技术路线变迁

第三节　上汽集团

上汽集团通过跟大众、通用合资，能够获得比较丰厚的利润，但一直无法掌握自主技术，非常被动，因此20世纪90年代末就开始规划做自主品牌。上汽在建设自主品牌新能源汽车的道路上迈开第一步的时间要追溯到2001年，而且第一步是燃料电池，而非其他企业所起步的电动汽车。

2001年，上汽跟同济大学团队合作，共同承担了国家“863”电动汽车重大专项和上海市“科教兴市”项目，联合成立了上海燃料电池汽车动力系统有限公司，开发“超越”系列的燃料电池汽车。上海大众提供一辆桑塔纳样车，同济大学让学生来做课题。通过“超越”系列，上汽慢慢地对新能源汽车有了概念，然后再跟上海交通大学一起做混合动力，跟清华大学一起做燃料电池大巴。上汽之所以最初选择氢燃料电池，在一定程度上与同济大学团队对“氢经济”的极力推崇密不可分。团队负责人从德国回来，当时欧洲对于燃料电池非常热衷。所以，当时双方寄希望于燃料电池作为最终解决方案，由此实现跨越式发展，一步跨越纯电动、混合动力，让上汽成为行业龙头。2006年上汽提出了燃料电池汽车“百千辆计划”，单独成立事业部来推进产业化。不过随后上汽对整个新能源汽车行业进行了摸底，包括二甲醚客车等，发现情况并不如预想乐观。首先，当时工业副产品氢很多，但是真正产业化后工业副产氢的产量并不够，商业化电解水的成本太高。其次，氢的运输也不如欧洲，欧洲宝马的氢内燃机压缩燃料后的续航里程只有400多公里，而国内液氢只能压缩到350帕，续航里程更短。如果走燃料电池和插电的“电电混合”道路，基础设施的挑战同样非常大。

到2008年的时候，上汽集团总裁在半年内累计召开了不少于50次的技术研讨会，讨论上汽的新能源产业发展怎么做。当时公司受到了上海市政府从上而下的压力，市领导要求上汽必须承接一个军令状项目，为2010年世博会提供一个产品输入，“上汽不能落后了，别人都在做新能源”。上汽研究了很多，发现混合动力是一条比较好的路，决定从燃料电池技术向混合动力和电动汽车转移。那时美国通用公司（GM）基于“皮带轮驱动启动电机”（BSG）的混合动力汽车在上海通用准备投产，以实现“绿动未来”的战略。GM 的各大供应商如德国大陆公司跟上汽关系不错，上汽正好利用这个机会用该系统在原来的“荣威 750”车上做混合动力，GM 供给了一些零部件，而上汽做了一些混动控制，实现了 20%的节油率。这款“荣威 750”混合动力汽车自 2007 年就开始研发，2011 年投产，当时面对的客户是公务车市场，但公务车市场后来随着国家的收紧而日益严峻；私人消费者又感受不到混合动力的好处，BSG 系统还让成本增加了 3 万—4 万元，所以“荣威 750”混合动力的市场并不好，最后停产。这时候，上汽更加聚焦到从 2008 年就开始研发的插电式混合动力“荣威 550”和 2009 年开始研发的纯电动汽车 E50 上，在 2013 年正式推出了前者，2012 年推出了后者。

上汽做插电式混合动力是有两方面原因。先是技术原因。如果做普通的混合动力，是很难绕开当时丰田普锐斯的混合动力系统（Toyota Hybrid System，THS），它的专利体系保护得层层严密，即使授权也是限量供应，所有企业都试图绕开这个体系。通用汽车公司旗下的沃兰达（Volt）品牌发现，插电式强混合动力是一条比较好的路。上汽集团技术中心主任朱军指出，由于丰田原来的混合动力系统不能仅依靠电驱动来实现高速行驶，大量的电池又无法放入现有系统，因此丰田混合动力系统不宜直接改装为插电式，必须要推倒重来，成本很高，回头不容易①。这给上汽做插电式系统提供了宝贵的机会。除了技术原因，基础设施的不完备和消费者里程焦虑是上汽做插电式的另一个商业原因，上汽内部人士认为，“充电设施 10 年也做不好”。综合考虑到绿色环保、动力性、使用便利性等因素后，上汽决定下大力气来开发这款车。在上汽集团所开发的新能源混合动力产品中，“荣威 550”研发时间最长，开发费用最高，还整合了许多核心零配件的厂商协同开发。但在插电式的几种结构中，上汽没有选择增程式，因为在增程式下，发动机的能源输出到动力系统要经过效率损失，而且由电机驱动车

① 贾可：《秦的是非——朱军：异军突起》，《汽车商业评论》2014 年第 12 期。

轮，对电机性能和成本表要求都很高，不如发动机和电机的双重驱动。

除了插电式，上汽于2012年党的十八大召开前3天推出了纯电动汽车E50，续驶里程根据市场部门调研结果（85%的轿车每日行驶50公里以下，70%的车每天都是在城市工况下使用），定位为续驶里程150公里的A00级小车。事实上，尽管上汽已经认识到基础设施不完善，主力支持插电式研发，但之所以还走纯电动的路线，主要原因是来自政府的压力，上汽把E50定位为家庭第二辆车——“都市精品小车”，消费者去买菜、接小孩可以用，安全可靠性好一些。但是，这款车后来有三个问题：第一，没有固定车库和拉线，没法充电，特别是高层住户，这妨碍了他们购买；第二，续驶里程不够长，消费者有里程焦虑；第三，价格高于消费者预期。所以，这辆车的市场反应不好，幸亏嘉定区安亭镇要打造一个电动汽车示范区，E50将作为分时租赁的主力车型来使用。

上汽坚持乘用车的纯电动、插电式混合动力和普通混合动力三条路线并行，是有其技术多样化战略的基本考虑。作为一个重要的汽车企业，上汽必须考虑到各个方面的技术储备。朱军指出，如果未来某一天突然产生革命性的产品和技术，而上汽却没有提前铺垫准备，那么技术就一下子要落后几代①。上汽的思路是力推插电式和纯电动的市场化，同时加快燃料电池技术的示范。其中，插电式混合动力是上汽当时最切实际的主打产品，截至2014年年底，“荣威550”插电式的技术已经申请了100多个国内专利和7个国际专利②；而燃料电池车则作为技术储备，一直在潜心研发。

上汽乘用车的新能源业务推进到如今，虽然目前的战略思路较为清晰，但历史走来也有过探索和转型，随着国家对新能源汽车的支持政策力度越来越大而不断进步。战略从早年模糊的形象工程走到如今公司的基本战略，确定了以新能源带动传统的思路，打造具有一定商业化的正规军，新能源汽车也有了销量计划和产品。从2001年开始到2008年，那时候全国范围内除了科技计划，并没有其他支持新能

① 管宏业：《朱军：自主研发的顶端舞者》，《汽车人》2015年第1期。

② 数据来自笔者访谈。

源汽车的政策。当时上汽开始探索新能源汽车，一方面是为了服务于未来的上海世博会，受到了上海市的期待；另一方面也是为了实现技术的追赶。做新能源汽车的动机并不是来自国家对科研投入的一点支持，因为国家的支持只有千万级别，跟企业所需的10亿级投入（包括研发、制造、改造、模具摊销等）相比只是杯水车薪，实现产业化很难。那为什么当时要做纯电动，后来转向更难的插电式呢？当时上汽意识到，我国跟国外传统车的差距要在100年以上，特别是在底盘、发动机、轻量化、集成等方面，永远追不上，只有在新能源领域，才有可能实现当时所谓的“弯道超车”。所以，上汽才通过各种校企合作，先在概念上开始探索新能源汽车。

一直以来，上汽都肩负着打造自主品牌的重任，中央和上海市都对上汽寄予了很高期望。2008年技术研讨会之后，公司将新能源汽车正式确立为自己的“蓝海战略”，决心过渡达到产业化阶段，定下了“2010年混合动力上市、2012年纯电动上市”的阶段性目标，瞄准建设核心团队、建立核心能力的目标来从事电机、电控和电池系统的基础研究。2013年9月推广应用工程启动后，大部分城市并没有落实地方配套政策，让企业在地方定价出现困难，而且电动汽车在市场导入阶段如果缺乏良好的政策，就很难销售出去。所以，当时上汽对市场需求的估计上还比较谨慎，不觉得“荣威550”插电式这款车能有高销量，只把它作为进入市场的第一块砖，希望通过一定量用户的示范运行来发现问题。但是，2014年后国家密集出台了一系列强有力的扶持政策，点燃了市场，市场对新能源汽车特别是插电式混合动力的需求一下子得以提升，尤其在上海市这样的限牌城市。上汽由于自身预判不足，对形势的估计是非常保守的，所以上汽的产能一下子没办法跟上，这在一定程度上也让比亚迪的“秦”在插电式混合动力市场占据了主要份额。但这样火爆的市场促使上汽决心把新能源战略从产业化向商业化转型。一方面，上汽会努力提升产量，按照每月千台产量目标来做；另一方面，努力推出下一代插电式产品，来改善技术——丰田普锐斯经历了100万辆的销量才推到了第五代，上汽的技术同样需要很大进步。上汽新能源乘用车业务的一位负责人感慨：“政策最大的作用是拉动作用。虽然新能源是我们上汽坚定走下去的路线——不管有没有政策，但毕竟不能曲高和寡，还需要互动。那么 PHEV 现在的火爆，给了我们很大的信心走下去。我们会更快地往前走。而且越来越多的人会讨论了解研究发现插电的好，非常欣喜的局面。因为当时有三大瓶颈：技术瓶颈、市场瓶颈、消费者认识瓶颈。技术瓶颈已经突破了，消费者认识瓶颈在逐渐化解，成本瓶颈有待于继续做。三个攻破两个，第三个也好弄……我们会持之以恒地投入研发技术。”

作为重要国有企业，上汽也参与了国家电动汽车政策的讨论和制定工作，通过各种座谈会民主地参与了国家决策。2012 年国家确立了以纯电动和插电式为主的“纯电驱动”技术路线，与上汽的路线一致。总之，上汽把新能源汽车作为“蓝海战略”，考虑更为深远，即使当前市场上并不赚钱，例如燃料电池汽车，上汽也将投入。

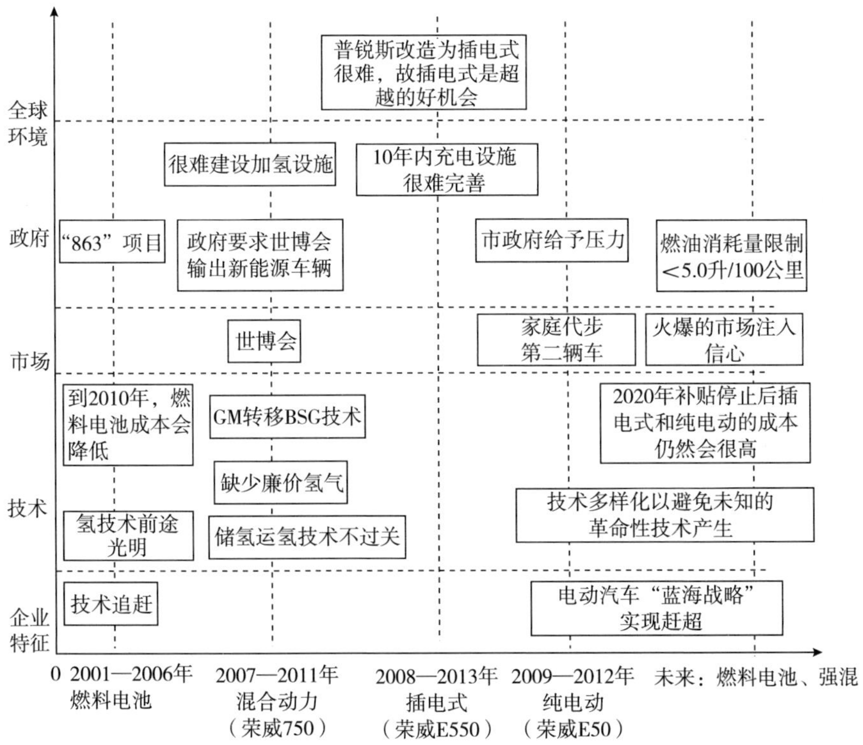

图 6-2　上汽集团乘用车新能源技术路线变迁

第四节 北汽集团

相比于奇瑞、长安、一汽，上汽等企业从“十五”时期就开始探索新能源汽车，北汽的起步要晚五年，从“十一五”时期的 2007 年才向新能源进军。当时在北汽集团下设北京汽车研究院新技术部，以做强混合动力为主，并参与到国家“863”计划中，与科技部和北京市科委一起研发纯电动汽车。那个时候，北汽作为重要的国有企业，参与了汽车燃料消耗值监管标准的制定过程，国家在酝酿政策，企业也必须未雨绸缪，发展新能源汽车是一个必然的方向。从世界范围看，新能源汽车也是未来的方向，如果北汽再不做就晚了。另外，国家发展模式从出口、投资向消费等转变，国家提出创新是经济发展的关键，传统汽车创新追赶的困难太多，新能源汽车提供了一个通道。这些决定了北汽走上新能源汽车的发展道路。

不过，2007 年时国家没有明确优先发展哪条技术路线。纯电动由于受限于电池，续航里程不足，严重制约电动汽车推向市场。尽管人们觉得纯电动技术可行性相比混合动力高——混合动力要考虑率电控、发动机、控制策略等一系列问题，但市场容量太小；而混合动力只要在发动机基础上加上电池就能实现节能减排，市场接受度高。因此，北汽也跟当时大多数企业一样先从混合动力汽车做起，在启停技术、“电机和发动机一体化”（ISG）技术上都做过强混的样机。

但从 2009 年开始，随着国家启动了“十城千辆”工程，北京市确定了纯电驱动的方向，这对北汽产生了深刻的影响。北汽的主导技术路线和战略发生重大变化，从混合动力转向了纯电动汽车。尽管纯电驱动既包括纯电动，也包括串联式的插电式混合动力，而且插电式混合动力更容易在基础设施不完善的条件下被市场接受，但北汽却选择了纯电动，这背后既有自身技术和资源的考虑，更离不开北京市政府的推动。北京市科委领导承认，“择纯电动是北汽现实选择的必然，是企业依据市场的自主决策，也是地方政府的推动”。

从国家层面看，发展电动汽车两个重要目标是节能和减排。相比于其他城市，北京对于减排的要求极为突出，尤其是北京和河北的大气减排压力非常大，节能减排目标非常明确，北京要建设绿色之都，这只有发展纯电动汽车来实现减排。从技术上，未来随着电池成本的下降、能量密度的提高、快充技术的进步，电动汽车续航里程也会提高。即使纯电动未解决续航里程短的问题，北汽也不支持插电式，因为插电式仍然不能解决排放问题，尤其是在基础设施不完善的情况下；而增程式则是纯电动为解决续航里程问题的后续方向，以后可以加装燃料电池作为增程器，纯电动平台做好了，从纯电动走向燃料电池是比较成熟的，北汽在技术上也做过燃料电池增程器的探索。综合考虑，北汽选择了纯电动。

另外，北汽作为一家自主品牌车企，资源有限，所以，市政府和企业都希望企业集中资源形成一个局部优势、现阶段能销售的市场，围绕若干车型整合自己的供应链，配套相应的资源，聚集起自己的优势形成一定市场份额的增长，拉长生命周期，将纯电动做成全国最好、世界知名，然后再慢慢丰富自己的产品线。北汽集团内一位高层表示："北汽在北京发展新能源汽车，能够有一个示范作用，在北京做好了，就有可能到其他地方。北京的市场比较大，3 年内要更新 6 万辆出租车，这么大的一个市场为什么不去争取呢？做好了这 6 万辆车，人员队伍和技术能力就能做成熟了。而且，发展新能源是北汽追赶的途径。在自主品牌上，北汽的技术能力还是不如上汽和长安，所以要利用新能源的机会去赶超。"

后来，北汽认识到政府对纯电动汽车的支持会更大，而且政府可能利用在公务领域推行纯电动汽车来实施车辆实时监控，加强公车管理，从物理层面上为公车反腐提供抓手。正是出于这一系列技术和政府目标的考虑，北汽从 2009 年起一直坚持以纯电动为主导，投入 20%的研发经费用于燃料电池和增程式技术上，对插电式则保持跟踪，并不投入。

2013 年年初"十城千辆"示范推广工程结束后，由于国家的补贴政策出现了"真空期"，许多企业都在等待，但北汽认准了纯电动技术路线和国家、北京市的支持目标，并没有彷徨，继续投资研发。当年 7 月还与韩国 SK 公司合资成立新的电池公司，供给三元电池。北汽集团一位高层管理者指出："企业确定了自己的发展方向后，不应该受到太多的干扰，既然你真心想干的话，不会因为国家政策调整而变化，不会因为政策没出台而停了设备。思路明确后，对企业来说没有太多争议了。”

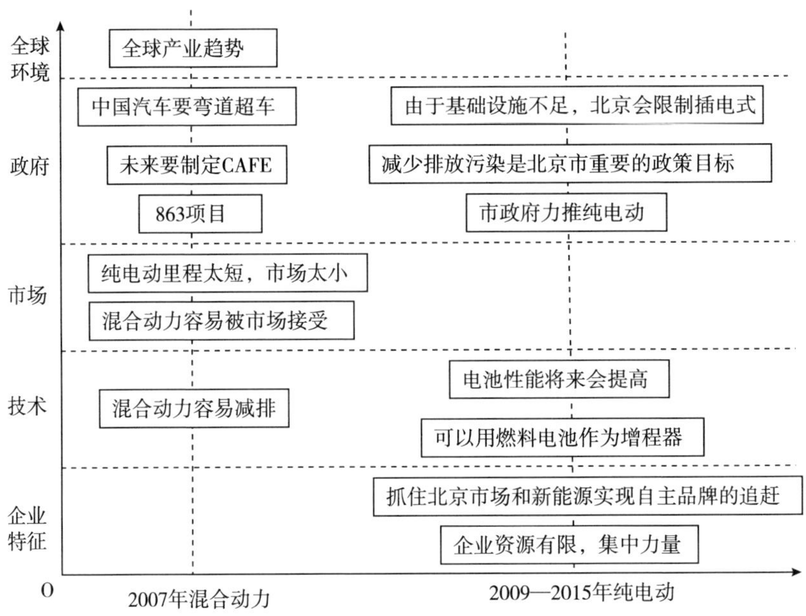

图 6-3　北汽集团乘用车新能源技术路线变迁

第五节　江淮汽车

1964 年，江淮汽车成立，当时是一汽、二汽之后全国第三家汽车厂，选址在巢湖。江淮汽车早年的业务是商用车，包括客车、底盘、轻卡等，1999 年出品的瑞风商用车已经成为了市场领先者。江淮新能源汽车的业务起步于 2002 年，科技部“863”计划支持下，江淮开始做铅酸电池版的电动中巴车，但那时候由于电池所限，车辆性能表现不够好，就没做下去。2003—2007 年，公司又陆续做了 BSG 弱混合动力客车、ISG 中混合动力以及纯电动工程车等，不过节能效果也并不够好。因为中国夏天太热，空调消耗大使得依靠 BSG 车节油率很低；2007 年研发 ISG 时，当时全国车厂都没有自动变速箱，节油率仍然很低，没有商业价值。那时国家通过科技项目给予资金支持，但江淮强调市场思维，坚持没有商业价值就不去申请，因此就不向国家申请做混合动力的科技项目了。但这样一个摸索混合动力的过程，特别是 2007 年与奥地利著名的发动机企业 AVL 合作的经历，也给江淮汽车的研发团队——当时叫“新型动力部”——打开了电驱动的窗口。他们认识到，做弱混合动力的节油率很低——与其在红绿灯口启停技术上追求节油，还不如在零配件生产制造上减少误差，提高发动机质量来节油。所以，纯电动可能是应该主攻的方向，而且必须掌握电控技术，否则买别人的电控就像组装山寨手机一样，无法掌握自己的命运。正是在这一年，江淮汽车迈开了乘用车业务的第一步。

真正确定技术路线和发展方向是在 2009 年，这对江淮汽车产生了深远的影响。那一年，国家“节能与新能源汽车示范推广工程”启动，科技部在天津开会，明确了中国新能源汽车要走纯电驱动的技术路线。江淮集团董事长参会回来后，系统地听取了公司新能源汽车项目组对电动车的技术原理、关键技术、整车结构、产品工艺路线的汇报后，指出燃油车存在两个不能克服的内生难题：第一，节能环保的问题始终是燃油汽车的终极考验，环保要求的提高对发动机的性能要求也越来越高，世界石油资源也越来越少；第二，传统汽车的制造工艺越来越复杂，成本难以降下来，燃烧推动活塞连杆的摩擦功和热效率损失很大，也导致了可靠性下降。这两个难题都是电动汽车能够克服的，因为电动汽车通过电机的定子和转子无摩擦地产生扭矩来做功，清洁环保，从本质上改变了传统内燃机恶劣的工作环境和存在的摩擦阻力。电动车的难点则是控制系统的软件技术，软件技术本身在于对客观对象工作机制的细分，只要能分清楚工作机制，就能做好控制软件。

江淮集团董事长的话成了江淮决定做电动汽车的动力，随后江淮又做了技术和市场的分析。在其他技术路线例如强混、插电式甚至燃料电池上，江淮有过思索纠结，暂时给出了否定答案。因为强混必须要具备自动变速箱技术才能真正节油，而当时国内还没有企业能够自主做出自动变速箱；插电式又必须在纯电动技术和自动变速箱技术积累后才能做好；而燃料电池对技术能力的要求又大大超出江淮当时的实力。从市场分析看，江淮认为，一款3万—4万元的都市代步车一定是有市场的，因为100公里电动续驶里程的车在城市里，一天最多跑50公里，还剩50公里，5—10年后电池才衰减到80%，能够达到消费者的购车性价比。基于这些前景、技术和市场的分析，江淮决定将纯电动汽车作为第一阶段的主导技术路线去走，重点开发行驶200公里以上的高性价比的纯电动车，市场定位为短途代步。在组织架构上，江淮将新型动力部升级为“新能源汽车部”，团队超越了动力系统层面，提升到整车系统层面来做研发，2011年更升级为“新能源研究院”。

此时，国家的购车补贴政策推动了电动汽车的销售，使其价格能够跟传统汽车竞争，给予江淮很大的信心，特别是2014年1月国家领导人的调研使企业对国家继续支持有良好的预期。江淮在新能源汽车上不断加大投入，研发费用逐年上升，从前几年的三五千万元到这几年的上亿元研发经费投入——不包括设备，占到全公司研发投入的10%。

2010年起，江淮还与合肥工业大学联合成立研究院攻关核心技术。由于电控技术是电动汽车的核心技术，江淮与奥地利AVL公司、中国台湾台达电子、东风公司合作，其中台达电子还带来了一个掌握了日产技术的工程师来经常指导，七八年来，江淮学习掌握了电控技术，在产业级上能够入门。在电池管理系统、电机技术上则与华霆动力、力神、巨一自动化等公司一起合作，摸爬滚打。合作攻关不仅减少了江淮的资金投入，还加速了合作双方对关键零部件核心知识产权的掌握和提升，并使这些企业在合肥建立生产基地，迅速在江淮周边形成了生产配套体系①。2014年后江淮还成立了新能源汽车的营销推广部，将原本集中在新能源研究院下面零星做的营销任务都集中起来。

在这样的投入基础上，江淮从2010年开始以一种特殊的“迭代

① 许琼林：《探秘江淮：看新能源电动车的中国式崛起》，《中国工业报》2014年9月22日。

模式”，每年推出一款 iEV 系列电动汽车，按照数字序列为之命名。每一代互相之间的开发是有重叠的，有几十项更新，但基本架构不变；到了第五代则是把前四代期间研制的各种技术拿出来尝试地集成。前四代的车辆累计销售 6000 余辆，开行 7000 多万公里，其中有大量出租车的历练。经过连续四代汽车的销售和规模化应用，江淮能够不断发现问题、解决问题，前两代的技术故障稍多些，第三代和第四代之后的故障率大大降低，例如电池的热管理技术就经过四代积累而成熟起来。江淮汽车副总经理说：“我们电动车的出品是一个标准的迭代过程……通过这几年的研发过程，我们对于先进技术的成熟理念多了一份非常朴素的理念。什么就叫作先进技术？对于微观现象的细分和对运行方案的有效控制，就是先进技术。”

尽管江淮以纯电动为主导技术路线，但那是基于 2009 年的战略判断。等到江淮在纯电动汽车方向有了较为坚实的基础，就开始研发强混合动力，作为向今后插电式过渡的前导。其原因在于：首先，纯电动在那时还是很难胜任长途用车，长途需求需要混合动力，而且在 2020 年纯电驱动的广泛普及目标很难实现；其次，江淮曾跟台达电子一起合作研发增程式，不过后来发现增程式汽车仍然不适合长途，而且两套动力系统的成本太大、噪声太高；最后，强混技术至少能够解决传统车的节能缺陷，节油率达到 30% 以上，值得投入。综合比较，强混合动力就是一个可行选择。

但要做好强混，不能绕过自动变速箱，否则就要回到普锐斯的道路上去，而普锐斯的专利保护太严密了，很难突破专利。因此，江淮早在 2009 年就启动了自动变速箱的研发，直到 2013 年自动变速箱的样机研制成功，奠定了做强混的基础，就正式决定向强混技术进发。其间，国家的“十城千辆”工程暂时停止，2013 年 9 月出台新政策，取消了对混合动力的补贴，由此江淮的积压存货损失了几千万元。在无补贴的情况下，江淮仍然坚持研究强混，是因为它意识到国家的第四阶段乘用车油耗标准会降到平均 5 升/百公里，到这个目标无非就只是三个方案：减少空气阻力，通过造型；减少传统系统包括发动机的摩擦阻力；通过轮胎优化来减少滚阻。这三个方面都算是很有限的，只有强混通过行驶减速、下坡的直接充电转化为驱动动力，才能达到35%左右的节油率。

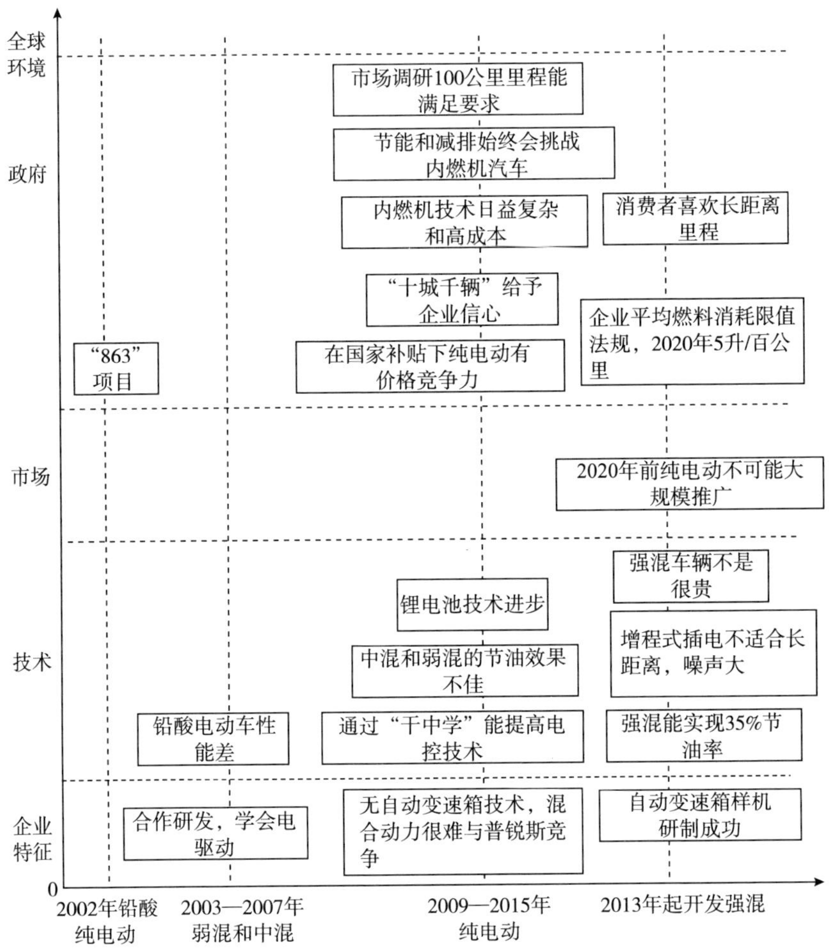

图 6-4 江淮汽车乘用车新能源技术路线变迁

面对这样高速增长的市场，江淮汽车的信心很足。这表现为从2013年起改造原来传统产品线为新能源产品线，第五代 iEV 的年产能达到了3万辆；同时江淮坚持先把技术做好，把质量做好。江淮的竞争力被归结为“储备好、发展好电动汽车，以纯电动为先导，插电式跟进；抓住质量这一关”。普锐斯坚持20年混合动力技术路线不动

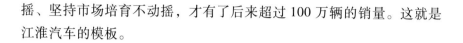

摇、坚持市场培育不动摇，才有了后来超过 100 万辆的销量。这就是江淮汽车的模板。

第六节　奇瑞汽车

奇瑞汽车是一家位于安徽省芜湖市的地方国有企业，创立于 1997 年，经历了非常艰难的创业过程，现在已经成长为国内自主品牌车企的典型代表之一。1999 年第一辆燃油汽车才下线，第二年就开始了对新能源汽车的探索之路。2000 年，奇瑞公司成立了“清洁能源汽车专项组”来研究混合动力技术、清洁燃料技术的开发。因为那时候国外已经研发清洁能源技术了，所以公司就有预判，2001 年承担了国家“863”计划课题，并组建了“国家节能环保汽车工程技术研究中心”，正好利用国家科技项目的支持来提早开始研究未来技术。那个时候，新能源汽车对于奇瑞而言是新鲜事，他们的技术路线经历过摇摆，根据科技计划引导和自身技术积累做过 BSG、ISG 等中低度混合动力汽车，并在部分城市进入私家车和出租车市场；也探索过纯电动汽车和燃料电池技术等，混合动力轿车和燃料电池汽车等甚至进入了奥运会和世博会示范。在最初的十年里，虽然没有完全产业化，但到 2009 年“十城千辆”工程启动时，奇瑞在新能源技术和产销经验上已经形成了较为全面的积累。

真正全面的产业化是 2010 年公司特别成立了奇瑞新能源技术有限公司，专门开发新能源乘用车。在产业化的技术路线上，奇瑞内部有过争议，是混合动力还是纯电动，是做普通电动车还是低速电动车。虽然在 2008 年公司曾推出了中度混合动力 A5，销售了 1000 多辆。但在 2010 年时，有三点原因使之确定纯电动为产业化首发路线：一是混合动力汽车仍需依赖变速箱和发动机，我国的自主能力还是太弱；二是奇瑞认识到国家有“纯电驱动”的意向，纯电动是国家非常支持的路线，私人购车试点并不补贴普通混合动力；三是纯电动可以作为城市代步小车，较为适合我国国情。所以，奇瑞新能源公司成立后，将产业化的技术路线先放在纯电动上，并且推出了两款从 2008 年起就开始研制的轿车 S11 和 S18，前者用铅酸电池，后者用锂电池。

S11 铅酸电池低速电动汽车被命名为 QQ3。选择做铅酸电池汽车的原因有两点：第一，当时锂电的技术不成熟、价格太高，铅酸电池技术相对简单一些，尤其是对产品质量、可靠性的要求相对低，使用工况和环境简单一些，成本也较低，尽管没有补贴也能够有销路。第二，奇瑞看到山东一带铅酸电动车的销售不错，农村和三、四线城市有需求，就想推出同样的产品，而且相信肯定能比山东那些厂家做得好——QQ3只要 5 万元，比山东一带的低速车虽然贵了 1 万—2 万元，但质量性能非常好。第三，从技术发展看，铅酸电池车也是纯电动汽车，技术上有很多相通之处——设计、控制、驱动电机、电空调等。奇瑞希望由此建设起网点、渠道，积累市场运营、维护和拓展的宝贵经验，为后续拓展铺路；而且通过规模化销售有效拉动零部件供应链厂商的产品技术能力，对生产过程和质量的控制、内部管理能力得到了提高。

同时，奇瑞也在开发锂电产品的汽车瑞麒 M1-EV（内部代号 S18），做了一些商品，由于芜湖没有补贴，所以只能依赖在合肥上牌，销售了 600 辆车。但当时技术成熟度不是很好，车小而价格贵，续驶里程只有 120 公里，补贴完之后却要 9 万元，性价比太低，故销路不佳，以租赁客户为主，主要面向个人和政府公务用车。所以，几年内奇瑞的主要电动汽车产品还是 QQ3，直到 2014 年 11 月 5 日新上市奇瑞 eQ（内部代号 S15）。S15 的成本和技术达到了较好的匹配，补贴后价格在 6 万元左右，很受市场欢迎，上市后每个月有三四千辆的需求，供不应求。

尽管“十城千辆”示范工程没有给芜湖市以试点资格，也没有补贴铅酸电池，但它和 2012 年《节能与新能源汽车产业发展规划》等一系列政策的更重要意义是明确了国家所支持的纯电动和插电式的乘用车技术路线，帮助奇瑞形成了重要取向。奇瑞从 2009 年开始就试图在纯电动汽车上增加增程器，但这就要减少电池包，重新设计电池，对结构布置作调整，牵涉到工作量较大。较好的增程器的价格要 1.5 万元左右，而补贴却比纯电动车恰好少 1.5 万元，再考虑到结构设计的调整成本，就得不偿失了。从技术上，增程器的噪声和振动也不尽如人意。因此奇瑞暂停了增程式的开发。但是，在低端的 S11 车上奇瑞却提供了一个由售后市场自由选装的增程器，那个增程器的成本只有数千元，能够满足成本。插电式技术上，奇瑞早年曾在“863”项目中积累了一些技术，并且推出了普通混合动力 A5。不过正如前文所述公司战略的调整，2010 年正式产业化时并没有继续做插电式。直到 2012 年，奇瑞在 A0 级电动车上已经有了突破，就想进一步发展 A 级车，插电式就比较合适，这也是国家“纯电驱动”鼓励的方向。奇瑞就在传统车艾瑞泽 7 平台上做插电式改造，2015 年正式上市。

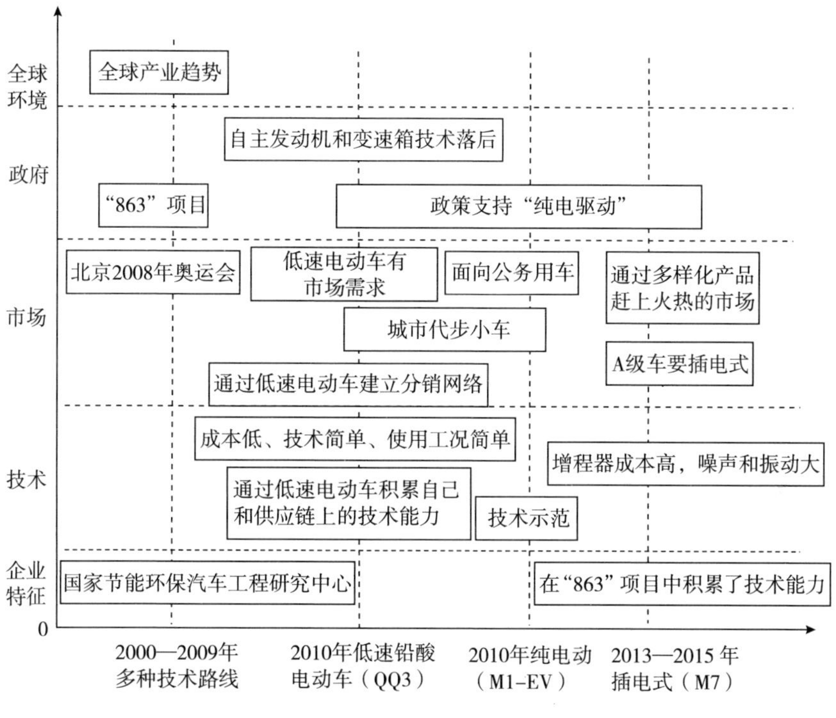

图 6-5　奇瑞汽车新能源技术路线变迁

2013 年 9 月第二轮推广应用开展之后，各地地方政策出台早晚不一，这个事情也曾经让奇瑞非常苦恼，无法在各个地方制定一个合理的价格。但随着 2014 年夏天以来，中央政府和地方政府都采取各种措施推动新能源汽车产业，给予奇瑞很大的信心。奇瑞整个集团的研发强度每年都在 7%左右，特别是新能源业务显著增长后，研发经费从早年的数千万元持续增长到2015年的2亿元左右。从2010年起，奇瑞就跟许多企业组成产业化联盟来开发和推广电动汽车。例如奇瑞跟明基友达集团合资生产锂电池隔膜材料，跟天能集团达成协议由天能集团供给动力电池，与基础设施企业合作投资充电设施。同时，奇瑞也不断推出新车型，以赶上这么好的形势。经过几年的发展，奇瑞清楚地将产品定位在三、四线城市和广大富裕农村，那里的中低端市场具有明显的特征，适合奇瑞的电动汽车销售。另一个定位就在大城市的分时租赁，特别在2014年之后看得越来越明显，这是奇瑞下一个重要着力点，也是新的锂电池纯电动车型eQ的一个重要市场。

第七节　众泰汽车[①]

众泰集团于2003年进入整车制造领域，2006年制造出第一辆传统汽车“众泰2008”，依托于具有整车资质的成都新大地汽车有限公司而上市。2007年众泰收购江南汽车70%股份，正式获得轿车生产牌照，在长沙就设立了湖南江南汽车制造有限公司。2005—2007年，众泰发现山东的低速电动车发展不错，基于市场发展趋势，判断新能源是未来，因为环境污染和能源危机都需要中国发展新能源汽车，于是就组织一批人员开始探索铅酸电池。众泰汽车的一名高管认为，即使国家还没有具体的操作和规划，但知道政策会往这个方向走，企业就会下决心做先行者。

2008年，众泰参与了一个国家“863”计划项目，跟浙江大学合作成立了一个科研团队。当年10月，众泰在国内率先获得了纯电动汽车的产销许可证，成立了纽贝耳公司正式做新能源汽车，推出的第一款产品是在长沙基地的江南奥拓汽车平台上改造的铅酸电池纯电动汽车。2009年国家“十城千辆”示范推广工程启动后，由于铅酸电池能量密度不够，又不能像锂电池一样获得补贴，所以众泰就转向锂电池车型，基于之前低调积累的技术推出了“2008EV”新车。中国

① 众泰汽车虽然在近几年销量持续下滑、经营困难以致2021年破产重整，但作为新能源汽车产业发展早期的典型民营企业之一，具有一定代表性和研究意义，故仍列为本书案例。

第一辆正式挂牌的纯电动乘用车就是这一款车型。之所以从纯电动汽车起步，是因为众泰觉得纯电动技术相对简单，用电机能控制管理好电耗。公司先不争论技术路线和商业模式，先让产品上路，在市场中说话。具体的最初市场定位是A0、A1级别的小型电动汽车，关注中低端市场，三、四线城市，从出租车和租赁市场做起，因为出租车的市场速度更换较快，且看重电动汽车节省的燃油成本。所以，众泰通过出租车起步，来主打影响力，摸索小型车、微型车等的运营经验。

2010年，国家电网要在杭州试点换电模式，寻找相应车型。普通的车型不容易做换电系统，因为电池放在后备箱会导致“头轻脚重”，上坡时有问题；而众泰基于菲亚特平台改造的朗悦M300则将电池放在座位下面，是一辆宽体车，不会有这个问题。所以，众泰就被列入了杭州电网的合作计划，2011年M300正式作为杭州市首批纯电动出租车运营，后来又追加到500台出租车。那时候，换电模式和充电模式是国内争执的热点。对此，众泰董事长提出了“不争论”，因为当时怎么做，谁也看不清楚，而且业内“领头羊”特斯拉就有换电的车型，如果把换电技术做到极致，那么充电换电差别不大。何况国家电网主动找到了众泰合作，让众泰意识到产品“争取让更多的人用起来，必须有人用才能成长起来，哪怕中间有一些浪费，也是成长中必须要承受的成本”。但是，几年下来，国家电网在城市内部放弃了换电模式，而充电模式的出租车经济效益会打折扣，因此后续的商业推广就很难了，众泰之后就没有在杭州追加新的出租车，稳住换电车型，不再扩张，转向了分期租赁和分时租赁市场，用5008-EV车型为租赁市场主推车型。

示范推广工程带来的政策对于众泰的发展十分重要，意味着很好的机会。众泰的传统车起步相对晚一些，广告做得少，影响力相对比较小。新能源汽车的市场起来后，给了众泰“一个时代的机会”，民企的特点就是真刀真枪地干，前后投入许多，用传统车利润来支撑新能源汽车。但民营企业挣的都是血汗钱，必须要有回报，众泰希望先不断投资5—10年，等到市场好起来。为此，众泰从一开始决定努力跟上，正如众泰新能源一位高管说：“不能像大企业那样，等到所有条件都好了，就没我们什么事了。民企只要有机会，哪怕有压力，也会知难而上，干起活来，还是很努力的，周六周日也没有休息。”当新一轮推广应用工程启动——特别是2014年夏天的一系列利好政策出台时，众泰终于有了信心。国家政策信号这么好，众泰投入的决心也增加了，特别是新能源汽车销售额从前几年的1亿元左右达到10亿元级别，产生了足够多的现金流水，使长期以来研发耐心不断受到考验的众泰终于能宽心。其董事长表示，政策一旦出来，企业就应立刻在市场上不停推动①。

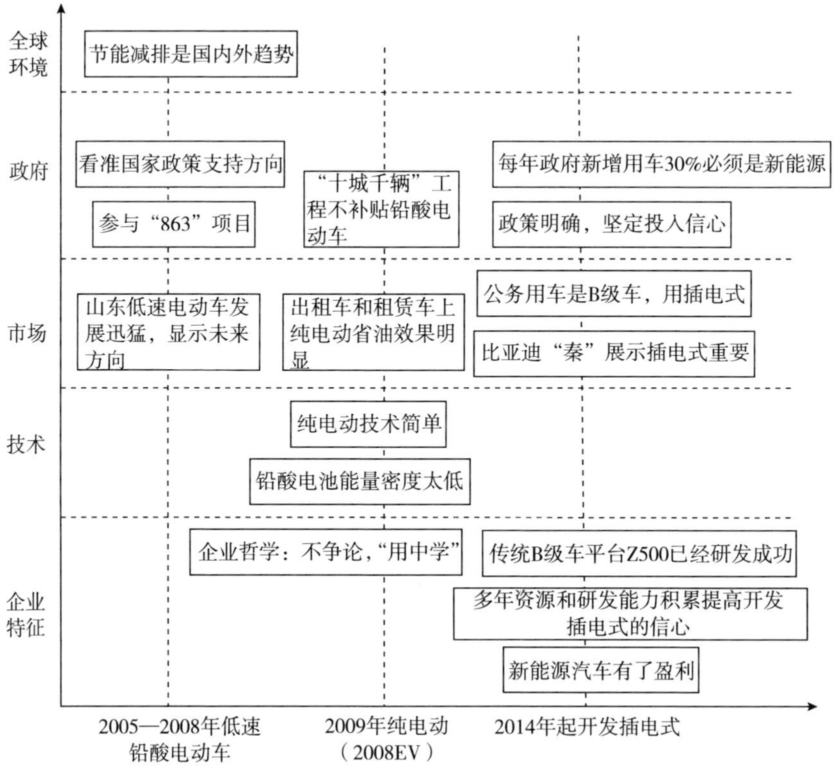

图6-6　众泰汽车新能源技术路线变迁

从2014年7月起，众泰开始研发插电式混合动力汽车。首先，

① 刘旭：《众泰董事长吴建中：新能源产品应与政策同步接地气》，http：//www.nbd.com.cn/articles/2014-04-24/828568.html。

比亚迪“秦”的案例启示了众泰，插电式在现代中国是不能跳过的阶段。其次，众泰新能源都是A0级别的车，还没有做出像公务车那样的中端电动汽车。但今后公务车是比较大的“蛋糕”，按照政策估计每年有30%以上的增长规模，这就需要B级车。B级车没有必要带大容量的电池，做插电式即可。众泰已经开发出Z500的传统车B级平台，有了基础，就可以来做插电式混合动力，能丰富自己的产品序列。最后，几年来众泰新能源汽车销量有了数量级的变化，产生了一定规模效应，在新能源市场小有地位，从而具备了一定实力，可以投入更多研发难度更高的插电式混合动力汽车。

第八节　跨案例分析

本章展示了国内在2016年前的6个代表性乘用车企业新能源技术路线变迁过程。从中可以看出在任何一个企业，技术路线的选择和变迁是一个多因素驱动的结果。首先将通过跨案例归纳单个企业技术路线变迁的驱动因素。在这些多样性的复杂因素中，示范推广政策非常显著。它通过经济激励、监管和塑造预期三个机制发挥作用。然后讨论各个企业之间技术路线差异化的影响因素，其中包括地方政府影响企业决策、企业拥有的资源和对未来不确定性的预期。

一　企业技术路线变迁

从上文案例内分析可见，汽车企业从进入新能源领域至今的技术路线往往经历了不少摇摆变化。变化的驱动因素涉及宏观经济社会环境、产业传统环境以及新兴技术等多方面因素，政府的示范推广政策举措也是一个显著因素。本节探讨示范推广政策驱动企业技术路线变迁的机制。

（一）经济激励

政策引导企业探索新能源技术，选择相应技术路线的第一个途径就是通过补贴创造出新能源汽车的市场，对企业产生直接的影响——尤其是当政府明确指定补贴特定的技术路线之时。这是很重要、直观的影响机制，称为“经济激励”。

从案例分析中能看到三次变化都跟补贴的经济激励直接相关。第一，众泰和奇瑞早年都是做铅酸电池的电动车，但转向锂电池电动汽车的一个重要原因在于国家从 2009 年起的补贴政策并不补贴铅酸电池。第二，江淮确立纯电动技术路线的原因之一就在于国家启动的“十城千辆”工程通过补贴纯电动，使该技术路线的价格竞争力能够达到一个合理的水平。第三，奇瑞在早年的技术路线上有来回摇摆，最后因为国家在私人购车的补贴上排除了普通混合动力，促使奇瑞聚焦到纯电动上。

还有一次变化是跟公务车市场新政引起的经济激励相关。众泰在前几年一直只做纯电动产品。2014 年政府提出公务车新政，规定今后国家机关新增公务用车的 30%必须是新能源汽车。因为国家机关公务用车一般是中档的 B 级车，对车辆性能、续航里程等要求较高；而我国市场上的纯电动产品大多数是 A0 级以下小型车①，且当前阶段纯电动更适合于小型车②。所以，为了争取公务车这个未来的大市场，众泰增加技术路线，开发插电式汽车。这是市场需求创造的经济激励。

（二）监管

在 2013 年新能源汽车推广应用工程开展之后，国家停止了对普通混合动力汽车的补贴，只补贴纯电驱动的技术路线。从经济激励的市场逻辑看，既然没有了补贴，那么企业没有动力再去开发 HEV 的乘用车。现实反应的确如此，国内几乎没有企业再力推 HEV 的车型——例如其中有名的车如长安“杰勋”中度混合动力业绩不佳、悄然退场——而转向纯电动和插电式。从技术逻辑看，案例内分析多次提到，在普通混合动力技术上，以普锐斯为代表的国外品牌具有卓越的技术优势，我国自主品牌很难与之竞争，所以才避其锋芒，国家政策也是这个意图（详见本书第七章）。可是，上汽和江淮都表示今后要开发强混合动力车型，其原因是什么？

---

① 我国通常按照德系轿车的划分方法，根据轴距和车长将轿车分为 A00 级微型、A0 级小型、A 级紧凑型、B 级中型、C 级中大型、D 级豪华型这几类。

② 中档车对于续航里程有一定要求，由此带来电池和整车成本提高，就超出了 A0 级小车所面向的客户群体。由于电池成本太高，在我国和世界范围内，纯电动车都被认为当前更适合小型车。所以，我国的电动汽车发展规划提出了“两头挤”的方针，即一头抓公交客车，另一头抓小型轿车，两头发展起来后再争取中间的用户。详见欧阳明高（2016）。

上汽和江淮之所以又走到开发强混的道路上，是因为两家企业都预期到 2020 年补贴退出之后，乘用车平均燃料消耗值（CAFE）的监管要求达到 5.0 升/百公里，随后很可能还会继续提高要求。而此时，依靠纯电驱动技术路线的产品还很难达到理想推广量，补贴停止后就更不好推广。要想达到 CAFE 要求，必须开发节油率较高、推广程度相对容易的强混合动力车型。其他企业并未明确提到开发强混的计划，也没有提到 CAFE 的因素。另外，尽管其他企业的想法不得而知，可能有其他变量调节了 CAFE 和选择强混的关系，但上汽和江淮两个案例已经说明了监管政策是一个重要的影响因素。

（三）塑造预期

各家企业在 21 世纪早期从传统汽车或燃气汽车路线进入新能源汽车领域时，事实上面临着很大的未知风险。当时，国内并不存在新能源汽车的市场需求，企业也没有学过有关技术。另外，1998—2008 年，中国传统乘用车销量以年均 23.9%的速度快速增加[①]，形势火热，而投资于新能源汽车业务则会分流本可以投资于传统汽车的有限资源，所换得的却是高度不确定的市场和技术前景。一位访谈对象坦言："当时对市场感觉很迷茫，只是在一些示范项目上看到点苗头。"但是，这些企业的实际行动是投入到新能源业务中，有共同的几个原因：全球产业趋势、国家节能减排的需要、中国汽车产业借此机会"弯道超车"及"863"计划的支持。表 6-2 归纳了访谈对象提到的动机。

表 6-2　　各企业最早投入新能源汽车业务的动机

	世界产业趋势	国家节能减排	国家和企业技术赶超	"863"计划打开技术窗口
比亚迪	√		√	*
上汽			√	√
北汽	√	√	√	√
江淮				*

① 笔者根据《中国汽车市场年鉴》和《中国机械工业年鉴》统计，其中 2005 年前的乘用车为微型客车和轿车之和。

续表

	世界产业趋势	国家节能减排	国家和企业技术赶超	“863”计划打开技术窗口
奇瑞		√		√
众泰		√		*

注：* 表示尽管比亚迪、江淮和众泰访谈对象声称早年参与了“863”计划，但笔者未从科技部“十五”时期“863”立项清单中看到这三家单位。但立项清单只写出牵头单位，可能它们是参与单位。比亚迪在“十一五”时期牵头了一个整车项目。

那时候，节约能源、减少空气排放污染不仅是中国，也是全球共同面临的挑战。首先，1999 年的“清洁汽车行动”就由此而产生，国际各大汽车厂商争相开发电动汽车的大趋势也是被 20 世纪 70 年代石油危机所触发。其次，我国传统汽车长期落后于西方发达国家，特别是在最关键的作为发动机和变速箱技术上；而电动汽车拥有完全不同的动力和传动系统，各国都在研究之中，我国的落后程度不高，所以国家希望能通过电动汽车来绕开传统技术的“瓶颈”，迅速赶超，故当时有“弯道超车”一说。因此，国家从 20 世纪 90 年代末起就启动了科技攻关计划、“863”计划等项目来支持电动汽车研发和小型示范，显示了国家的决心，企业也能意识到这是政府扶持的方向。同样，这也寄托了上汽等国内厂商试图追赶世界先进企业的理想。最后，“863”计划除了显示政府信号外，一个实际的作用就是给企业一个机会来实际参与电动汽车技术研发，学习技术。可以看到，6 家企业都曾受惠于“863”计划的资助，由此开始探索技术。这些原因构成了企业纷纷踏入新能源业务的最初动机。尽管当时的新能源汽车市场和技术条件都不具备，但企业看到政府的意愿和提供的实际机遇——正如众泰所言，提供了“一个时代的机会”，从而对该领域具有积极的预期。这种预期并不是当前的市场需求和技术条件所带来的，而是源自政府的各方面举措综合成了一个未来的产业信号，改变了企业对市场和技术趋势的常规认知。

到 2009 年示范推广启动、2010 年开始私人购车试点，这又给企业提供了很强的市场预期。例如，江淮汽车经历了前期混合动力的多次探索，2009 年起因为“十城千辆”工程而树立了对纯电动的信心。

在后来的发展历程中，尽管有些波折，但我国政府给予企业很强的信心，例如习近平总书记关于新能源汽车的重要讲话、国务院办公厅出台加快推广的综合意见、免除购置税等。尤其是2014年以来，比亚迪、上汽、众泰都提到政策背后显示的政府态度给予企业信心。所以，比亚迪和上汽表示在插电式的原路线上坚定地加强研发；众泰则有能力和决心将大量资源从纯电动投入难度更高的插电式开发，去开拓更高端的市场。

二　企业技术路线差异化

除了单个企业的技术路线变迁，不同企业之间的技术路线也有差异化。例如，上汽和比亚迪等的技术路线呈现多样化，做了插电式和纯电动甚至燃料电池的产品；但北汽则专注在纯电动上。地方政府的介入是重要的影响因素。此外，企业所拥有的资源和能力、未来技术和市场的不确定性是影响技术路线多样化战略的重要因素。

（一）地方政府影响

纯电动汽车目前的一个重要“瓶颈”在于续航里程不能满足习惯于传统汽车的消费者的需求，而且充电设施普及程度不高、充电速度根本无法与加油相比，所以消费者有强烈的里程焦虑。相比之下，插电式汽车就不依赖于充电，免除了里程焦虑。而且同等级车型相比，由于电池价格的因素，插电式要比纯电动更便宜。所以，在现阶段其他因素不变的条件下，插电式汽车的市场接受程度要比纯电动更高。上海等不限制技术路线城市的新能源汽车销量数据就展示了这一点①；除北京外，2014年全国私人购车中63%是插电式②。不过，由于插电式的控制系统和结构更复杂，所以插电式汽车的技术难度较高。那么，按照正常市场的逻辑，如果技术能力许可、产品客户定位相近③，

① 据2015年前9个月的数据，上海市私人用户里80%购买的是插电式。参见上海市新能源汽车推进办公室主任刘建华在一次重要会议上的发言，http://www.d1ev.com/41139.html。

② 数据来自财政部。北京市只补贴纯电动汽车，且年销售量巨大，所以是一个例外值。

③ 产品定位跟技术路线选择密切相关。在我国和其他国家，纯电动更多地向小型A级以下发展，插电式往B级中档车发展。不过也有少数指向B级的纯电动，典型的就是比亚迪的腾势；往小型化A级车发展的插电式产品不多，但沃尔沃正在研发。

汽车企业应该会偏向以插电式汽车为主流技术路线。但事实并非完全如此，如表 6-3 所示。

表 6-3　　　　各企业技术路线对比

企业	所有权	当地政府的影响	技术能力	技术路线选择
比亚迪	私有	低	1579，高	以插电为主，纯电只做高端且独立品牌
上汽	国有	中偏高。要为世博会配套各种技术路线，所以必须得配套纯电动	66，中高	插电为主，纯电为辅，未来做强混
北汽	国有	高。减少排放污染是北京的高优先级；市政府强烈推动纯电，集中资源突破式发展	11，低	纯电动，未来发展燃料电池增程式混合动力，但不开发油电混合插电式
江淮	国有	中偏低。政府和企业协商沟通，但由企业自主决策	5，低	当前纯电动，但以后会开发强混和插电式
奇瑞	国有	低	316，高	以纯电动为主，新上市插电式
众泰	私有	低	9，低	纯电动，正在开发插电式

注：本书用截至 2009 年 12 月 31 日前企业所申请的发明和实用新型专利数量之和来测度技术能力。专利数据来源为中国国家知识产权局。由于一个车企同时会申请传统汽车和电动汽车专利，所以笔者在 IPC 分类号中输入新能源汽车相关技术专利分类号。专利 IPC 分类号来自 OECD 和 WIPO 对于绿色技术专利的 IPC 分类，并经过笔者对照有关科学论文和检查 IPC 分类体系人工增补。为加强结果鲁棒性，本书也曾用过 1999—2015 年的所有申请专利数量作为测量指标，各个企业的技术能力强弱与此差异不大，不影响分析。

本书用截至 2009 年 12 月 31 日前企业所申请的发明和实用新型专利数量之和来测度 2010 年私人购车试点政策开始之前各企业的技术能力。比较上汽和比亚迪，两个企业的技术能力均比较高，也都提出以插电式为主的战略。但区别在于上汽同时也引入纯电动 E50 为荣威新能源品牌的辅助技术路线，而比亚迪则将纯电动定位于高端，成立合资企业来做独立品牌“腾势”，比亚迪品牌下的新能源汽车乘用车只是插电。之所以出现这样的区别，一个很重要的原因就是二者的所有权性质不同。与私有企业比亚迪不同，上汽是一个上海市属国有企业，受政府的影响更深。上海市政府要求上汽必须提供一款纯电动产品，因为在当时全国许多车厂在做纯电动车型，如果上汽不做就显得格格不入。

比较上汽和北汽，两家同属于地方国企，但前者以插电式为主，后者不开发插电，很长时间内只做纯电动，其根本原因在于北京市政府早年对北汽选择技术路线的决策影响程度更深，力主推动北汽走纯电动之路；而上海市政府仅仅要求上汽有纯电动产品即可。如果用技术能力差别来解释上汽和北汽的选择——上汽的技术能力强，所以可以做复杂的插电式，而北汽技术能力较弱，所以先从纯电动做起，那么又该如何解释北汽打算今后做难度更高的燃料电池增程式却不愿用燃油增程式呢？

再比较北汽和江淮，江淮选择从纯电动做起，将来要增加油电混合插电式；而北汽则坚定地排除用油。二者都是地方国企，技术能力也相似，但合肥市政府和安徽省政府对江淮的企业决策影响不大，合肥市政府会跟江淮协商讨论技术路线，充分尊重企业选择①。所以，比亚迪、上汽、北汽和江淮的案例比较充分说明了政府对国有企业决策的介入能显著影响企业的技术路线选择。在我国的特殊国情下，这也是政府推动绿色转型的特殊举措。

（二）企业拥有的资源

表6-4概括比较了各个企业的技术路线多样化程度、企业资源、企业对未来市场和技术的不确定性预期。

资源是企业所拥有的创造竞争优势的各项资产的总称，是企业竞争战略的基石之一，包括资金、人力、知识、组织资本和物质资本等②。本书用资本实力、技术能力和政策扶持三个角度来综合衡量企业资源。资本和技术是高技术企业极为重要的资源，人力资本在一定

① 资料来自笔者访谈。

② Barney, Jay, "Firm Resources and Sustained Competitive Advantage", *Journal of Management*, Vol. 17, No. 1, 1991; Newbert, Scott L., "Empirical Research on the Resource-Based View of the Firm: An Assessment and Suggestions for Future Research", *Strategic Management Journal*, Vol. 28, No. 2, 2007.

表 6-4　企业上市产品技术路线多样化的影响因素

企业	截至 2015 年的技术路线多样化程度	企业资源				对市场和技术不确定性的预期	
		资本实力 2009 年销售额（亿美元）(i)	技术能力(ii)	政策扶持(iii) 企业所在城市	综合评分	访谈摘录	预期不确定性
比亚迪	高（PHEV、BEV）	57.8	1579	深圳，示范城市	高	“未来纯电动和插电式的市场占有率将会是 30%和 70%，而且纯电动更适合高端”	中偏低
上汽	非常高（PHEV、BEV、FCV，将来 HEV）	196.9	66	上海，示范城市	高	“如果未来某一天突然产生革命性的产品和技术，而上汽却没有提前铺垫准备，那么技术就一下子要落后几代”	高
北汽	低（BEV，将来 FCV 做增程器）	<3.0	11	北京，示范城市	低	“北京市政府只支持纯电动，不支持油电混合，作为企业要理解政府”……“将来会考虑做燃料电池增程器，但不做油电混合”	低
江淮	低（BEV，将来 HEV）	27.4	5	合肥，示范城市	低	“纯电驱动一定是未来趋势”……“第四阶段乘用车油耗标准平均 5 升，如果不做深混，就很难达到”	低
奇瑞	中（BEV，2015 年上市 PHEV）	30.0	316	芜湖，2013 年前非示范城市	中	无	n. a.
众泰	低（BEV，将来 PHEV）	2.0	9	杭州，示范城市(iv)	低	无	n. a.

注：（i）此处销售额是母公司数据。数据来自 Orbis，其中北汽股份有限公司缺乏 2009 年数据，但 2011 年数据为 3 亿美元，其后逐年增长，所以 2009 年销售额预计少于 3 亿美元。（ii）测度指标和专利检索方法同表 6-1。（iii）2010 年之后北京、上海、深圳、合肥、杭州都陆续出台了私人购车的地方扶持政策，但芜湖既没有中央补贴，也缺乏地方政策。（iv）众泰集团的总部所在地是金华，但新能源事业部主要设在杭州，还有一个制造厂设在长沙。

程度上也反映在技术能力上。2010 年私人购车试点开始，本书就用 2009 年的母公司销售收入测度企业当时的资本实力——因为我国新能源汽车的产销事业部或分公司在前几年都依赖于母公司资金投入。之所以不用后几年例如 2013 年之后的销售额来作为资本实力的测度，是要避免因果关系的内生性问题，因为企业选定的技术路线会影响到 2009 年之后的销售额。同理，本书用截至 2009 年年底的电动汽车相关专利申请量来测度技术能力。由于我国新能源汽车是一个政策驱动的产业，政策的支持对于企业同样很重要。政策扶持的高低用企业所在城市来测度。所在城市关系到企业能从中央和地方获得多少扶持。一个城市列入了国家示范城市名单，才能获得中央财政的购车补贴；财政实力允许的地方还会提供本地扶持。此外，由于我国或明或暗的地方保护主义存在（详见第七章），所在城市往往是车企最大、最稳固的市场。

根据这三个角度的综合评分，比亚迪和上汽所拥有的综合资源最高；奇瑞的技术能力雄厚，不过早年受制于芜湖不是示范城市，又是三四线城市，所以政策扶持较少，综合资源中等①；其他三个企业由于早年资本实力和技术能力较弱，所以综合资源较弱。对比它们的技术多样化程度可知，企业的资源拥有量越多，就越倾向于技术路线多样化。

事实上，北汽新能源总经理在接受媒体访谈时同样曾经表达过这个观点：北汽资源有限，必须集中精力做好纯电动产品，力求在这个领域形成国内领先、全球知名的品牌②。这也是北汽和北京市政府协商后的共识③。

（三）对市场和技术不确定性的预期

新能源汽车具有多样化的技术路线。尽管纯电动和插电式目前是我国主要的两种技术路线，但丰田公司已经将燃料电池汽车付诸商业

① 由于芜湖不是示范城市，没有补贴，所以奇瑞在外地销售正常的锂电池电动汽车遇到不少困难。据笔者从奇瑞新能源的高层处了解，他们当年在合肥挂牌销售 600 辆锂电池电动汽车就费尽周折。

② 参见腾讯汽车报道《坚持纯电动路线北汽新能源欲打造全球知名品牌》，http：//auto. qq. com/a/20140817/008871. htm。

③ 资料来自笔者访谈。

化，欧盟从1990年至今曾在纯电动和氢动力两种能源上摇摆不定①。未来技术和市场的不确定性是一个重要的影响变量。

根据对比亚迪、上汽、北汽和江淮四个企业的访谈记录，表6-4摘录了高层关于未来不确定性的相关语句。可以看出，上汽对于未来不确定性的预期非常高，事实上这也的确是上汽在各条技术路线上全面拓展甚至将来要去做强混合动力的重要原因。比亚迪相对中等偏低，因为它认为未来市场一定是插电式和纯电动，不过对二者市场份额有一个“30%和70%”的粗略估计。江淮的不确定性预期更低，认定未来一定是纯电驱动，不过2020年前由于CAFE的影响，还得有一些强混合动力产品。北汽由于北京市政府对纯电动的力主支持，所以对未来不确定的预期同样很低。再对比这四家企业的技术路线多样化程度，特别是比较上汽和北汽这两组极端值就能得出，企业对未来市场和技术不确定性的预期越高，就越倾向于技术路线多样化。

第九节　本章小结

现在回到研究问题：示范推广如何影响企业的战略选择？由案例分析可见，单个企业内部技术路线变迁的驱动因素很多，宏观经济社会环境、汽车产业传统体制、新兴市场需求、新技术知识和企业自身特征都是因素，示范推广政策同样也是其中之一。

横向比较，各个新能源汽车企业技术路线出现差异的因素主要包括地方政府的影响、企业拥有资源的多寡及企业对未来市场和技术不确定性的预期。企业拥有资源越多，或对未来市场和技术感到越不确定，那么就会越倾向于技术路线的多样化。

本章的另一个重要发现是，政府的示范推广政策作为一个显著要素，影响企业战略的机制分别为经济激励、监管和塑造预期。此外，政府也能通过直接介入决策来影响所属国有企业的技术路线。

① Bakker, Sjoerd and Björn Budde, "Technological Hype and Disappointment: Lessons from the Hydrogen and Fuel Cell Case", *Technology Analysis and Strategic Management*, Vol. 24, No. 6, 2012.

由此可知，在我国，政府的示范推广政策和其他举措对企业战略选择的影响是显著的，其影响机制包括经济激励、监管、塑造预期和影响决策。

值得注意的是，这些机制中有经济激励是正常的市场逻辑，但有些案例显示，示范推广政策的影响力要大于市场或技术因素，使企业不按照正常的技术或市场逻辑制定策略。那么更深层的理论问题就是：为什么示范推广政策能够压倒一般的市场和技术逻辑，驱动企业的战略选择？

组织研究的新制度主义为此提供了理论基础①。组织场域（organization field）内制度存续的原理是在于制度为组织场域提供了三个基础要素——管制规则（regulative rules）、规范规则（normative rules）和认知规则（cognive rules）。管制规则是指法律、标准、监管政策等正式制度要素；规范规则是指组织因其身份而遵循组织场域内的规范要素，如价值、职责、义务、社会预期等；认知规则是指因组织场域内共享的文化、理念、信仰等产生的制度要素。一个产业部门内的制度体系能长期存在，其稳定的基础就在于这三条制度规则②。我国的新能源汽车发展是一场国家驱动的绿色转型，示范推广政策就是基于这三条制度规则来促进企业的技术路线变迁，具体的机制体现为塑造预期、介入决策和监管。

塑造预期的原理是在国家驱动的绿色转型中，政府建立新产业的合法性、引导企业搜索的功能，而且建立合法性在前，给企业以很强的引导。政府打破了企业基于传统汽车市场和技术情形所固化的认知规则，使企业在利基尚未强大到改变体制内传统汽车市场和技术规则时，能够根据政府的态度、政策信号做出超前的战略判断，发现新的

---

① Powell, Walter W. and Paul J. DiMaggio, *The New Institutionalism in Organizational Analysis*, Chicago, IL: University of Chicago Press, 1991; Scott, W. Richard, *Institutions and Organizations: Ideas and Interests*, London: Sage, 2008.

② Geels, Frank W., "A Socio-Technical Analysis of Low-Carbon Transitions: Introducing the Multi-Level Perspective into Transport Studies", *Journal of Transport Geography*, Vol. 24, September 2012.

生产机会，从而树立新的认知规则，制定未来的目标和计划①。

影响决策的原理是基于企业身份而产生的规范性规则——国有企业服从政府，所以北汽和上汽都在不同程度上与政府协调沟通、接受了政府的引导。类似的案例还在中国移动通信和大唐电信开发3G技术标准时存在，按照工信部的意图去开发TD标准②③。即使是私有企业，如果企业资源和能力不够，常常得依靠与政治建立关联，遵从政府的意图，来生存和增长④。

监管规则更加直观，就是政策制定汽车节油排放的“CAFE法则”，利用这条标准来驱动企业在混合动力没有补贴的情况下，开始探索强混合动力汽车。

当初在企业既看不到新能源汽车的市场，又从未接触过相关技术时，国家节能减排的要求、技术追赶的决心和“863”计划的支持塑造了企业的良好预期，使各个企业先后投入新能源业务。大部分企业被“纯电驱动”的补贴方向所引导，选择了能获得补贴的插电式和纯电动路线，且都使用了锂电池。在插电式和纯电动的技术选择上，即使插电式比纯电动乘用车更受市场欢迎，上汽和北汽由于受到地方政府不同程度的介入影响，将纯电动分别作为其辅助路线和主要路线。尽管有“纯电驱动”的经济激励，由于预期2020年之后仅依靠该方向的路线无法满足乘用车平均燃料消耗限制（CAFE）的监管规定，上汽和江淮未来将重新开发拿不到补贴且与丰田等国外厂商差距较大的强混合动力技术。随着国内新能源汽车政策支持力度的日益加

---

① Budde, Björn, et al., “Expectations as a Key to Understanding Actor Strategies in the Field of Fuel Cell and Hydrogen Vehicles”, *Technological Forecasting and Social Change*, Vol. 24, No. 6, 2012; Hamel, Gary and C. K. Prahalad, “Strategic Intent”, *Harvard Business Review*, Vol. 67, No. 7, 1989; Penrose, Edith Tilton, *The Theory of the Growth of the Firm*, Oxford University Press, 1995.

② Gao, Xudong, “A Latecomer’ s Strategy to Promote a Technology Standard: The Case of Datang and TD-SCDMA”, *Research Policy*, Vol. 43, No. 3, 2014.

③ 参见财新网对此的系列专题报道《TD式创新》，http://topics.caixin.com/tdscx/index.html。

④ Zheng, Weiting, et al., “Buffering and Enabling: The Impact of Interlocking Political Ties on Firm Survival and Sales Growth”, *Strategic Management Journal*, Vol. 36, No. 11, 2015; Zhu, H. and C. -N. Chung, “Portfolios of Political Ties and Business Group Strategy in Emerging Economies: Evidence from Taiwan”, *Administrative Science Quarterly*, Vol. 59, No. 4, 2014.

强，各企业都对未来有着强烈的信心，坚持在选择的技术路线上走下去，或像众泰那样进入更有市场吸引力的路线上。由此可见，从当年进入新能源领域到未来路线选择，企业始终受到国家政策和地方政府相关举措的重要影响。在复杂多样化的制度环境中，政府和政策成了企业技术路线战略的一条主要逻辑，甚至要比市场和技术逻辑更重要。

第七章

摸着石头过河的政策变迁

本章旨在回答第四个研究问题：在中国的绿色转型中，产业的发展如何影响政策，推动政策变迁？在新能源汽车行业的现实背景中，国家的主导技术路线政策、产业化政策和补贴政策都经历了多次变化和丰富，受到大量争议。本章将以这些政策为案例来回答研究问题。因为这些政策的类型不同，本章首先将设计一个分类框架，在框架内选择有代表性的案例，以利于跨案例比较归纳。

第一节　研究设计

一　政策分类框架

第四章详细回顾了我国中央政府促进新能源汽车政策演进过程，构成了一个复杂政策体系。研究这样一个复杂政策体系的变迁须解构该体系，分门别类地观察不同类型政策的变迁机制，再总结归纳异同点。

（一）分类维度一：政策层级体系

政策变迁是一个分层次的过程，不同层级内的政策内容、变化广度和深度、参与主体都有不同①。这为本章分析政策的变迁提供了富有洞见的理论基础。

---

① Bennett, Colin J. and Michael Howlett, "The Lessons of Learning: Reconciling Theories of Policy Learning and Policy Change", *Policy Sciences*, Vol. 25, No. 3, 1992; Hall, Peter A., "Policy Paradigms, Social Learning and the State: The Case of Economic Policymaking in Britain", *Comparative Politics*, Vol. 25, No. 3, 1993.

在同一个政策制定主体发布的政策体系内，公共政策体系的层级分解方法有若干种。比如 OECD 将政策分为政策领域（policy domain）、政策依据（rationales）、战略任务（strategic task）和政策工具（policy instrument）[①]；也有将政策分为总体政策目标（overarching goal）、政策工具、工具设定（precise setting of instruments）[②]。事实上，无论哪一种分法，从上到下逐层细化，上下层级的政策往往目标和手段之间的关系，即上级政策规定了下级政策的目标，下级是上级的实现手段，下级政策手段的选择受制于上级政策，上下级政策的目标和手段相一致是保证政策效果的前提[③]。研究政策的变迁过程应当将该复杂体系予以分解，去剖析同一层次政策的演化。

综合上述划分方法，本章将一个产业部门内的转型政策体系分解为战略任务（strategic mission）、支撑工作（supporting task）、政策工具（policy instrument）、政策细则（policy calibration）四个层级，如图 7-1 所示。战略任务是为了实现行业发展总目标，政府所要解决攻克的大问题、需完成的基本工作，它起到了政策目标的作用，是下层政策展开的依据；支撑工作则是为了完成使命，政府要解决的实际问题、需要做好的具体工作；政策工具则是落实任务的具体手段；政策工具的细则就是操作方案。

图 7-2 以新能源汽车政策为例阐释上述转型政策层级体系。战略任务之一是做好汽车、电池、电机等科技研发。为了完成科技研发的战略任务，一项支撑工作是零部件技术的基础研究，另一项支撑工作是应用层面的整车开发。科技部“863”计划和工信部“产业创新工程”都是落实支撑工作的具体政策工具。“863”科技计划的指南制定和资金分配方案则是政策细则。除了科技研发外，另一项战略任务就是产品的推广扩散。为了完成这个战略任务，一项支撑工作就是调

① OECD，*OECD Science*，*Technology and Industry Outlook* 2010，Paris：OECD Publishing，2010.

② Hall，Peter A.，“Policy Paradigms，Social Learning and the State：The Case of Economic Policymaking in Britain”，*Comparative Politics*，Vol. 25，No. 3，1993.

③ Howlett，Michael，“Governance Modes，Policy Regimes and Operational Plans：A Multi-Level Nested Model of Policy Instrument Choice and Policy Design”，*Policy Sciences*，Vol. 42，No. 1，2009.

动刺激潜在用户的购车需求，另一项工作是铺设充换电基础设施。给予购车补贴、减免有关税收都是刺激购车需求的政策工具。购车补贴的金额标准、资格、补贴方式、范围等都是具体的政策细则。

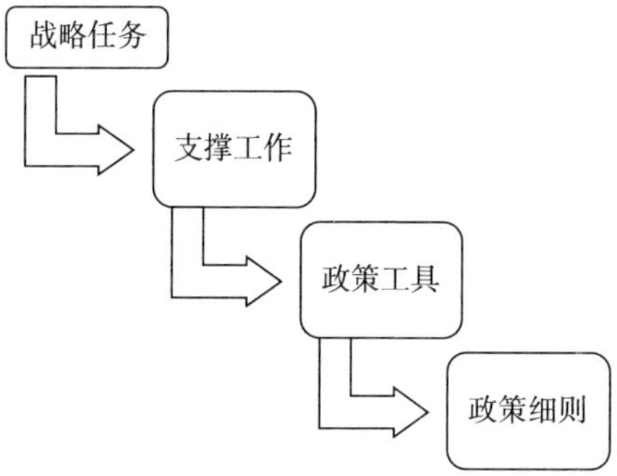

图 7-1　转型政策层级体系

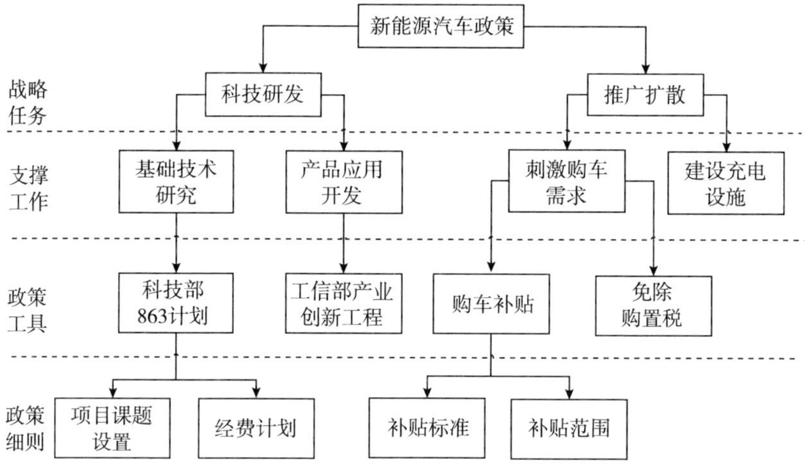

图 7-2　新能源汽车领域政策层级示例

（二）分类维度二：政策功能

创新政策根据其对创新活动的作用机制差异可分为多种类型，相异类型的政策可能有不同的驱动因素，例如科技研发政策的影响因素可能更偏向技术本身的发展规律，而推广环节的税收优惠政策的影响因素可能跟产品性质有关。

根据功能分类创新政策的最经典方式之一就是按新古典主义经济学的“供给—需求”框架，分为“供给侧政策”和“需求侧政策”。供给侧表现为推动技术开发（technology-push）的政策，需求侧表现为拉动市场（market-pull）的政策①。前者主要是用于降低创新成本、为市场提供更多优质产品，如政府研发投入、研发税收减免、信息基础设施建设等；后者则主要用于通过提高创新者的预期收益来诱导创新、加速创新扩散，如政府采购、消费税减免、知识产权保护等。该分类法形象地表征了政府在新兴技术创新过程中的功能，在低碳和清洁能源技术等领域的研究中得到了广泛的应用②。

落实到新能源汽车领域，功能在需求侧的政策主要表现为给新能源汽车及相关行业如充电设施企业提高收益、创造市场空间。刺激市场需求、建设基础设施、建设统一市场都属于需求侧任务。供给侧的政策则着力于为市场提供更多优质产品，比如进行基础技术和产品的开发、提供“863”项目等科技自主活动，还包括产业监管——有助于保障产业的良性发展，避免出现品质低的企业和产品。

根据以上层级和功能两个维度，理论上能得出一个如图 7-3 所示的 4×2 政策分类基础框架。但在产业实际中，有些政策的边界并不清晰，会跨多个位置，具体情况详见后文。

二　案例选择

根据本章开头所提出的一系列新能源汽车现实政策问题和前文的政策分类框架，本章选择了 6 个案例，如表 7-1 所示，其中案例 3 和案例 4 联系紧密。图 7-4 展示了它们在分类框架中的位置。

---

① Edler, Jakob and Luke Georghiou, “Public Procurement and Innovation-Resurrecting the Demand Side”, *Research Policy*, Vol. 36, No. 7, 2007; Mowery, David C. and Nathan Rosenberg, “The Influence of Market Demand upon Innovation: A Critical Review of Some Recent Empirical Studies”, *Research Policy*, Vol. 8, No. 2, 1979; Rothwell, Roy and Walter Zegveld, *Reindustrialization and Technology*, Armonk, NY: M. E. Sharpe, 1985.

② Díaz Anadón, Laura and John P. Holdren, “Policy for Energy Technology Innovation”, In *Acting in Time on Energy Policy*, edited by Kelly Sims Gallagher, Washington DC: Brookings Institution Press, 2009; Nemet, Gregory F., “Demand-Pull, Technology-Push, and Government-Led Incentives for Non-Incremental Technical Change”, *Research Policy*, Vol. 38, No. 5, 2009.

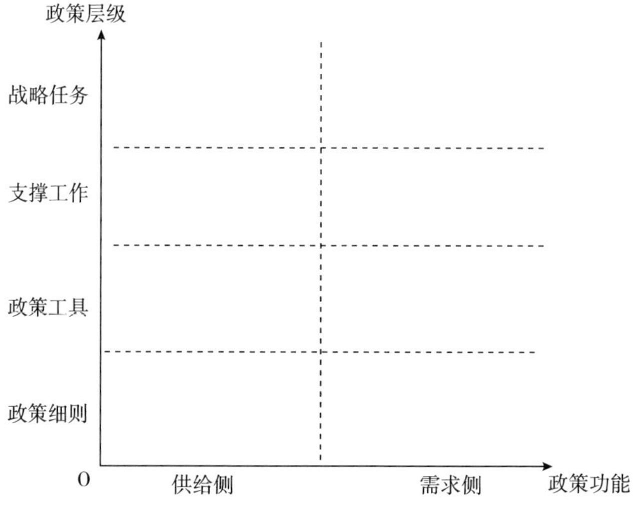

图 7-3　政策分类框架

表 7-1　政策案例选择

本章案例编号	案例主题	变化内容
第二节　案例 1	发展战略	1999 年清洁汽车研发推广→2001 年电动汽车技术研发→2009 年电动汽车示范推广
第三节　案例 2	主导技术路线	1999 年燃气汽车→2001 年电动汽车“三纵”→2012 年“纯电驱动”
第四节　案例 3	推广政策	单纯刺激市场需求→克服地方保护+加快基础设施建设
第四节　案例 4	刺激市场需求政策	单纯的购车补贴→公交运营补贴+免除购置税+交通管理措施
第五节　案例 5	产业监管	引入平均燃料消耗限值管理+整车和电池企业准入
第六节　案例 6	补贴细则	2009—2012 年细则→2013—2015 年细则→2016—2020 年细则

注意到除了左下角“政策细则—供给侧”这个空格没有案例外，其他几个位置都有一个案例。事实上，我国“863”计划对新能源汽车的支持经历多个五年计划，特别是系统化的“十五”到“十二五”，对政策细节的课题和项目设置做了一些调整，这些课题项目的调整就是供给侧的政策细则变化。尽管这些调整适合于分类框架的左下角位置，但是这些调整的幅度并不明显，都在“三纵三横三大平

台”的框架下进行课题和项目的增减微调，原因是根据国内技术研发的情况进行调整[①]。而且，这部分政策的社会争议也很小，整体政策变化程度不明显，因此本章就不特别研究该政策细则的变化。

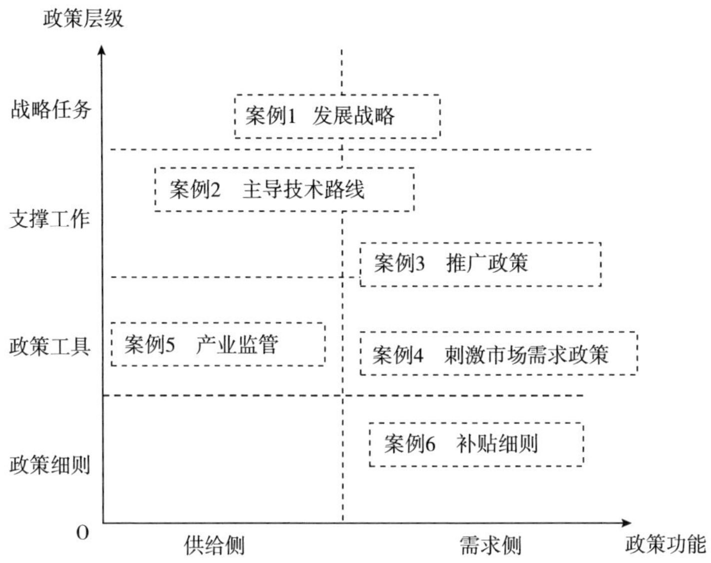

图 7-4 案例选择

案例 1 是新能源汽车的发展战略变迁。虽然“八五”时期我国就开始了电动汽车的研发，但新能源汽车系统化工程的序曲始于 1999 年的“清洁汽车行动”，表明国家要研制和推广包含电动汽车在内的各类清洁汽车。随后 2001 年中央对电动汽车专门部署了“863”计划重点专项，将电动汽车的技术研发作为重要战略任务。2009 年的电动汽车示范推广则标志着我国启动了产业化的使命。由于这三步发展战略混合了技术研发和市场推广，所以它在分类框架中横跨了最顶上的两格。

案例 2 是国家主导技术路线变化，它是一项比较特殊的支撑工作，主要服务于科技研发的战略任务，但也通过推广扩散来配合。要

① 欧阳明高：《中国新能源汽车的研发与展望》，《科技导报》2016 年第 6 期。

完成科技研发的战略任务，我国将选择性地支持技术路线作为一项基本工作，通过技术路线的规划和科技计划来支持该任务，同时配套补贴政策以引导企业。清洁汽车行动开始时，当时我国还没有“新能源汽车”的概念，清洁汽车行动的主导路线与关注点是燃气汽车，注重燃气汽车的研发和推广普及——毕竟相对于燃油汽车，天然气也是一种“新能源”；电动汽车虽然是清洁汽车，但尚处于科技部攻关计划的研发阶段。2001 年启动重大专项后，电动汽车成为我国清洁汽车研发的焦点，其主导技术路线为“三纵三横”中的“三纵”（纯电动、混合动力、燃料电池）；2012 年主导技术路线又变更为“纯电驱动”。普通混合动力虽仍为“三纵”之一，但不如另外“两纵”受重视，到了“十三五”新能源汽车试点专项后体现得更明显[①][②]；而且也没有了推广补贴[③]。综上，主导技术路线主要体现在中长期技术规划、科技计划等供给侧政策，国家实际上也通过需求侧的补贴政策给予了辅助配合。所以主导技术路线以供给侧为主，需求侧为辅，在图 7-3 中跨了两格。

案例 3 和案例 4 都是电动汽车推广这项战略任务下的支撑工作和具体政策变化。为完成推广目标，首要的支撑工作是刺激市场需求，后来政府又意识到要解决其他配套工作如克服地方保护、铺开基础设施建设等。案例 3 刻画了从单纯刺激市场需求到引入各项配套工作的支撑工作变迁，其中引入了具体的若干项政策工具来完成，政策工具和支撑工作无法分离描述，而且各项支撑工作所属的政策工具出台时间互相交织，所以案例 3 实际上跨了分类框架的两层，略与“政策工具”层重叠。案例 4 集中在刺激市场需求这项工作下，描绘了从单一购车补贴的政策工具到多项其他工具引入的变化过程，是在“政策工具”层。因为它在政策工具这个单一层的变化更为突出，所以将其单列为一个子案例。两个子案例都属于需求侧政策。

---

① 欧阳明高：《中国新能源汽车的研发与展望》，《科技导报》2016 年第 6 期。

② 自 2016 年起实施的“新能源汽车试点专项”布置了 6 条技术创新链，只有纯电动力、插电/增程和燃料电池的动力系统，没有普通混合动力。

③ 不过作为节能汽车的一种，普通混合动力轿车享有针对 1.6 升排量以下的 3000 元补贴。

案例5是国家在产业化过程中除了加强推广，还需要适当地引入产业监管政策，使企业能向市场提供更多、更优的电动汽车产品。在已有的商用车排放限制规定上，我国设立了乘用车燃料值限值，规定了未来汽车排放的限制；后来又引入了整车企业和电池企业的准入管理规定，对新进企业的资质做了一定要求。这些都是供给侧的监管政策工具。

案例6是刺激需求下财政补贴这一政策工具的细则变迁。补贴是我国新能源汽车产业化中最重要的政策。我国的补贴政策共推出了三轮，这三轮的政策经历了很大变化。这是一个典型的需求侧的政策细则。

三　案例分析方法

六个案例是政策的不同层级，不是同质性的分析单元，在案例内的因果关系也非同类，所以不能相互比较来推断某个自变量是否能解释共同的因变量①。不过，本书遵循的是案例导向路径，用过程追踪法（Process Tracing）在案例内就确立了因果机制，将影响因素抽象化之后，互相比较来归纳推广所观察到的模式。在每个案例内部分析时，本书着重分析每一次技术路线或政策变化时的原因，经过多次变化之后就能形成一个事情演变的命题。这个过程实际上在单个案例内部形成了多个微小的案例。在操作时，本章以访谈对象或调研所得为直接证据，再辅助其他来源的数据。由于研究对象并非资料难得或需要猜测的历史事件，而是当下正在进行的事件，所以这些直接证据对原因的判定相当强，提供了“烟枪”检验或“双重决定性”检验。但本章在技术路线差异化的比较部分应用了变量导向路径，通过跨案例对比不同企业间的自变量和技术路线变异程度，来推断自变量与因变量的因果关系。

在得到一个案例内的命题之后，本书遵循案例间的复制逻辑，在不同案例内去复制理论，发现具有普遍性的因果推论。由于一个案例内已经能够建立较为清晰的因果机制，具有内部效度；所以使用多案

① King, Gary, et al., *Designing Social Inquiry: Scientific Inference in Qualitative Research*, Princeton, NJ: Princeton University Press, 1994.

例比较的原因在于增加案例研究外部效度，即让研究结论从一个案例的特定情形向理论予以推广①。倘若无法推广，那么说明该命题或该变量适用于个别案例内部，依赖于具体语境，不宜推广到普遍场合，但并不是说该命题或解释变量就是错误的，因为它也提供了某种社会信息，说明了某个变量在什么情形下能发挥作用②。图 7-5 展示了案例研究逻辑。

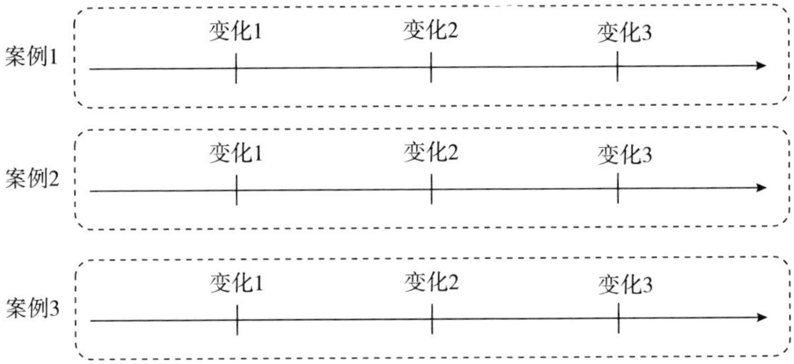

图 7-5　案例研究逻辑

第二节　案例 1　发展战略变迁

我国的新能源汽车发展史有三项重要的政策：1999 年的“清洁汽车行动”、2001 年的电动汽车重大专项、2009 年的“十城千辆”工程。这三项政策文件实际上标志着国家启动了新能源汽车的三项战略任务。

一　清洁汽车行动

清洁汽车行动的意义在于，我国首次在国家层面规范定义了有别于传统燃油汽车的、增添了新型能源动力基础并大大降低排放污染的一类汽车——“清洁汽车”，提出要全面研发燃气汽车、电动汽车及

① Gibbert, Michael, et al., “What Passes as a Rigorous Case Study”, *Strategic Management Journal*, Vol. 29, 2008.

② Small, Mario Luis, “How Many Cases Do I Need? On Science and the Logic of Case Selection in Field-Based Research”, *Ethnography*, Vol. 10, No. 1, 2009.

其他代用燃料汽车，而且组织在全国若干试点城市开始推广，将清洁汽车的研发和推广都纳入国家政策。在该政策中，燃油汽车的清洁化和燃气汽车被列入近期目标，而发展电动汽车被列入了国家中长期目标。这种对于各种汽车做出的长期安排具有较为全面的战略意义，国家发改委和科技部等投入10亿元以上资金用于支持相关一系列技术的研发和产业化，两年后的“十五”时期电动汽车重大专项就是清洁汽车行动纲领下的重要举措，其他代用燃料汽车如燃气汽车（LPG，LNG，CNG）、甲醇汽车、二甲醚汽车也在后来取得了充分进步①。更重要的是，后来的“节能与新能源汽车”示范推广工程与清洁汽车行动的试点城市模式、部际联席合作模式、基础设施规模建设等举措一脉相承，学习了清洁汽车行动推广燃气汽车的政策做法，是清洁汽车行动的有机延续。因此，虽然从1991年“八五”时期起国家就通过科技攻关计划安排电动汽车，1996年“九五”时期伊始进一步启动重大科技产业工程，但都是当时国家科委的科研项目，从历史上看不如14个部委联合的清洁汽车行动的意义更为重要，所以清洁汽车行动可视为我国发展新能源汽车的第一个突出的战略起点。

国家启动清洁汽车行动的出发点在于减少汽车尾气排放污染，其次是降低交通对石油的依赖。从1988年制定《中华人民共和国大气污染防治法》以来，国家就将防治车船尾气污染列为改善大气环境的一个必要举措。1990年的国办发〔1990〕64号文指出“支持节能汽车排气净化装置发展”。那个时候我国的油品不大好，尾气排放比较重，当时国家环保局的数据统计表明，北京低空大气污染的因素有70%要归结到尾气排放上，其他城市也比较糟糕②。此外，1996年国家制定了《中国节能技术政策大纲》，提出要制定汽车能耗标准，在“九五”时期要大力推广天然气公交车，以减少国家对石油的依赖。

经过“八五”时期以来的多年努力，当时我国已经在燃油汽车的清洁化上具备了一定的技术基础，掌握了燃油电子喷射等技术；在燃气汽车上改装了10000多辆汽车，并建成了70多座加气站，制定了

① 王秉刚：《中国清洁汽车行动的成就与展望》，《汽车工程》2005年第27期。

② 王秉刚：《对我国燃气汽车问题的认识和建议》，《世界汽车》1999年第8期。

10余项国家标准；在电动汽车研发上也已经能生产样车并有17辆在汕头南澳岛示范运行，制定了20多项国家标准。但是，这些工作缺乏整体规划、统一领导，造成了如下几个问题：各地一哄而上，低质量产品很多；燃气汽车的储气瓶等欠缺标准规范，五花八门，分布在各地，造成了安全隐患；燃气汽车的总体产品技术水平仍然不高，环保效果不够好；加气站基础设施建设比较滞后；电动汽车的研发越来越有紧迫性①。所以，国家才决定把燃油汽车清洁化、燃气汽车、电动汽车以及其他代用燃料汽车放入“清洁汽车”的门类下，统一规划和制定配套政策，以净化空气，建立清洁汽车产业，成为新的经济增长点②。

清洁汽车行动标志着我国开始以国家力量系统支持包括新能源汽车在内的清洁汽车从基础研究到推广应用的全生命周期工作，分为近期和中长期任务，要将研发、示范、推广、产业化应用结合起来。

二　电动汽车技术研发

清洁汽车行动实施不到两年，我国就启动了具有重要历史意义的“十五”“863”计划电动汽车重大专项。在科技计划这项政策上，虽然“八五”“九五”已经有科技攻关计划部署电动汽车的研究，但那些项目的意义与“十五”“863”计划重大专项尚有差距③。首先，1991年的“八五”攻关计划和1996年的“九五”国家重大科技产业工程中关于电动汽车的项目具有很强的前期探索意味，尚未形成系统的研究方案和技术路线规划；1999年启动的清洁汽车“十五”攻关计划则不完全针对电动汽车，大量比重在于燃油汽车清洁化和燃气汽车的技术攻关。但电动汽车才是新能源汽车的主体，是国家在后来的主攻方向。其次，清洁汽车“十五”攻关计划的国拨经费合计只有

---

① 徐冠华：《实施清洁汽车行动，促进空气净化工程》，《中国科技月报》1999年第5期。

② 徐冠华：《实施清洁汽车行动，促进空气净化工程》，《中国科技月报》1999年第5期。

③ 关于我国中央政府各项科技计划的差别，可参考苏竣《公共科技政策导论》，科学出版社2014年版。

7000万元，还不到“十五”“863”计划的1/10①，从经费规模上不可同日而语，由此在一定程度上展现了意义重要程度的差异。最后，科技攻关计划和“863”计划的定位也有差异。攻关计划的目标在于“促进产业技术升级、解决社会公益性重大技术问题为主攻方向……坚持市场导向、需求牵引”②，是一个需求拉动的项目。正如上文所述，“八五”“九五”时期国家面临的重要产业技术需求就是减少汽车对空气的污染、减少能耗，在此目标指引下设立项目就符合攻关计划的宗旨。“863”计划则定位于“战略性、前沿性和前瞻性高技术问题”③，体现了国家出于战略目标进行前沿部署的特色，立意更长远，更偏向于“供给侧”推动，基础研究的意味相比于攻关计划更浓。将电动汽车放入“863”计划的重大专项，说明了国家要集中力量对电动汽车进行长期的基础研究和重点研发攻关，在国家科技发展全局中的地位进一步抬升。所以，2001年启动的重大专项标志着我国新能源汽车发展的第二个重大战略任务就此开始。

在电动汽车重大专项中，我国财政配套投入经费8.8亿元，这是我国第一次对电动汽车研发投入大量资金，并进行系统的技术路线布局。它的历史意义在于确立“三纵三横”的研发布局——“三纵”包括燃料电池、混合动力和纯电动，如图7-6所示，全面推动电动汽车整车开发和关键零部件核心竞争力的提升。同时在技术标准、基础设施、政策法规三个问题上设立“三大平台”。在“三纵三横三大平台”的9个研究领域中，国家共设立了230个课题④。

我国之所以启动电动汽车重大专项，节约能源、降低石油依赖和减少空气排放污染是两个基本的原因。随着经济快速发展，我国长期以来石油消耗量大于国内产量，自1993年以来形成了较大的对外依存度，每年净进口量的平均增幅为34%，2000年的净进口量达到

① 科学技术部：《这十年——现代交通领域科技发展报告》，科学技术文献出版社2012年版。

② 参见《国家科技攻关计划管理办法》。

③ 参见《国家高技术研究发展计划（863计划）管理办法》（国科发计字〔2001〕632号）。

④ 科学技术部：《这十年——现代交通领域科技发展报告》，科学技术文献出版社2012年版。

6960 万吨，而消费量为 2.3 亿吨，当年对外依存度超过 30%，且当时预计这个缺口将不断增长①。另外，国内天然气资源虽然储量丰富，但是市场开拓难度大，因为西部地区上游开采投入大，主要位于东部的下游消费群体对气价承受能力不强②。所以，如果依赖于燃油或者天然气作为交通运输的能源，那么我国潜在的巨大汽车消费市场规模会加剧国家的对外能源依赖负担，不利于国家能源安全③。在 2000 年前后，国际原油价格波动加剧，以 2010 年美元不变价计算，当时每桶价格从 1998—1999 年的 10 美元出头飙升至 2000 年年初的 34 美元④。这更使寻找化石能源之外的新能源汽车成为必要。在净化空气方面，电动汽车相比燃油车和燃气车更具有减排效果。

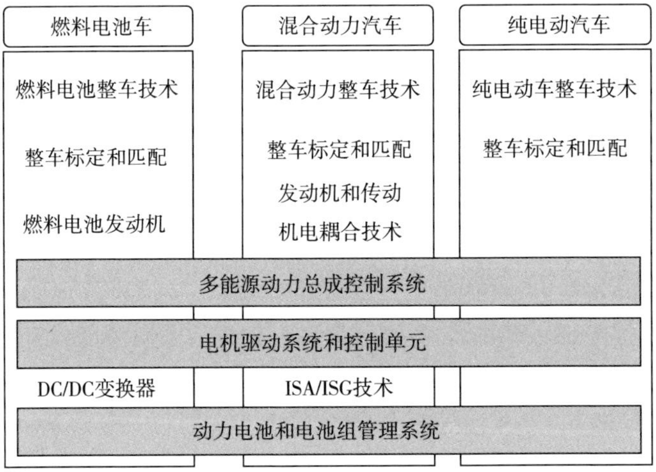

图 7-6 "三纵三横"布局

资料来源：欧阳明高：《中国新能源汽车的研发与展望》，《科技导报》2016 年第 6 期。

除了以上两个原因外，还有一个最根本的动机是国家希望凭借电

① 资料来源：《中国能源统计年鉴》；《中国石油工业"十五"规划》；田春荣：《2000 年中国石油进出口状况分析》，《国际石油经济》2001 年第 3 期。

② 《中国石油工业"十五"规划》。

③ 王青：《从技术跟随到战略布局：新能源汽车技术革命与中国应对战略》，上海远东出版社 2012 年版。

④ http：//www.wtrg.com/prices.htm.

动汽车技术这块跳板，实现对西方汽车工业的赶超。众所周知，中国汽车工业长期落后于西方，为了谋求技术追赶，提出“以市场换技术”的战略，通过合资合作的形式引入国外汽车企业与本国企业合作，试图来引进消化技术，谋求发展。但事与愿违，与外国合资的国有汽车企业并没有实际掌握汽车的核心技术，技术不断引进又不断落后[①]，对跨国公司形成了技术依赖，实际上变相成为外国品牌汽车的国内生产基地，只能从事汽车产业价值链的低端工作，令国人非常心痛[②]。创建自主品牌，走向自主创新成为有识之士的共同呼吁[③]。2000 年前后，国内外分别有一部分汽车技术专家各自向国务院提交了政策建议，推动国家发展电动汽车。国内方面，原二汽集团董事长黄正夏一直非常关心电动汽车的发展，在“九五”时期就撰文呼吁将电动汽车列入重点规划，可以免除内燃机系统的复杂结构和各种负面效应，走一条历史性跨越之路[④]。2000 年 12 月 1 日，他又给朱镕基同志写专题报告，呼吁把电动汽车作为传统汽车工业改进和发展的“切入点”，并支持混合动力汽车，报告迅速得到了国家领导人的批示[⑤]。国外方面，2000 年 9 月，国内的有关专家联合一批在德国工作的华侨汽车专家一起给科技部写信，建议中国汽车工业要实现跨越式追赶就必须依靠清洁汽车，得到了科技部的高度重视[⑥]。那个时候，科技部正在具体组织编制“十五”科技发展规划[⑦]，为了实现技术突破和跨越发展，决定实施一批重大科技专项，在若干国内产业技术条

---

① 据统计，我国的技术引进和消化吸收经费之比在 2002 年只有 1∶0.08，远低于当年日本、韩国的 1∶5。参见中国汽车技术研究中心《中国汽车产业发展报告 2008》，社会科学文献出版社 2009 年版。

② 王青：《从技术跟随到战略布局：新能源汽车技术革命与中国应对战略》，上海远东出版社 2012 年版；蒋学伟、路跃兵等：《中国本土汽车企业成长战略》，清华大学出版社 2015 年版。

③ 路风：《走向自主创新：寻求中国力量的源泉》，广西师范大学出版社 2006 年版。

④ 黄正夏：《关于把电动汽车列入“九五”重点发展规划的建议》，《中国科技论坛》1996 年第 2 期。

⑤ 李思蕾：《披荆斩棘铸二汽》，《东风汽车报》2013 年 8 月 21 日。

⑥ 参见同济大学官方新闻介绍，http：//news. tongji. edu. cn/classid-18-newsid-301-t-show. html。

⑦ 规划正式发布日期是在 2001 年 5 月，http：//www. gov. cn/gongbao/content/2002/content_61374. htm。

件差距相对较小或具备参与国际竞争的领域布置项目，汽车就是其中之一[①]。电动汽车寄予了我国汽车工业追赶升级的宏大理想，2001 年 10 月重大专项正式启动[②]。

这个宏大理想源自我国在传统汽车路径上超越的现实困难。从技术角度看，传统汽车使用的是内燃机系统，它包含发动机、变速箱、离合器等一整套较为复杂的动力体系，需要一系列传感和自动化控制技术来提高汽油喷射效率和燃烧效率、降低做功的噪声、减少尾气排放和毒性等，技术壁垒较高。西方国家经过了百余年的发展，日本、韩国也有 30 年的发展，积累了大量的技术、专利、标准和品牌，掌控了许多关键零部件如电喷、自动变速箱等[③]，形成了强大的产业联盟，使得我国要通过内燃机汽车技术体系实现追赶超越的难度很大[④]。从市场角度看，跨国公司通过合资企业占据了国内轿车市场的中高端消费者，但又不肯真心实意分享技术给我国企业[⑤]；自主品牌只能占据品牌忠诚度差、价格敏感、利润率薄的低端市场，使企业积累资金和提高技术的速度都相对较慢[⑥]。所以，在传统汽车上比拼，我国落后太多，按照相关专家的说法，至少落后 20 年[⑦]。我国的十大汽车集团每年在中国汽车工业协会召集下开 T10 峰会，当时一致认为我国在传统汽车上与国外差距至少 20 年，甚至不少人认为是 50 年，根本追

---

① 参见“十五”国家重大科技专项介绍“指导思想和基本原则”。

② 贾婧：《风驰电掣，驶向未来——863 计划支持电动汽车及相关研究纪实》，《科技日报》2011 年 4 月 14 日。

③ 据 2013 年的一个报道，我国整车企业的自动变速箱技术仍然高度受制于国外企业，每年需进口 300 亿元以上的自动变速箱动力总成，15 万元以上的整车几乎都是国外的变速箱。参见王丽歌《全球最大汽车市场尴尬：中国每年进口变速箱超 300 亿元》，《第一财经日报》2013 年 10 月 18 日。在柴油电喷技术上，我国整车企业的最大供应商还是德尔福、博世、电装等外资企业，http：//www. cnautonews. com/qclbj/201211/t20121112_166303. htm。

④ 国务院发展研究中心：《电动汽车：我国汽车产业升级与跨越的突破口》，《发展研究》2009 年第 4 期；黄正夏：《关于把电动汽车列入“九五”重点发展规划的建议》，《中国科技论坛》1996 年第 2 期。

⑤ 路风：《走向自主创新：寻求中国力量的源泉》，广西师范大学出版社 2006 年版。

⑥ 国务院发展研究中心：《电动汽车：我国汽车产业升级与跨越的突破口》，《发展研究》2009 年第 4 期。

⑦ 马凌：《暗战未来：中国争夺电动汽车方向盘》，《南方周末》2003 年 11 月 13 日。

不上[①]。

但是，在电动汽车领域，这种“弯道超车”的可能性就大大增加。我国的电池和电机制造基础都比较好。车用永磁电机需要稀土，官方统计我国的储量占全球23%，是最大的稀土产销国[②]；我国也拥有动力电池所需的锂材料的丰富资源储备[③]。在整车技术上，经过从1991年“八五”以来十年的研发和小规模示范运行，我国初步具备了电动汽车的整车技术和少量样车，例如四川内江微型电动汽车厂、上海新宁汽车厂、清华大学等企业高校已经研制成功了一些车辆，中国远望、河北胜利客车厂、北京电车公司等企业也联合北理工、国防科大研制成了电动大客车用于城市公交[④]。另外，国外的电动汽车研发和生产并不如内燃机汽车那样超前。20世纪70年代石油危机后电动汽车才又重新进入主流厂商的视野，主要是由于石油价格暴涨。此外，1990年起美国加利福尼亚州启用“零排放方案”，对在加利福尼亚出售的汽车强制规定了一定比例的“零排放”汽车[⑤]。在这些趋势下，美国于1991年起由三大汽车公司联合成立电池联盟，1993年克林顿政府启动了“新一代汽车伙伴”（Partnership for a New Generation of Vehicles）项目，集合各方力量研发电动汽车。日本的第一代混合动力汽车丰田普锐斯（Prius）的上市时间是1997年。从全球范围看，20世纪90年代的电动汽车大部分还处于技术试验和市场评估阶段[⑥]。所以，中国跟国外的混合动力和燃料电池汽车差距不会超过5年，可以说在同一起跑线上[⑦]。

---

① 参见北汽集团副总经理在2010年“第九届中国企业领袖年会”上的发言，http：//finance. sina. com. cn/hy/20101205/10229056518. shtml。

② 国务院新闻办：《中国的稀土状况与政策》，2012年6月20日。

③ 国务院发展研究中心：《电动汽车：我国汽车产业升级与跨越的突破口》，《发展研究》2009年第4期。

④ 孙逢春、张承宁等：《电动汽车——21世纪的重要交通工具》。北京理工大学出版社1997年版。

⑤ 规定1998年这个比例是2%，2003年是10%。

⑥ Bakker, Sjoerd and Björn Budde, “Technological Hype and Disappointment: Lessons from the Hydrogen and Fuel Cell Case”, *Technology Analysis and Strategic Management*, Vol. 24, No. 6, 2012.

⑦ 马凌：《暗战未来：中国争夺电动汽车方向盘》，《南方周末》2003年11月13日。李继培：《与世界同步起跑》，《新经济导刊》2003年第7期。

还有一点很重要，当时国内的专家认为，西方发达国家积累雄厚的内燃机技术体系在电动汽车时代反而可能成为它们的“包袱”，因为它们在这个体系内沉淀了大量的资本和技术，设计、制造、原料等体系都需要改革。此外，还有强大的石油利益集团，让它们去改变适应电动汽车，转换成本过于高昂①。这在一定程度上解释了福特公司早年推出的纯电动汽车 EV1 被打压的原因②。但我国对此的技术路径依赖较弱，相对没有历史包袱，提供了珍贵的历史机遇。

三 电动汽车示范推广

我国新能源汽车发展的第三个战略里程碑是 2009 年启动的示范推广工程。它是国家首次以公共财政在全国大范围选择试点城市，对新能源汽车的购买给予补贴。起初是只补贴公共领域用户，2010 年又扩大到私人购车。经历了将近 20 年的研发和局部地区示范后，电动汽车终于开始在国家财政支持下要推广到公共和私人用户身边，从研究开发阶段迈入了产品技术创新的示范和扩散前推广阶段。此后尽管在 2013 年国家开启了“新能源汽车推广应用工程”，从字面上进入了“推广应用”阶段，并且扩大了试点城市范围，但在很大程度上是 2009 年政策的延续和调整，进入了产业化阶段。

从 1999 年清洁汽车行动以及 2001 年重大专项以来，我国的新能源汽车已经历了长足的进步。“十五”时期调动起东风、一汽、上汽等 48 家企业，清华大学、北京理工大学、中科院等 24 家科研院所和高校从事整车、电机、电池和电控的研发，“十一五”进一步扩大了范围③。这十年既有纯电动汽车的出口，又有电动汽车在全国多地进行了立足于产品验证的示范运行。当然，最盛大的高潮还是北京奥运会中历时两个月的集中示范运行，当时调集了共 585 辆新能源汽车——包括 20 辆燃料电池车、100 辆混合动力汽车和 465 辆纯电动汽车④。在一定程度上，从 2001 年就开始启动的“科技奥运电动汽车

---

① 江世杰：《发展电动汽车没有包袱就是优势》，《人民日报》2000 年 7 月 24 日。

② 有一部著名的纪录片“Who Killed the Electric Car”，讲述了这个故事。

③ 科学技术部：《这十年——现代交通领域科技发展报告》，科学技术文献出版社 2012 年版。

④ 综合报道：《新能源汽车当前的发展重点是加快产业化进程》，《中国工业报》2008 年 9 月 19 日。

重大专项”起到了以奥运会政治任务拉动电动汽车研发的标杆作用（中国汽车技术研究中心，2010）。

尽管取得了这些非常不错的汽车研制成就，国内的一些专家有更大的希冀。早在2003年，有专家就强调要把建立国内市场看作发展电动汽车的当务之急，认为只要中国的电动汽车市场形成，就能够吸引国外的技术研发机构，有利于我国率先在国际上形成技术标准①。电动汽车只是做科技项目还不够，要做产业化，才能让全社会更多人认识，让企业看到市场前景后能够有动力去投入，因此，国家财政要拿出一部分钱来支持科技项目和产品从无到有的产业化②。而产业化的一个很重要目标在于激励企业提高技术水平。清华大学汽车工程系欧阳明高教授在“2008首届中国绿色能源汽车发展高峰论坛”上谈到，电动汽车产业化的首要技术难题是提高电池的一致性、可靠性、循环周期寿命，降低成本，但这仅仅依靠科研是难以解决的，必须要通过市场化、规模化，来激励企业投入大规模生产的设备和进一步的研发力量。而且，要让新能源汽车立足于市场，必须让它的市场销售量在所有类型的车中突破1%，才能迈过“导入期”进入“快速发展期”③。此外，奥运会结束后，大批示范运行的车辆需要上牌，之前这些车“仅仅是拉着沙袋跑，上黄牌，到了奥运会才拉人”，标准法规等也尚未达到满足市场的需求，所以需要一个综合性、市场化的示范工程，否则很难继续推广④。

除了本国产业化和技术创新需求，国际汽车产业也展现了这样一个新能源化的趋势，同时国内的宏观形势也客观要求如此。国际石油价格从2001年开始一路上涨不回头，从30美元涨到2008年的100美元左右⑤，世界各国纷纷在新能源汽车上发力。美国先后颁布多项政策，以低息贷款、税收减免等形式支持混合动力等新能源汽车的研发和购买。日本的丰田普锐斯混合动力技术也不断成熟，新产品更新换代上

① 马凌：《暗战未来：中国争夺电动汽车方向盘》，《南方周末》2003年11月13日。

② 资料来自笔者访谈。

③ 刘彬彬：《奥运期间示范运行，新能源汽车热盼产业化》，《第一财经日报》2008年9月8日。

④ 资料来自笔者访谈。

⑤ http：//www. wtrg. com/prices. htm.

市；欧盟则加大了对氢能和燃料电池的发展计划，投入 10 亿欧元以上研发[①]。另外，2008 年的国际金融危机影响了我国的出口，经济出现下滑，国家需要振兴汽车产业，新能源汽车是一个良好的提振点。为此，国家在 2008 年 12 月就开始紧急启动《汽车产业调整和振兴规划》的编制[②]，该规划于 2009 年 3 月正式发布，明确提出“实施新能源汽车战略”，要拿出 100 亿元实现整车和零部件产业化。该规划虽然发布在“十城千辆”工程启动之后，但由此看出国家振兴汽车产业内需的目标。事实上，2009 年 5 月，李克强在一次工作座谈会上就指出新能源和节能环保产业是增投资、促消费、稳出口、调结构的重要切入点[③]。

因此，当北京奥运会胜利结束后，科技部就联合财政部向国务院上报方案，希望能在全国范围内选择 10 个有条件的大中型城市，每个城市开展一千辆新能源汽车的大规模示范运行，为进一步扩大产业化和市场化做准备[④]。

“节能与新能源汽车示范推广工程”之所以俗称“十城千辆”，是由于它起初只是想选择 10 个大中型城市进行推广。通过国家多部委牵头协调，制定鼓励政策，选择试点城市示范并由此建立起较为充分的基础设施，这种做法早在清洁汽车行动推广燃气汽车时就已经被证明是行之有效的燃气汽车推广之路。当时的领导小组负责人、原中汽中心主任王秉刚回忆道，天然气的推广也存在“鸡和蛋”的问题，天然气站的建设成本至少要 250 万—500 万元不等，改装燃油车为加气车的成本也不小。为此，国家就选择了 12 个示范城市先行推广，对加气站建设和汽车“油改气”都给予了一定补贴，中央政府成立协调领导小组，试点城市则有推广的数量要求。就这样，燃气汽车就逐步实现了市场化，形成了技术规范和标准[⑤]。这个历史经验对于电

---

① 中国汽车技术研究中心：《新能源汽车产业发展报告》，社会科学文献出版社 2013 年版。

② 资料来自笔者访谈。

③ 冯飞：《中国车用能源战略研究》，商务印书馆 2014 年版。

④ 综合报道：《新能源汽车当前的发展重点是加快产业化进程》，《中国工业报》2008 年 9 月 19 日。

⑤ 见搜狐汽车对王秉刚的专访，http：//auto. sohu. com/20090915/n266753740_ 2. shtml，2009 年 9 月 15 日。

动汽车的示范推广有着很明显的影响，后者基本上沿袭了这个思路。希望先推广 1 万辆车，数量不多，所以属于“示范”性质[①]；但又不能集中到一个城市里，所以要选择 10 个城市进行分摊，通过试点来探索总结经验教训，有利于制定政策规范和技术标准，建立示范区域内的小型市场，再逐渐扩大规模，渐次推广[②]。

“十城千辆”工程的方案拟定之后，2009 年 1 月下发各地，要求申报方案。申报方案汇集上来后，中央组织专家根据申报城市的方案优劣、汽车产业基础、城市地理位置等因素最后挑选出京沪渝等 13 个城市进行首批试点，所限领域是公共领域购车，例如公交车、出租车等[③]。此后的一年里，随着党和国家领导人在不同会议上表示了对新能源汽车的重视和支持（中国汽车技术研究中心，2010），多省（市、区）纷纷对新能源汽车的示范城市资格表现出浓厚的兴趣，给科技部形成了一定压力，“挡也挡不住”[④]，所以示范城市名单从最初预订的 10 个到公布的 13 个，2009 年年末的国务院常务会议又确定增加 7 个公共领域示范城市，并选择挑选了 5 个城市作为私人购车试点城市，2010 年再增加 5 个公共领域示范城市，总计 25 个。

四　案例小结

本案例显示，我国新能源汽车发展战略任务的变化是国家审时度势、阶段推进的结果。1999 年面对着节能减排的压力，我国首先推动低排放燃油汽车和天然气汽车商业化，而电动汽车则处于中长期的探索研发阶段。2001 年随着国内外一批领导和专家、特别是万钢等形成了加快电动汽车研发的认识和呼声，科技部果断启动重大专项，集中力量攻关电动汽车技术，并依托科技项目进行小型局部示范。2008 年年底奥运会结束后，一方面，电动汽车技术经过多年示范，

---

① 资料来自笔者访谈。

② 见搜狐汽车对王秉刚的专访，http：//auto. sohu. com/20090915/n266753740_2. shtml，2009 年 9 月 15 日。

③ 资料来自中国汽车技术研究中心的《节能与新能源汽车年鉴（2010）》与笔者访谈。

④ 参见《汽车纵横》2014 年第 7 期对孙逢春教授在 2014 年 4 月 19 日由第一电动网主办的“EV 英雄会新能源汽车创新论坛”上发言的摘编。这个观点也得到笔者访谈对象的承认。

需要拉动国内产业化；另一方面，由国际金融危机和汽车产业趋势所迫，中央就开始以公共财政大规模示范推广电动汽车。表 7-2 归纳了发展战略变迁的主要原因。从表 7-2 中可见，保证国内能源安全、减少汽车排放是主要的战略驱动因素。更重要的是，电动汽车研发和推广上寄予了我国希望一改多年汽车产业的落后局面，希望能由此实现产业技术追赶西方的宏大愿景，即所谓的“弯道超车”。

表 7-2　　发展战略变迁原因

发展战略	问题情境	原因
清洁汽车研发推广	• 尾气排放污染 • 石油依赖程度高	• 能源安全 • 减少排放
电动汽车技术研发	• 石油依赖程度高、尾气排放污染 • 汽车工业要追赶升级，传统技术落后，新能源汽车技术差距不大，没有包袱	• 能源安全 • 减少排放 • 技术追赶 • 领导专家倡导
电动汽车示范推广	• 奥运结束后示范效果良好，需由产业化诱导刺激企业研发技术，形成国际领先市场 • 产品不成熟，需选择区域探索试验，燃气汽车提供了示范推广经验 • 国际油价上涨，汽车界的新能源研发趋势明显 • 金融危机后国家需要振兴产业	• 激励企业进一步技术创新 • 技术追赶 • 国际产业趋势 • 刺激汽车经济 • 政策试验

第三节　案例 2　主导技术路线变迁

“新能源汽车”的概念在我国经历了一番演化，反映了国家试图建立该产业时在主推技术路线上的摇摆。最初 1999 年清洁汽车行动里提出燃气汽车、电动汽车和其他非常规燃料汽车，到 2001 年明确把混合动力、纯电动和燃料电池确立为电动汽车的三条分支技术路线。2007 年国家首次明确提出“新能源汽车”除了电动汽车外，还包括氢发动机和其他非常规代用燃料汽车。但这个定义到了“十城千辆”时又发生了隐晦的演变（下文详细讲述）。2012 年政府则将新能源汽车的定义明确下来，延续至今。由于新兴产业的发展往往是若干条技术路线的交织前进[①]，路线发展的不确定性导致了产业前进方向的未知性，所以尽管面临着争议，事实上我国在清洁汽车或新能源汽车研发和推广中一直有意识地在扶持某些路线，重点地加强这些路线的技术研发，并由此引导了推广补贴，构成了在科技研发这项战略任务下的重要支撑工作，因此有必要分析国家扶持技术路线的变化原理。

一　从清洁汽车到电动汽车

在 1999 年“清洁汽车行动”开始的时候，我国官方尚未给出“新能源汽车”的概念，而是用“清洁汽车”的概念涵盖了低能耗、低排放的燃油汽车、燃气汽车、电动汽车和其他代用燃料汽车。第二节已详细解释扶持清洁汽车的原因。由此可见，我国从 1999 年开始的主推路线包含清洁汽车的所有门类。事实上，从 1999 年起，国家在“十五”科技攻关计划中成立“清洁汽车行动关键技术攻关及产业化”项目分两期各自划拨 3500 万元支持清洁汽车的开发，具体研发布局如图 7-7 所示。

“十一五”时期，情况则发生变化，不再单独在科技支撑计划中设立[②]。“863”项目中设立了代用燃料整车和发动机的研发课题，仍然研究甲醇、生物柴油、煤基柴油、高效率内燃机及整车等[③]。但“十二五”时期的“863”计划中已经没有了其他代用燃料、高效率低排放内燃机和整车课题的身影了。这表明国家在新能源汽车的研发上着力于电动汽车了。

之所以国家退出对燃气汽车的研发支持，而以电动汽车为主，其原因有三点。第一，燃气汽车经过了十年的培育，技术已经较为成熟，产业化已经完成[④]。据统计，2004 年全国的 LPG 和 CNG 汽车保

---

① Dosi, Giovanni, “Sources, Procedures, and Microeconomic Effects of Innovation”, *Journal of Economic Literature*, Vol. 26, No. 3, 1988.

② 科技攻关计划是科技支撑计划的前身，2006 年改名为后者。

③ 科学技术部：《这十年——现代交通领域科技发展报告》，科学技术文献出版社 2012 年版。

④ 资料来自笔者访谈。

有量已经超过整个市场的1%[①]；到2008年年底，全国仅CNG汽车保有量就约50万辆，加气站900多座；到2011年6月底，保有量大于139万辆，加气站1974座，同期全国汽车保有量刚刚突破1亿辆[②]。且

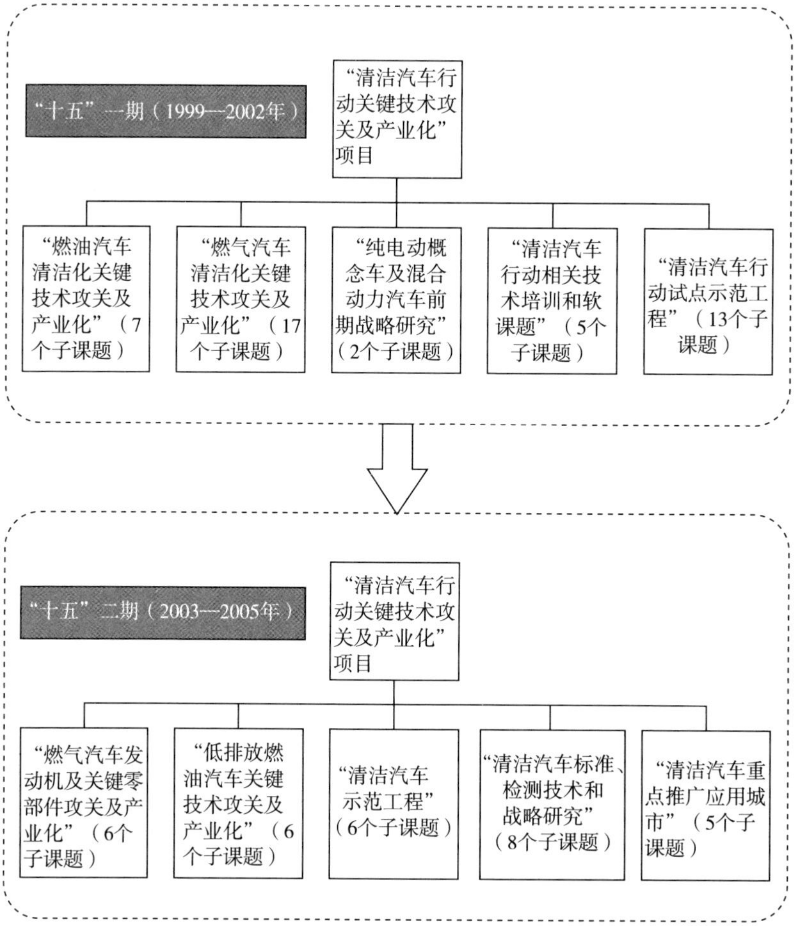

图7-7　清洁汽车科技攻关计划项目布局

资料来源：科学技术部。

① 王秉刚：《中国清洁汽车行动的成就与展望》，《汽车工程》2005年第27期。

② http://www.chinairn.com/doc/70310/780443.html，另可参见《中国改革开放新时期年鉴（2011）》。

CNG 汽车在中西部很多地区都有分布，特别在气源丰富的新疆等地的 CNG 汽车占当地民用车辆保有量的 20.76%[①]。当时 CNG/LNG 这类车在中短途客运市场的比例应该超过了 60%[②]。无论是从国内还是世界范围看，天然气汽车的平均年增长趋势一直在 10%以上[③]。我国已掌握了天然气加气站的设备制造和车用天然气的净化、压缩、存储等技术，产品体系完整覆盖客车、轿车、货车等所有细分市场，2009 年年底已经有 179 个燃气汽车车型[④]。从经济性上看，燃气汽车在资源丰富的地区远远好于燃油汽车。以重庆为例，重庆公交测算过燃气客车的百公里气耗 80—90 元[⑤]；按照国际领先水准，公交车的平均油耗是 25 升/百公里[⑥]，按最低油价 6 元/升计算，也要 150 元/百公里。所以即使“油改气”或原装燃气车的购置成本略高，在使用过程中客户也能受惠。

第二，燃气汽车有自身的缺点，特别是液化石油气（LPG）汽车更是如此[⑦]。从技术上看，LPG 运行时间一长容易堵塞管路和阀门，CNG 也会腐蚀气瓶，尤其因为我国不少地方的气源组分不纯，就必须通过其他添加剂等手段来改善，成本略高。从经济性上，LPG 毕竟来自石油，其价格随着石油联动，自 20 世纪 90 年代末以来迅速上涨，与汽柴油相比的价格优势不大。从适用性上，燃气汽车主要用于资源丰富地区，主要在我国西部地区，例如贵阳公交的 LNG 示范较为成功，四川、新疆拥有非常丰富的气田，以至于它们的 CNG 车辆雄踞全国 1/4[⑧]，而 LPG 则在长春发展得较好，但东部特别是大城市的燃气汽车相对较少。更重要的是节能减排的问题。燃气汽车毕竟仍然有不少排放。随着汽车电喷技术的引入，LPG 的减排优势大为削

---

① 李永昌：《世界天然气汽车发展历程掠影》，四川省第九届汽车学术交流年会论文，成都，2009 年。

② 资料来自笔者访谈。

③ 见《国际石油经济》2012 年第 6 期的统计信息。

④ 冯飞：《中国车用能源战略研究》，商务印书馆 2014 年版。

⑤ 资料来自笔者访谈。

⑥ 中国电动汽车百人会：《“新能源公交车示范推广与商业模式”研究报告》，2015 年。

⑦ 王秉刚：《对我国燃气汽车问题的认识和建议》，《世界汽车》1999 年第 8 期。

⑧ 李永昌：《中国天然气汽车的发展历程掠影》，“2011 西部汽车产业·学术论坛”暨“四川省汽车工程学会四届第九次学术年会”论文，成都，2011 年。

减，甚至排放不如燃油车，广州市 LPG 公交车排放黑烟的问题曾引起巨大争议[①]。所以当时随着我国整体减排工作的要求越来越高，燃气汽车势必不是重点的扶持方向[②]。

第三，燃气汽车的技术相对较为简单，升级和适用空间都不如电动汽车。电动汽车可以在全国多个地区运行，不受自然资源限制；技术更复杂，升级空间更大[③]。燃气汽车毕竟脱离不了发动机、变速箱、离合器等传统燃油汽车所需的动力结构，这是我国的汽车企业的弱项。在全世界范围内，欧洲的意大利、乌克兰、俄罗斯、亚美尼亚等国家以及亚洲诸多国家的天然气汽车发展历史不短，形势也较好[④]。所以，我国无法通过燃气汽车实现汽车产业的追赶升级，正如一位专家指出："电动汽车的技术复杂，国家制定政策有一定的前瞻性，不仅考虑当前，还要想到未来的发展空间。"[⑤]

二 从"三纵"到"纯电驱动"

2001 年国家确立了"三纵"为我国电动汽车发展的技术路线——混合动力汽车、纯电动汽车、燃料电池汽车。之所以设立这三条技术路线，欧阳明高解释道，那时候国家还尚不确定哪一条是更适合于中国的电动汽车路线，三者的发展在同一水平上。而且三者在技术原理上都需要驱动电机、动力电池和多能源动力总成控制系统，从零部件体系的研究上，三者是有共通之处[⑥]。所以，国家想通过技术上的同等扶持和市场的试验选择来确定一条合适的路线[⑦]。2006 年启动的"十一五"节能与新能源汽车重大专项仍然延续了这个"三纵"齐头并进的技术路线。

在混合动力、纯电动和燃料电池的技术路线上，国内企业各自承

---

① 江辽：《吊诡 LPG：争技术还是争利益》，《时代汽车》2010 年第 Z1 期。但王秉刚表示了对广州 LPG 公交的支持，见《南方日报》2009 年 10 月 27 日对他的访谈。

② 资料来自笔者访谈。

③ 资料来自笔者访谈。

④ 李永昌：《世界天然气汽车发展历程掠影》，"四川省第九届汽车学术交流年会"论文，成都，2009 年。

⑤ 资料来自笔者访谈。

⑥ 芦楠：《工信部：新能源技术不存在路线之争》，《汽车商报》2011 年 7 月 5 日。

⑦ 王海蕴：《发展新能源汽车，中国该走哪条路》，《中国高技术产业导报》2007 年 11 月 12 日。欧阳明高的观点也在笔者对其他专家的访谈中得到证实。

接了不同的课题，研制整车；即使有些企业没有参与到“863”项目中，也积极投入各自产品的研发工作中。据统计，截至2008年年末，进入工信部《电动汽车整车产品公告》的整车产品有57款，2009年全年又增加了48款，混合动力和纯电动几乎各占半壁江山（中国汽车技术研究中心，2010）。从“863”计划的总结资料可以看到，有个别企业甚至在多条技术路线上同时探索①。

尽管国家通过“863”计划坚持三条技术路线都作为电动汽车的分支并行前进，同等扶持，但表面的平静下暗流潜涌②。经过了若干年，事情起了微妙的变化。2009年的示范推广工程规定了在公共服务领域的10米以上大客车、轻型客车和乘用车给予购车补贴——且无论是哪一种技术路线都享受补贴。但是，到了启动私人购车试点时，政府却排除了对非插电的普通混合动力的补贴，只补贴燃料电池、纯电动和插电式，并明文指出新能源汽车主要指插电式（plug-in）和纯电动③。前后一比较，即可发现普通混合动力被排除出新能源汽车的序列，放入了“节能汽车”的行列。节能汽车则只能领取3000元购车补贴④。由于补贴政策引领汽车产业化的全局，所以尽管没有明确定性，但这番政策规定昭示出政府在推广新能源汽车技术路线上的分化。那么既然同为普通混合动力，在节能减排上都有同样的效果，为什么国家要在公共领域和私人领域购车的补贴政策上呈现如此差异呢？其中一个极为关键的原因在于政府希望扶持最有利于本国产业竞争力的技术路线，要在国内营造一个有利于自主产品成长的利基环境。

普通混合动力并不以电池为主要驱动力，而只是分程度地发挥怠速起停、轻度助力、有限助力的作用，但内燃机还是主要的动力来

---

① 科学技术部：《这十年——现代交通领域科技发展报告》，科学技术文献出版社2012年版。

② 例如2007年3月，国内有26位专家联名上书国务院，质疑科技部在“十一五”节能与新能源汽车重大专项中将氢燃料电池汽车作为重要方向去扶持，使不少企业在这个方向投入巨大资金。见 http：//auto. sohu. com/20080220/n255249832. shtml。这件事得到了科技部有关人士的承认。

③ 财建〔2010〕230号。

④ 见与私人购车试点补贴政策同时出台的《“节能产品惠民工程”节能汽车（1.6升及以下乘用车）推广实施细则》（财建〔2010〕219号）。

源。所以它还是非常依赖于传统汽车的技术和零部件基础，这恰是我国企业的弱项。而且，混合动力系统要比传统的单动力系统更为复杂，因为要实现来自两套动力源的配比控制以使得各自能以较高效率工作，特别是要让发动机能在效率较高的工况下运转，以起到尽量好的节油效果。国际上最为著名的混合动力体系来自丰田①，其代表性作品就是大名鼎鼎的普锐斯（Prius）。丰田的这套混合动力系统（Toyota Hybrid System，THS）的核心特色在于两个电机和发动机通过一个动力分流装置（power splitting device）配比动力输出，以谋求在不同行驶工况下的良好协作，是一种复杂的混联体系，而动力分流装置的关键在于一个行星齿轮组合（planetary gear set）②。这一套THS系统是丰田旗下混合动力汽车的核心专利，丰田围绕它构建了一组严密的专利壁垒，自1997年申请成功以来，在将近20年的时间里给许多厂商设置了障碍③，例如通用公司Volt车型的混合动力就通过装置结构的增添和改变绕开THS专利组，我国的比亚迪采用发动机和电机并联系统，上汽绕开了动力分流装置而采用离合器耦合，但至少我国的产品从技术性能上还是不如丰田④。从产品上，普锐斯自从1997年上市，成为全世界第一个成功的混合动力车型，经历了三代变化，截至2009年年底，在全球的累积销量达到161万辆⑤，荣获无数大奖。而这个时候，我国的混合动力乘用车还在研发期，国内尚未有成熟的产品能够拿出来真正面对普通消费者⑥。所以，如果贸然补贴普通混合动力，那么就是补贴外国厂商。事实上，即使是只有3000元

---

① 还有大众集团的混合动力系统是另一派重要分支，它的技术特色在于通过单个电机夹在两个离合器之间，称为“单电机双离合器系统”。详细内容可参考“汽车之家”的技术博文，http：//shuoke. autohome. com. cn/article/26683. html，或参阅《汽车商业评论》2014年系列报道《秦是什么》。

② Chan，C. C.，“The State of the Art of Electric，Hybrid，and Fuel Cell Vehicles”，*Proceedings of the IEEE*，Vol. 95，No. 4，2007.

③ 最早的专利将在2017年失效。但是在我国的同族专利申请日期是2003年，至少要到2023年才能失效。见王超《混动专利失效，丰田将被迫开放新能源技术》，《中国青年报》2014年10月16日。

④ http：//shuoke. autohome. com. cn/article/26683. html，或参阅黄大路《秦的是非之三：秦是什么?》，《汽车商业评论》2014年11月15日。

⑤ 资料来自丰田公司官方统计，http：//www2. toyota. co. jp/en/news/10/10/1007. html。

⑥ 资料来自笔者访谈。

节能汽车补贴，据报道国内消费者还是对广汽丰田凯美瑞混合动力版、大众途锐混合动力版等外资品牌趋之若鹜①。据当年起草补贴政策的专家介绍，由于WTO规则，我国不能对普锐斯和国内品牌区别对待，所以倘若真正对私人乘用车购买混合动力予以补贴，那么混合动力技术成熟的普锐斯也能受益，就会夺取很多市场份额，不利于国内品牌的产业技术升级，国家的补贴就没达到目的②。

但是，为什么在公共领域的普通混合动力客车和乘用车都能享受同等补贴呢？在客车领域，我国当时已经有较为成熟的混合动力产品③。北汽福田、丹东黄海、中通客车、厦门金龙、南车时代等企业都比较早就有了混合动力公交车，并且节能技术水平不落后于国际④。除此之外，公交客车是地方政府所控制的市场，不至于出现被外资厂商进入的局面。这也解答了公共交通领域混合动力乘用车能够拿到补贴的原因。虽然混合动力的乘用车技术水平不如丰田等国外品牌，但是当时国内的一汽、长安、东风等都有了一些混合动力产品，如长安志翔。国家能够在政府把握的出租车、公务用车、展会等公共领域里为国内品牌创造一个“孵化环境”，同时也避免了不成熟的产品直接面向消费者的不负责行为。一位政府人士解释道，示范需要一个有组织的特殊环境，混合动力汽车还不成熟，故障率高且不一定节油，在私人市场上不会有百姓买账⑤。

除了出于产业竞争力的考虑外，还有技术本身的经济性差别。中汽协和工信部多次强调，经济因素使得政府将普通混合动力轿车放入3000元补贴的节能汽车门类里去。混合动力汽车的弱混、中混技术成本都不高，整车价格不会增加多于2万元，由于良好的节油率，很容易就能被消费者接受；相反，插电式、纯电动和燃料电池则很难在没有补贴的情况下被市场所接受，所以初期必须有财政

① 蒋偲佳：《为什么混合动力屡败屡战》，《中国科技纵横》2011年第17期。

② 资料来自笔者访谈。

③ 资料来自笔者访谈。

④ 2012年时一些抽查的混合动力客车节油能力达到了与国际水准相当（25升/百公里）。参见中国电动汽车百人会《“新能源公交车示范推广与商业模式”研究报告》，2015年。

⑤ 资料来自笔者访谈。

的补贴才能生存[①]。

随着补贴政策的出台和普通混合动力似乎被归入节能汽车的行列，关于中国的新能源汽车技术路线之争愈演愈烈。其主要分歧在于是否要将普通混合动力纳入国家主要的战略取向，具体表现为是否要在后续的补贴政策以及研发政策上像纯电动、插电式那样重点扶持之。这使作为国家新能源汽车中长期发展总方针的《节能与新能源汽车产业发展规划（2012—2020 年）》自 2010 年 10 月发布征求意见稿到 2012 年 6 月正式公布，被耽搁了两年时间。

支持混合动力的主要观点在于，纯电动汽车的当前技术不成熟，电池性能尚不能满足汽车行驶要求，动力电池和电机技术与国外差距较大，核心零部件依赖进口[②]；而且我国的充电基础设施也不够充分支持纯电动的发展。相反，混合动力汽车能够避免对充电设施的依赖；在国内也有多年的产业基础，有十多家企业都能够提供混合动力整车，已经有了阶段性的研发成果，就应该继续大力支持；产品较为成熟，节能减排效果较好，普遍有 20% 左右的节油率，最差也有 15%[③]。混合动力既然能起到良好的节能减排作用，服务于国家节能减排大局，那么就应该支持，节能汽车和新能源汽车同步发展，而无所谓“技术路线之争”[④]。此外，从动力电池看，不少专家认为，当时我国锂电池还不成熟，主要用于混合动力的镍氢电池却较为成熟，容易产业化，故须优先扶持[⑤]。

但是，也有不少观点强调纯电动汽车应该是我国重点支持的战略

---

① 张达：《新能源汽车十年规划“临产”，行业发展路径明朗》，《证券日报》2011 年 8 月 29 日；芦楠：《工信部：新能源技术不存在路线之争》，《汽车商报》2011 年 7 月 5 日；并可参见重庆汽车工程学会调研组《新能源汽车路线之争：混合动力屡败屡战》，《西南汽车信息》2011 年下半年合刊。

② 重庆汽车工程学会调研组：《电动汽车技术现状与发展趋势》，《西南汽车信息》2011 年下半年合刊。

③ 王晓涛、杨秦：《新能源汽车，本不该有技术路线之争》，《中国经济导报》2011 年 8 月 13 日。在笔者的访谈过程中，所有的客车厂都表示产品能够达到这样的节油率。

④ 芦楠：《工信部：新能源技术不存在路线之争》，《汽车商报》2011 年 7 月 5 日。

⑤ 见黄伯云院士、“863”计划电动汽车重大项目总体组电池责任专家肖成伟等在 2011 年 3 月“中国节能与新能源汽车动力电池产业发展研讨会”上的发言，载《人民日报》（海外版）2011 年 3 月 13 日。

取向。2010 年年初，杨裕生等 4 名中国工程院院士联名发表文章，强烈建议我国要把发展纯电动汽车作为国策，实现“一步走”的汽车工业跨越，而不必经过普通油电混合动力过渡的“两步走”。首先，普通混合动力车的节油率有限，却“结构复杂、价格不低”。其次，混合动力仍需依赖内燃机技术，我国的技术落后太多，即使在日本国内，丰田公司的技术优势使日产公司不得不转向纯电动产品，我国就更难在混合动力上与别国竞争了。类似的理由也得到了其他专家的支持，就是说，先投资混合动力，就得要基于传统内燃机技术，这是一条比较难走的老路；还不如另辟蹊径，走纯电动的路，或许能占到先机①。最后，电池技术落后并不是不支持电动汽车发展的理由，需要依靠国家支持和产业化拉动技术进步。事实上，我国当时的混合动力系统也同样落后，缺乏系统的研发，国产动力总成系统用于客车的节油率不高，还故障频发。北京公交集团曾在 2008 年采购 860 辆混合动力公交，都使用美国伊顿公司在卡车上使用已久的动力总成系统技术②。

国外当时的支持重点也转向纯电动和插电式产品。那个时候，国际上开始大力扶持插电式和纯电动汽车，有些典型产品如日产的 Leaf 纯电动、通用的 Volt 插电式纷纷于 2010 年在美国上市；欧盟各国也陆续在 2008 年之后发布规划支持燃料电池汽车、纯电动和插电式汽车的研发和补贴。2009 年 3 月，奥巴马政府宣布能源部将拨款 24 亿美元支持“下一代电动汽车”——主要包括插电式汽车和先进电池制造，其中有 4 亿美元用于基础设施建设和示范推广③；给予 30 家零配件厂商共计 20 亿美元的研发资助。2009 年的《美国复兴与再投资法案》（*American Recovery and Reinvestment Act*）则给予消费者 2500—7500 美元不等的电动车购车税收抵扣额度，努力使美国在 2015 年达到 100 万辆电动汽车的市场规模④。

---

① 对北京理工大学电动车辆国家工程实验室副主任林程的访谈，参见重庆汽车工程学会调研组《电动汽车技术现状与发展趋势》，《西南汽车信息》2011 年下半年合刊。

② 资料来自笔者访谈。

③ 参见白宫官方网站，https：//www. whitehouse. gov/the-press-office/president-obama-announces-24-billion-funding-support-next-generation-electric-vehic。

④ US DoE，*One Million Electric Vehicles by* 2015，Feb. 2011.

就这样，专家的两派观点针锋相对。即使在国务院内部，科技部和工信部的意见也相左。工信部主张普通混合动力汽车作为一个节能汽车也应该作为重点来支持，我国还不到倾力支持新能源汽车的阶段；而科技部则出于能源安全和产业追赶的角度更希望发展新能源汽车①。这些技术路线上的争论，甚至让温家宝总理都感到不安。早在2009年11月3日，温家宝在中国科学院成立60周年庆祝大会上发表讲话，指出要尽快根据技术、需求和经济效益三方面确定新能源汽车的技术路线②。两年过去了，2011年7月16日，他在《求是》上发表文章，特别指出，新能源汽车的发展方向、最终目标都不明晰，必须尽快明确下一步的技术路线、支持政策、核心技术等问题③。2012年3月，科技部率先发布国科发计〔2012〕195号文，提出了“纯电驱动”的概念，将它作为我国新能源汽车的“发展方向和重中之重”。所谓“纯电驱动”，就是大部分情况下以电机为主输出驱动功率，包括纯电动、插电式、增程式和燃料电池汽车，而普通混合动力在大部分情况下还是以内燃机为主要驱动功率，所以不是纯电驱动。两个月后，《节能与新能源汽车产业发展规划》正式出台，确认了以纯电驱动为国家“主要战略取向”，这就比征求意见稿对纯电动汽车的推崇更有灵活性。

为什么会确立“纯电驱动”为我国新能源汽车发展的战略方向？工信部副部长在规划的宣贯会上做了一个简洁的解释④。首先，国际上比较认同纯电驱动来代替化石燃料驱动汽车，以降低能耗和排放。其次，它与我国发展新能源汽车的目标直接相关。正如前文分析所展示的，节约能源、减少排放和产业升级追赶一直是我国新能源汽车发展的主要目标，在不同技术路线上的选择体现了国家对三个目标的权

---

① 参见《汽车业“十二五”规划难产，新能源车技术路线存分歧》，《经济参考报》2011年7月4日，http://www.chinanews.com/auto/2011/07-04/3153338.shtml，该观点亦在笔者访谈中得到证实。

② 参见中央人民政府网站，http://www.gov.cn/ldhd/2009-11/23/content_1471208.htm。

③ 温家宝：《关于科技工作的几个问题》，《求是》2011年第14期。

④ 芦丽琴：《重点推进纯电动和插电式混合动力汽车产业化——行业专家解读〈节能与新能源汽车产业发展规划〉》，《中国工业报》2012年7月13日。

衡，看哪些路线更能满足这些目标。国家最后选择纯电驱动为主要战略取向而排除普通混合动力，其原因在于前者能在更大程度上去适应目标。

由此可见，整体上纯电驱动更能激进地去实现国家的目标。首先，2011 年我国石油对外依存度已经达到 55%[①]，而且汽车保有量还将继续快速增长。2010 年的每千人汽车保有量仅为全球平均值的一半，预测 2020 年和 2030 年分别将是 2010 年的两倍和三倍以上，届时汽柴油消费量将分别达到 4 亿吨和 6.5 亿吨，石油依存度将超过 70%和 80%[②]，让国家无法承受。在普通混合动力的节油率只有 20%—30%的情况下，必须通过电动化转型才能减缓这个势头。其次，当时全球二氧化碳的排放法规越来越严格，国际压力增大，我国的空气污染也越来越明显，2011 年入秋以来美国大使馆发布 PM2.5 数据，让国人认识到了“雾霾”这个词，从此我国居民对空气污染的认识进入一个新的时期。纯电驱动毕竟能比普通混合动力更大限度地减少车用尾气的排放污染。最后一个原因就是我国汽车技术要实现追赶超越。国家最后选择了纯电驱动，很有可能正是呼应了汽车的“强国之梦”，体现了“面向科技跨越的需求”[③]。

如是，中国节能与新能源汽车发展“纯电驱动”的大政方针由此确立。尽管研发布局上仍然坚持“三纵”，但在推广和重点扶持方面偏向了其中的“两纵”——燃料电池和纯电动力（含插电式），“三纵”的“十二五”布局也调整为如图 7-8 所示。

三　案例小结

从本案例可见，我国在新能源汽车主导技术路线上经历了多次修正，一开始以天然气汽车近期商业化为主、电动汽车中长期研发为辅，到后来电动汽车三条路线“三箭齐发”试验，经过十年的争议最后进一步聚焦范围为“纯电驱动”，通过“863”计划项目设置和示范推广补贴区分两个渠道来逐渐体现这样的变化。在这个过程中，政府根据国内外产业形势的发展，主动调整。表 7-3 概括了变迁原因，节

① 国科发计〔2012〕195 号。
② 冯飞：《中国车用能源战略研究》，商务印书馆 2014 年版。
③ 国科发计〔2012〕195 号。

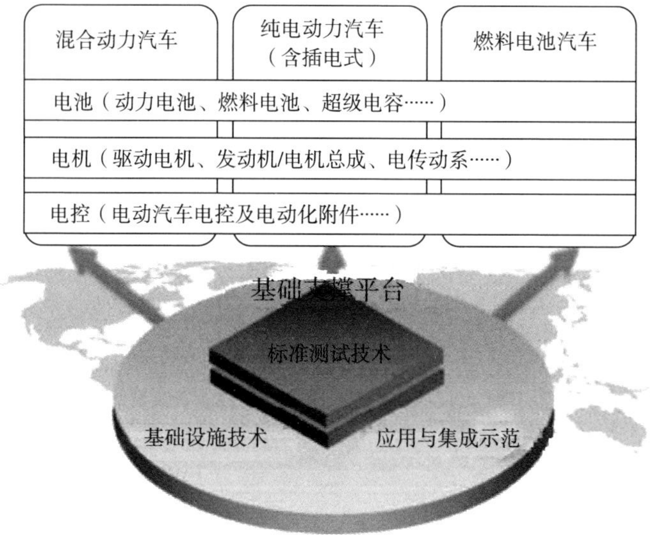

图 7-8 “十二五”“863 计划”“三纵三横”布局

资料来源：欧阳明高：《中国新能源汽车的研发与展望》，《科技导报》2016 年第 6 期。

表 7-3 主导技术路线变迁原因

技术路线变化	政策体现	问题情境	原因
1999 年支持燃气汽车研发和推广	“十五”攻关计划、清洁汽车行动	• 降低石油依赖 • 减少排放污染	• 能源安全 • 减少排放
2006 年停止支持燃气汽车研发	“十一五”“863 计划”不再支持天然气汽车研发	• 节能减排压力增大，燃气汽车环境清洁程度不高，资源受限 • 技术成熟，产业化完成 • 产业升级空间太小	• 能源安全 • 减少排放 • 资源有限 • 燃气汽车技术成熟、升级难
2001 年混合动力、纯电动、燃料电池同时支持	“十五”五动力重大专项	• 技术路线不确定，三者有共通之处，试验探索	• 技术试验
2009—2010 年混合动力和纯电驱动区别对待	补贴混合动力的客车和公共服务乘用车，但不补贴私人乘用车	• 相比国外品牌，国内混合动力客车有成熟产品，有竞争力，但混合动力乘用车相比普锐斯没有竞争力 • 公共服务领域能为国产混合动力乘用车成长创造特殊环境 • 混合动力技术经济性较好，可不需要补贴	• 企业混动技术落后 • 创造技术追赶环境 • 技术特性

续表

技术路线变化	政策体现	问题情境	原因
2012—2013 年纯电驱动	科技部“十二五”电动汽车科技规划 国家新能源汽车产业中长期规划 第二轮推广不再补贴混合动力	• 能源安全和雾霾压力加大 • 国际上有“纯电驱动”的产业趋势 • 丰田等公司具有极强的混合动力优势 • 争论强烈，总理要求对技术路线争论给予明确 • 加强电驱动技术以追赶 • 有 CAFE 政策推动企业生产混合动力	• 能源安全 • 减少排放 • 国际产业趋势 • 企业混动技术落后 • 专家倡导与政治压力 • 技术追赶 • 节能监管政策

能和减排始终是主要因素，不过，最重要的还是国家对汽车产业升级和技术追赶的希望，努力选择能实现该目标的技术路线。

第四节　案例 3 和案例 4　示范推广政策变迁

新能源汽车由于产品性能、基础设施、价格等问题，其推广并非易事。自 2009 年启动示范推广以来，为完成新能源汽车推广的战略任务，中央政府陆续启动了多项支撑工作来实现该任务。每项工作需要若干不同的政策工具来匹配，逐渐形成了一套丰富的政策工具体系。这个过程并不轻松，经历了不断的探索。

一　示范推广的初期探索与效果

在 2009 年示范推广应用工程启动时，首要的支撑工作就是刺激市场对新能源汽车的需求。新能源汽车最明显的问题之一就是在性能尚不足以与传统燃油车匹敌的时候，价格却高出燃油车一大截，主要成本来自电池。以一辆典型的比亚迪纯电动公交客车 K9 为例，它使用的电池是国内普遍应用最成熟的磷酸铁锂，配置了 324 度电，按电池系统内成本 4 元/度计算①，电池价格就要达到 129. 6 万元，而 K9 的市场公开价格在 200 万元左右②，电池成本就要占整车售价的

① 电池系统价格数字来自中国电动汽车百人会 2015 年度课题报告，该价格属于估算。

② 在诸多网站上都有这个价格的报道，在中国汽车技术研究中心所编《中国新能源汽车产业发展报告（2013）》的第 101 页也有该数字。

60%；而一台传统的柴油公交车价格在30万—70万元不等，两种车辆差价巨大，如果没有补贴，客户没有动力去购买车辆。再以出租车为例，长安E30出租车的裸车价格为18.2万元，电池6.2万元，而北京市一辆普通出租车的价格才7万元左右①，没有补贴也显然很难刺激市场。因此，我国的第一项政策就是为购买新能源汽车提供较为慷慨的购车补贴，希望由此来降低用户的经济负担，撬动新能源市场。

但事实上仅仅依靠这个政策，其效果是不显著的。"十城千辆"示范推广工程持续到2012年年底，期间还有新能源汽车产业创新工程、免除车船税、免除摇号限行等一系列有力的政策措施。2009年以前我国节能和新能源汽车累计运行500辆左右，而三年内示范推广总量则达到2.7万辆，增加将近60倍；进入工信部目录的车型达到600多个②。尽管国家雄心勃勃，但事实上"十城千辆"工程在2012年年底结束后，我国的新能源汽车发展完全没有达到预想的"每个城市一千辆"的效果，与政府的原计划相去甚远。

这其中原因复杂。首先，当时电动汽车经常出现各种问题，例如汽车行驶到一半就"趴窝"、电池含量突然下降、电池衰减、高温和低温下性能不佳等问题不断见诸报端，而且出现了2011年4月众泰5008纯电动汽车自燃、2012年5月比亚迪E6纯电动汽车起火等恶性事故。其次，由于电池成本居高不下，一套纯电动锂电池不含电池管理系统（BMS）的成本在3—5元/瓦时③，加上管理系统后成本会更高④，所以整车价格不低，阻碍了推广。最后，各地上报的计划方案指标定得太高，本来就缺乏切合实际的计划，所以才出现完成率很低的情况。

尽管有以上技术原因和申报指标问题，但在实际推广过程中有许多很重要的问题未能有效消除，给企业和用户都带来了不少困难，也为后续政策的出台埋下了种子。

---

① 数字来自中国电动汽车百人会2015年度课题报告。

② 中国汽车技术研究中心：《新能源汽车产业发展报告》，社会科学文献出版社2013年版。

③ 见863电动汽车重大专项总体组电池责任专家肖成伟在"2010中国国际新能源汽车发展高峰论坛"上的发言，http：//auto.sohu.com/20101201/n278035905_1.shtml。

④ 笔者根据四部委非公开数据计算，2010年算上系统之后的价格约在6元/瓦时以上。

二　案例3基础设施与地方保护

首当其冲的是充换电基础设施发展落后。落后的第一点是数量不足。我国的充换电基础设施由两大电网和普天三家为主来建设运营，特别是前两家公司占据了大部分份额，2012年年底时共有充电桩17658个，充换电站368座①；而普天在2012年前主要还是在深圳，利用2011年的深圳“世界大学生夏季运动会”契机建立了57座充电站②。国家电网和南方电网的充电设施据称都处于严重亏损状态，原因是电动汽车数量不足，充电站大量空置。以国家电网为例，截至2013年年底，全电网的充换电基础设施投资达86.8亿元，配套电网投资9.6亿元，而实际充电量1.7亿度③，这严重打击了电网的积极性，实际建设进度大大落后于预期。2014年5月，国家电网首先宣布放开充换电基础设施建设市场，让社会各界资本进入；7月又宣布要全面退出城市基础设施建设，专注于高速公路④。而这反过来更加剧了潜在购车者的忧虑，于是在充电桩问题上出现了“鸡和蛋”的悖论。

第二，国内私人的停车位不足，要在住宅小区内安装充电桩，则受到物业部门的各种拖延阻挠，其中原因是小区电站扩容成本太高，下文将再次回过头来详细讲述这些问题。

第三，充电设备不兼容，各个车企都有自己的充电接口、充电电压、直流/交流变换、通信“握手”协议标准，导致车桩不兼容的情形很普遍。例如在一次用10个主流车型与10个主流快充桩的匹配试验中，有32%的情况不兼容⑤。很大原因在于国家的充电接口、通信协议等标准缺乏强制性，只是建议性标准，有些原则也不够细致，比较宽泛⑥。至于特斯拉等外资品牌汽车的充电标准更与国内差距很大，国内标准GB/T20213是世界上五大充电标准之一，特斯拉也是其中之一。

---

① 王旭辉：《充电桩进社区促电动汽车上路》，《中国能源报》2013年5月20日。

② 中国汽车技术研究中心：《新能源汽车产业发展报告》，社会科学文献出版社2013年版。

③ 国家电网数据。

④ 从2015年以来国家电网又悄然回到城市内部充电设施建设。

⑤ 中国电动汽车百人会：《电动汽车充电基础设施相关问题研究》，2015年。

⑥ 资料来自笔者访谈。另见中国电动汽车百人会《电动汽车充电基础设施相关问题研究》，2015年。

第四，还有一个充电和换电的能源补给模式之争。由于当前电池占了整车成本的大部分，且电池充电速度实在太慢以至于出租车、公交车的运营效率大受影响①，快速更换电池的“换电模式”成为一个重要的能源补给模式。在理想情况下，换电模式减少用户的购置负担，将电池成本由公司承担，而且能够快速换电随后慢充，有利于电池保养，能让消费者更好地接受能够有助于电动汽车的推广。于是，国家电网在早期主导换电模式，并在杭州、青岛薛家岛、北京四惠等地力推试点。但换电模式意味着作为电动汽车核心的电池要受制于电网及其下属主营换电设备的企业如许继电器，引起了汽车企业和电池企业的强烈不满，批评理由包括：各家电池和汽车本来就没有统一的电池标准，换电兼容性无法保证；电池频繁插拔，插接头容易产生电弧危险，热安全问题也无法解决；换电箱体设计单一，容易导致厂商片面地理解电池成组（pack）的技术问题，将电池和整车系统分离开来，不利于电池成组技术的进步②；电池和整车的分离会使可靠性降低，在夏天雨季的涉水问题上就面临着安全考验③。除了以上技术批评外，换电站的经济成本巨大，不仅在于建设换电站本身需要巨大的投资④，更在于必须配备冗余电池以备替换，按照 1∶2 的冗余配比往往还不够⑤。由于这些技术批评和经济账无法摊销等缘故，2013 年开始国家电网转向，换电模式暂且搁浅，该模式未能有效解决推广问题。

---

① 正常慢充至少要在 3 小时以上，纯电动大型客车或者家用轿车的充电时间一般要在 5—8 小时。据笔者在合肥了解，出租车每天要去充 2 次电，给司机的收入造成了不少影响。公交车的影响也很大，为了配合慢充，就必须再额外调度车辆去满足运营，这样车队的规模得扩大，不仅带来运营和采购成本负担，还得额外寻找停车场地。但如果换成快速充电，对电池寿命的损害是很大的。

② 动力电池要应用，首先需要将成百上千个单体电池进行成组打包，安装各种电池之间的监测通信元件。然后通过一个电池管理系统（Battery Management System，BMS）监控组内电池，既加强对单体电池的能量安全保护，又能够调节大量电池使之保持较好的一致性，避免电池之间电量的不均衡而造成某些电池过充过放。

③ 资料来自笔者访谈。在其他场合上，不少专家也跟笔者提出过类似观点。

④ 换电站意味着大批电池会在白天时段集中充电，这样对电网的冲击很大，需要电网公司进行大规模增容配电。

⑤ 即为了一辆车，需配比几套电池。在北京四惠的换电配比为 1∶1.4，杭州据说达到 1∶4，另有报道说青岛薛家岛是 1∶2.5。数字可能不准确，但至少说明了问题。资料来自笔者访谈。另参见吴静、李雪娜《什么在毁掉电动汽车》，《财新》2014 年 2 月 10 日。

另一个大困难是地方保护主义带来的市场破碎。2009—2012 年，我国的新能源汽车示范推广主要依赖于中央政府的补贴，对于入选试点城市的地方政府没有明确要求出台配套政策。有个别试点城市还是推出了自己的补贴，特别是入选私人购车试点的合肥、杭州、深圳、北京、上海五地都有地方购车补贴政策来鼓励市民买车。到了 2013 年启动“新能源汽车推广应用工程”以来，中央要求各个地方出台明确的配套设施以支持购置、运营和基础设施建设①。在推广指标的压力下，许多城市就制定地方补贴，助力推广。

但是，许多城市或明或暗来保护本地产业，因为毕竟地方补贴需要从地方财政支出，势必要对作为税源的本地产业予以保护。所以它们通过各种方式设置关卡，阻碍外地品牌车辆在本地销售，或者不予补贴。经过媒体的多方报道，我国新能源汽车市场上涉嫌地方保护主义的形式多种多样。第一，设立本地补贴的额外目录，企业卖车必须进入地方政府的额外目录才能拿到补贴，而要进入目录，需要办理若干手续，花费甚大②。而且有些地方的额外目录以减排为由只允许纯电动汽车，这使以插电式为乘用车主打技术路线的企业对此强烈质疑。第二，要求整车厂必须采购本地零部件。第三，要求整车厂在当地设立生产企业或者销售机构，因为这样就能贡献本地税源。个别城市甚至要求本地销售机构的注册资本不少于 5000 万元。第四，要求“对等交换”，即如果 A 车厂要来 B 城市推广，那么 A 车厂总部所在城市也必须接纳 B 城市车厂的品牌。第五，推迟本地政策出台甚至不出政策就是最好的保护。因为外地车厂不了解到底能拿到多少补贴，就不敢贸然定价销售；而本地车厂则可获得政府补贴。工信部在 2014 年 11 月和 2015 年 2 月两次公布试点城市配套政策的出台情况，截至 2014 年 10 月底，88 个试点城市中还有 23 个未出台配套政策，12 月底还有 18 个城市③。这些形形色色的地方保护主义将全国新能源汽车市场切割得七零八落，其中公交客车市场由于受地方政府直接掌控，更

---

① 财建〔2013〕551 号。

② 见第一电动网的报道，http：//www. d1ev. com/40438. html。

③ 参看工信部网站，http：//www. miit. gov. cn/n11293472/n11293832/n11293907/n11368223/16271297. html，http：//www. chinaev. org/DisplayView/Normal/News/Detail. aspx？ id=20216。

是重灾区，被社会各界和中央强烈批评。在2009—2012年的25个示范城市里，除去本地没有客车厂的杭州、海口、昆明、沈阳、唐山、天津外，其他20个城市的本地新能源客车采购率平均高达85%，其中7个城市的公交车全部采购于本地①。

这一系列问题的暴露使中央政府的推广进度大大落后，也让中央意识到仅仅依靠购车补贴和电网公司、地方政府的自行努力是很难真正撬动新能源汽车市场的。而且，只是通过补贴来刺激市场需求并不够，基础设施建设和破除地方保护主义也是两大必须实现的工作。但是这几年间，除了财办建〔2011〕149号文强调制订基础设施规划、兴建配套充电桩、清理歧视性地方法规等外，中央并没有出台其他政策文件来处理这些问题。即使财办建〔2011〕149号文也只是文件呼吁，并没有针对性的具体措施。

（一）新推广政策密集出台

2012年年底第一轮示范推广工作结束之后，国家暂时没有出台新的补贴政策，期间除了按财政部特殊安排在非示范城市推广普通混合动力汽车外②，新能源汽车市场陷入了沉寂。2013年9月四部委启动第二轮推广工作，随后在三个月内一共审批了39个城市群（88个城市）作为推广应用试点城市。

2014年起国家通过这几次对全国新能源汽车行业的调研，国务院领导深入了解了各个企业和城市面临的问题、困境，为下一步国家政策制定掌握了一手信息。尤其是3月26日的深圳座谈会对于我国新能源汽车推广的后续政策具有重大意义，7月出台的《关于加快新能源汽车推广应用的指导意见》中，一系列方针就是源自该次座谈会的定调，此后的一系列政策文件则是各部委按照该文的意见，分头落实具体实施方案。

此外，2014年5月习近平总书记在视察上汽集团时指出，我国要

① 根据财政部非公开数据计算，但该数据只统计了受中央财政补贴的客车，不受中央补贴的客车数量不在统计之列。

② 2012年8月，财政部下发《关于扩大混合动力城市公交客车示范推广范围有关工作的通知》，以一定补贴选购3000—5000辆普通混合动力公交车在非示范城市推广。这笔补贴到了2013年5月结束。

想成为汽车强国，必须走新能源汽车这条路[①]，这给全行业增强了信心。5 月 5 日，在李岚清的提议下，中国电动汽车百人会成立，汇聚了国内新能源汽车行业所有重要的政府人士、企业领导和专家人士，作为国家顶级的汽车专业智库来推进行业政策研究[②]。这些因素成为国家在 2014 年频发新政策以促进推广的时代背景。

进入 2014 年后，中央政府出台了一系列强有力的政策，在第六章中已有详细介绍。国家从多角度来完善原有较为单一的政策体系。除了通过购车补贴刺激市场需求外，着力突破基础设施建设、攻克地方保护主义都成为重要的支撑工作，并通过一系列政策工具来完成这些工作。

（二）克服地方保护

在示范推广工程伊始，中央就洞察到了地方保护主义的潜在危害，所以，从 2009 年 8 月起规定补贴车型必须列入工信部的产品目录。据清华大学参与目录制定的陈全世教授介绍，此举意在国内形成一个统一的车辆标准规范，防止有些地方不顾车辆本身性能而只采购本地车辆[③]。

但事实上仅有目录是不够的，因为各地正规厂商产品都能够进入该目录，阻碍不了地方保护主义。为了遏制这种局面，国家就在 2013 年的新一轮推广要求中强制规定，一个地方的新能源推广数量必须有 30%是外地品牌。除了 30%这条红线外，国家还想要进一步地制定一个统一的目录体系。

（三）加快基础设施建设

加快基础设施建设是我国发展新能源汽车的另一项重要支撑工作。2014 年以来，国家在如下几个方面出台了一系列相关政策工具，来达成这项工作。

---

① 参见《“上海的今天好，上海的明天会更好！”——习近平总书记考察上海侧记》，《解放日报》2014 年 5 月 26 日。

② 陈清泰：《把大家装进百人会》，《汽车商业评论》2015 年第 1 期。相关新闻报道可见 http：//www. evdays. com/html/2014/0402/zc45354. html。

③ 耿慧丽：《“十城千辆”新能源汽车推广亟待统一协调规范》，《中国高新技术产业导报》2009 年 5 月 18 日。

第一，制定充电基础设施标准，这包括充换电站的设计标准和充电桩、充电接口标准，具体原因在上文已经详述。2014 年 1 月，住房与城乡建设部发布《电动汽车充电站设计规范》，规定了若干强制条文。当年 7 月，德国总理默克尔和苗圩一起宣布启动中德电动汽车充电合作项目，在充电标准方面展开双边合作，谋求未来双方企业充电接口的统一①。2015 年 10 月，中国电力企业联合会发布《电动车辆传导充电系统一般要求》；12 月国家质检总局和国家标准委公布《电动汽车传导充电系统标准》，规定了充电标准、接口标准、通信协议等标准。这些标准将有利于我国充电基础设施的进一步发展。

第二，设立面向地方政府的充电基础设施建设奖金。2013 年 9 月出台第二轮推广应用工程政策时，文件指出要对示范城市建设充电设施给予奖励。2014 年 11 月，四部委正式发布文件，将对推广成绩突出且不存在地方保护的城市给予专门用于充电基础设施建设和运营的奖励，给不同类型的城市规定了推广指标，如果达到这个指标就能够享受奖励，否则要打折扣。这项措施的出台，是为了更好地调动地方政府建设充电设施，毕竟地方政府是建设公共基础设施的责任主体，但以前缺乏直接激励地方政府的政策工具，所有补贴均面向企业或消费者，对地方政府只有推广指标的压力而没有激励。而且建设充电基础设施的成本压力也比较大，一个 10 台充电机的充电站投资成本就在 300 万—400 万元，还有每年的运营费用 30 万元②。所以，马凯在深圳座谈会上就指出，首先应该明确充电桩建设的主体责任在城市，要加强对地方的督促、考核，定期通报各地的进展，实行与目标完成情况挂钩的奖励办法。这项奖金的下拨就能够减轻地方政府的财政负担，并通过推广的指标进一步给予地方压力。

第三，确定充电基础设施的成本和费用标准。2014 年 7 月 22 日，发改委发改价格〔2014〕1668 号文宣布了三项重要的政策：确定集中充电站和居民分散充电桩的各自充电价格标准；明确了充电服务费的定价标准；明确充电基础设施的增容成本分担问题。这三项政策都

① 参见凤凰汽车报道，http：//auto. ifeng. com/pinglun/20140708/1017678. shtml。

② 中国电动汽车百人会 2015 年年度报告。但这个数字可能存在误差。

是针对基础设施建设过程中出现的基本问题。

我国的电力价格从高到低有三个档次——一般工商业用电、居民用电、大工业用电，此外还按照电网负荷时段从高到低分为尖峰、峰值、平峰、峰谷四级。示范推广早期，我国并未确定全国性的充电站桩供电价格到底按照什么类型定价，使市场在投资充电站桩时比较难以计算预期盈利。此外，供电价格是否按照峰谷区别对待，这不仅涉及充换电站的盈利模式[①]，而且涉及国家发展电动汽车产业的一个初衷——通过充电甚至是将来的 V2G 返回电网来实现电网负荷“削峰填谷”、动态调节，优化发电机组运行，以更好地节能减排[②]。为了尽早明确此问题，按照国家 2010 年提出的峰谷电价差异化改革方案[③]，国家发改委就做出规定：集中经营的充电站供电价格按大工业电价，居民小区分散充电桩则按照居民用电，二者都实施峰谷不同电价。

确定了电网的供电价格标准后，下一个问题就是充电站如何向消费者收取充电的费用，这是关乎充电站投资主体盈利能力的根本问题，因为充电站经营企业需要盈利，它向消费者收取的费用中除了电价之外必须有一部分溢价，才能吸引社会投资主体来经营充电站。按照国家设定的 2015 年 50 万辆、2020 年 500 万辆保有量目标和必要的车桩比要求，发改委又提出 2020 年要新增充换电站 1.2 万座、分散式充电桩 480 万个。这个庞大的任务量使政府必须要依靠多元化的社会资本来建设运营基础设施，于是国家电网在 2014 年 5 月 27 日宣布支持各类社会资本入局[④]。国家能源局也在深圳座谈会上表示，当时

---

① 举例来说，如果实施峰谷电价区别对待，电站就有动力在谷底时段给予优惠价格，吸引充电；也可以在谷底时段给换电电池、储能电池充电，在白天释放供电。同理，供电电网也能制定相应的盈利手段。

② 这个初衷是业内的共识，科技部《电动汽车科技发展“十二五”专项规划》中也有明确表述。所谓 V2G（vehicle to grid），就是在将来的智能电网达到用电高峰时段，电动汽车有可能将电池内的储备电量反哺电网，相当于无数个分布式小型发电机来平衡电网负担。但这个理想在目前尚未实现。

③ 参见《电力需求侧管理办法》（发改运行〔2010〕2643 号）。

④ 经过五年建设，截至 2013 年年底，国家电网的充换电站也才只有 400 余座，充电桩 1.9 万个。数字来源于国家电网在 2014 年 5 月的新闻发布会。参见 http：//news. xinhuanet. com/energy/2014-05/27/c_126553553. htm。

的工作重心是探索市场主体多元化，但是盈利模式是一个难题，国内外都没有成熟的电动汽车能源供给的运营模式，处于边探索、边积累、边推广的阶段，电动汽车能量补给服务价格体系尚未建立，除电网企业以外的投资运营主体盈利的能力比较低。

但是，社会投资主体进入基础设施建设有两个障碍。一是体制障碍，即社会投资主体的身份和收费资质是什么？充换电站的运营本质是向充电消费者供给电力，收取费用，那么倘若将之归入供电营业企业，那么按照《中华人民共和国电力法》第五章规定，电费中不能有其他费用①，充换电站就无论如何没办法收取除电费外的溢价以盈利②，所以必须要给充换电站企业以一个身份③。发改价格〔2014〕1668 号文就明确定义为“充换电设施经营企业”，并可向消费者收取电费及充换电服务费。充换电服务费就是企业盈利的来源。那么第二个障碍就随之而来，如何确定服务费？一个基本原则是让用户的总价低于同等条件下的油气耗成本④，尽管这里面的差价空间比较大，但是运营商要把投资充电站的所有成本摊销进去，所以各地甚至同一地方的不同运营商的服务费就有差异⑤。所以，发改委并没有设定“全国统一指导价”，而是让各个城市在政府指导下去试验，通过市场竞争和妥协来不断摸清成本、价格和市场接受能力⑥。发改价格〔2014〕1668 号文以及 2015 年国办发〔2015〕73 号文确认了这个观点，指出要让各地充分总结经验，逐步规范服务价格机制，当电动汽车市场发展到一定程度后让市场竞争来定价。

---

① 原文为“禁止任何单位和个人在电费内加收其他费用——除非法律和行政法规另有规定；禁止供电企业在电费外代收其他费用”。

② 还有一部分人以《电力法》“一个供电营业区内只设立一个供电营业机构”的条文来质疑充换电站的合法性问题，因为区域内已经有了国家电网或南方电网。这个观点已经得到了否定，因为充换电站不符合供电营业机构的定义。详见 http：//finance. ifeng. com/a/20141029/13228167_0. shtml。

③ 资料来自笔者访谈。

④ 即同等车型同等续航里程的电耗成本和油耗成本之差价。另见发改价格〔2014〕1668 号文的表述。

⑤ 据笔者调研，深圳比亚迪建设的充电站服务费 0. 45 元/度，而杭州、合肥等地就较高。而且深圳按照充电量收费，杭州按照里程数收费。

⑥ 资料来自笔者访谈。

还有一项费用是充电站的配套电网改造成本——俗称“增容成本”，将从充电站外墙到配套电网这一段距离的改造成本划归电网承担，不必再由充电站投资商承担。这一项费用的减少大大降低了投资商的负担。建设充电站时，由于充电站需要集中供电，功率负荷很大——尤其是直流快速充电站，所以充电站内需要新建一套配电系统，并从远处变电站接入通常是10—20kV的高压电缆——俗称“电力红线”①。在2014年夏天政策未出台前，社会投资建设充电站时需要承担电力红线的接入成本——每根1公里长的10kV高压电缆至少要20万元甚至更高，而且由电网公司单方面定价②，给充电站投资建设带来不小的负担。为了减轻这些负担，国家发改委价格司提出将墙外增容成本划拨电网承担的政策主张，并设立专项资金在电网价格核算中弥补电网公司③。

总之，无论是增容成本的重新划拨还是峰谷电价、大工业电价的设定，都是为了有效加快充换电基础设施的建设，吸引更多社会投资主体进入。

第四，完善城市用地规划和设施用地政策，以及加大小区内业主委员会建设力度。这两个工具都是为了解决多年来比较突出的棘手问题。首先看规划和用地政策问题。充电设施发展有一个老大难的问题，就是寻找合适的土地建设充电站、安装充电桩。一般城市的规划布局没有将充电站建设纳入规划，所以充电站建设要么找不到地方，要么通过各种手段如临时租赁土地等找到一个地方——但事实上由于缺乏规划根据，实际上是一个临时建筑④。

北京则面临着停车位规划滞后的困境。按照北京市1994年制定

---

① 假设一辆纯电动轿车的满负荷电量15千瓦时，要在1小时内快速充满，那么单个充电机的功率就是15千瓦。如果一个中型充电站有10个充电桩一起工作，那么站内总输出功率就达到150千瓦。考虑到充电机的功率损耗，设为90%的效率，那么整个充电站的外接输入功率就要达到170千瓦。按照南方电网公司的充电站设计标准（见http：//www.china-nengyuan.com/tech/77626.html），就必须用接入10kV高压电缆。

② 资料来自笔者访谈。在访谈中，专家甚至表示电网高压电缆接入价达到100万元/公里。

③ 资料来自笔者访谈。

④ 中国电动汽车百人会：《电动汽车充电基础设施相关问题研究》，2015年。

的老城区内居民小区机动车停车设施配比标准，每10户才配3个车位，这严重约束了居民利用固定车位安装充电桩的可能性①。城市规划和用地政策的滞后与快速膨胀的充电基础设施需求形成尖锐矛盾。为此，住房和城乡建设部在深圳座谈会上建议，在老城区内充分利用现有的静态交通设施，比如停车场的位置，在新城区交通规划是一定要为充电设施留好地。

于是，国办发〔2015〕73号文明确提出，新建小区停车位原则上要1∶1预留充电条件，大型建筑物配建停车场和社会公共停车场要10∶1预留条件，每2000辆新能源汽车要对应一个公共充电站，同时要求居民小区、各单位内部、公共服务领域都要大力建设充电设施；并简化了相关规划审批，把新建充电基础设施纳入公共用地规划。

再看居民小区建设充电桩的问题。这个问题更是出乎政策制定者的预料，没有预料到在小区内建设充电桩会遇到物业的强大阻力。由于小区安装充电桩对于物业公司本来没有利益，物业公司却要去联系供电公司为小区电力增容，还得承担消防安全、建设运维责任等问题，所以没有什么积极性来应对业主要求。整车厂出于销售目的，不得不协助业主与物业协商，还得帮忙联系充电设施服务商，同样很不满。最后，增容费用、施工安装费用、充电设备费用等费用分担也没有一个明确的机制②，往往是整车厂优惠赠送客户充电桩，甚至上门免费安装。为此，发改委在《电动汽车充电基础设施发展指南》中提出要加大物业协调力度，制定一个全国统一的业主安装充电桩示范文本，依据文本引导业主、物业、充电设施安装服务企业等各方协调，纳入物业管理合同，允许适当向用户收费，建立一个“权责利”的市场机制。北京市在这一点上走在前面，2014年已制定政策对此做出要求。

三 案例4 刺激市场需求

即便是刺激市场需求，国家在2014年起也陆续丰富了相关政策工具，以更有效地刺激市场需求，将刺激消费的政策工具从单一的购

---

① 参见《科技日报》，http://digitalpaper.stdaily.com/http_www.kjrb.com/kjrb/html/2013-10/30/content_230890.htm?div=-1。

② 中国电动汽车百人会2015年度课题报告。

车补贴政策到各项经济激励。

第一个新政策工具是政府机关带头采购新能源汽车，先拉动公共市场。国家意识到仅仅依靠补贴私人或公共服务用户还不够，毕竟这是企业和私人，在购车的经济性上需要核算——即便是财政全额负担的公交企业也有财务运营核算，安装充电设施更是较为麻烦。李克强总理在 2013 年 7 月国务院常务会议和 2014 年 1 月视察西安比亚迪时都强调政府要在新能源汽车使用中起到示范作用①。政府机关带头采购使用新能源汽车能增加社会对产品的信心，由此拉动市场规模，进一步降低产品成本，使百姓更容易购买。而且目前车辆的电量对公务车日常使用是足够的，机关单位大院安装充电桩也不难。2013 年 9 月出台的新一轮推广应用办法中明确提出，政府机关采购新车时应有 30%是新能源汽车。但那只是一个原则意见，并没有落实细则。2014 年 7 月，政府进一步就对新能源公务车购买的实施范围、车型、补贴、用途、充电设施等做了较为详细的操作规定。实际上，这个政策在公务用车领域先创造出一个领先市场（lead market）。所谓领先市场是指创新型产品首先投入使用的一个细分市场部门，通过这块市场的示范和培育来带动向大众市场的全面扩散②，它也是保护利基内新技术的一种重要举措③。

第二个政策是减少了公交车因油价上涨带来的成品油补贴，转而增加电动公交的运营补贴④。这个政策源起于我国自 2006 年开始实施的公交车成品油补助政策。由于国际石油价格变化比较大，随之带来国内成品油价格也会波动。2006 年，在国际石油价格不断上涨的情况下，与国际接轨的原油进口价格和受发改委调控的成品油价格之间出现倒挂，使炼油厂亏损加大。于是中央启动了成品油定价机制改革，让成品油出现一次涨价⑤。但为了减轻对公益性行业的影响，国

---

① 参见新华网报道，http：//news. xinhuanet. com/2013-07/12/c_125001214. htm。

② Edler，Jakob，et al.，“Evaluating the Demand Side：New Challenges for Evaluation”，*Research Evaluation*，Vol. 21，No. 1，2012.

③ Smith，Adrian，et al.，“Innovation Studies and Sustainability Transitions：The Allure of the Multi-Level Perspective and Its Challenges”，*Research Policy*，Vol. 39，No. 4，2010.

④ 财建〔2015〕159 号。

⑤ 相关报道可参见新浪财经，http：//finance. sina. com. cn/focus/cpyjgst/。

家提出要对这些行业予以适当成品油价补助，公交车就在其中之一[①]。根据2009年的政策文件，当汽柴油价格高于一定水平时[②]，财政就开始补贴，补贴金额随着成品油价格涨跌而动态调整。城市公交由中央财政全额补贴，农村公交由中央和地方分担[③]。这称为“涨价补助”。另外，2008年国家启动“费改税”，取消一系列公路有关费用，增加成油品税率。同样，对于公益性行业，国家也需要拿出一部分资金予以补贴，这称为“费改税补助”。这两部分补助构成了我国城乡公交公司的一项重要收入。据笔者2014年在深圳的调研，国家对燃油公交车一年补贴9万—11万元，在公交8年的质保寿命期内总计约80万的补贴[④]。但如果换成电动车，这笔重要的收入就消失了，因此公交企业没有积极性去采购电动车，地方财政也没有积极性。因此，成品油补助对电动公交推广形成了负向阻碍。正是由于这个原因，2015年7月中央宣布将下调成品油补助中属于“涨价补助”的那部分金额，逐年减少[⑤]，新增电动公交的运营补贴。为了增强推广电动公交的效果，国家还规定，如果一个地方政府未能如期达到既定推广计划，那么涨价补助的金额还要进一步削减。这项政策“双管齐下”，一是增加了公交企业购买电动车、放弃燃油车的积极性；二是给了地方政府更大的压力。

第三个政策工具是2015年9月末国务院常务会议确定的“新能源汽车不限行、不限购”政策。由于部分大中城市路面交通压力增加，部分城市从若干年前开始了“限购限行”政策。以北京、上海两个典型城市为例，2011年起北京实行轿车购买指标“摇号”制度，而上海则从1994年就开始竞拍来配置车牌。随着北京市“摇号”中

---

① 国办发〔2006〕16号。

② 具体规定是汽油高于4400元/吨、柴油高于3870元/吨。

③ 财建〔2009〕1号。

④ 这个数字在各地可能有差异，据笔者在襄阳的调研，一年的补贴只有4.2万元。尽管数字有差异，但起到的负激励效果是相近的。

⑤ 因为“费改税补助”的金额源自于燃油车的燃油税，相当于返还燃油车。电动公交并没有缴纳燃油税，所以也不应该享受“费改税补助”。这是2014年3月深圳座谈会上有关部门提出的理由。

签比率直线下滑和上海牌照价格的直线上升[①]，获得传统轿车牌照的难度越来越大。为了支持新能源汽车的推广，北京市从 2014 年 1 月起给新能源汽车单独设置指标，由于指标充裕，所以名义上的摇号在初期其实是百分之百中签。但到了 2015 年之后随着申请摇号的人数增加，新能源中签率开始下滑，2015 年 8 月的中签率是 38%[②]。上海则免去了新能源汽车的牌照竞拍，直接配置牌照，但牌照总额有限。除了配置牌照，北京还免除了对新能源汽车的限行限制，上海则给予一定通行便利。这些交通管理措施对于购置新能源汽车起到了积极的激励作用，北京市申请新能源摇号的人数不断创出新高，而上海的免费牌照政策则成为很多人购买新能源汽车的一大驱动力[③]。其他城市如杭州、天津等也有类似政策。中央政府在很大程度上认可各地对于新能源汽车的区别交通管理措施，财办建〔2011〕149 号文就指出，各个试点城市要积极研究有关措施，2014 年 7 月的国办〔2014〕35 号文再次强调这一点，希望给新能源汽车以区别便利。不过，直到 2015 年夏，有个别城市仍然对于新能源汽车并没有完全地放开，特别是在限行措施上仍然与普通车差异不大，而且北京的新能源汽车摇号中签率也跌破了 50%。在这种情况下，为了统一思想，国务院常务会议就明确提出对新能源汽车不限行、不限购，以更快加速推广。国务院宣布不久，北京市就顺应中央政府，宣布对新能源汽车直接配置牌照。

第四项政策工具是免除新能源汽车的购置税。这项政策的一个直接作用就是进一步直接降低购车者的经济负担。车辆购置税是车价扣除增值税部分后的 10%，所以是一笔不小的负担。它跟购车补贴的性质不同。按照第二轮推广补贴的具体规定，新能源购车补贴由财政直接支付给厂家，厂家按照出厂价减去补贴后的优惠价格售车给消费者。倘若直接补贴发到消费者手中，那么购车价就会是出厂价。所以，购车补贴无论是发放到消费者手中还是直接给厂家，若不考虑周

---

① 参见该网站记录的上海历次拍卖价格，http：//www. 51chepai. com. cn/paizhaojiage/。2015 年最后一次摇号，北京普通小客车的中签率已经跌到 0. 5%。

② http：//tech. ifeng. com/a/20150826/41463698_ 0. shtml.

③ 各大媒体以及业内人士都有此共识。

表 7-4　推广政策变迁原因

子案例	支撑工作	政策工具	问题情境	原因
案例 3	基础设施建设	2014 年充电站设计标准 2015 年充电接口设计标准	• 充电桩、接口标准不统一	• 缺乏行业标准
		2014 年确定充电服务费、电价、电力增容成本分担	• 充电站缺乏成熟盈利模式 • 社会资本建站成本太高 • 收费无标准，允许各地先行探索 • 收费缺乏《电力法》依据 • 家用充电桩和充电站的电价不明确	• 利益网络小 • 政策冲突 • 政策试验
		2014 年充电建设奖励资金	• 地方政府缺乏建设充换电站的积极性，财政负担重	• 利益网络小
		2015 年国务院综合意见，规定充电桩比例、促进建设规划、业主委员会 2015 年充电设施综合规划	• 城市规划没有考虑充换电基础设施 • 小区物业有很强阻力	• 政策冲突 • 利益网络小
	克服地方保护	2009 年节能与新能源汽车示范推广目录	• 使补贴更规范，有标准依据，预防地方为自己利益采购产品	• 缺乏行业标准
		2013 年规定 30%外地品牌采购比例	• 地方保护主义，作为临时的阶段性措施	• 利益妥协
案例 4	刺激市场需求	2009 年购车补贴	• 电动汽车成本太高，需弥补电动汽车和传统汽车差价	• 新技术劣势
		2014 年公共部门采购	• 公共部门安装充电桩相对简单，能负担购车财力，用车习惯适合于电动汽车	• 建立领先市场
		2014 年免除购置税	• 购置税率较高，且由消费者承担	• 理解用户偏好
		2015 年调整公交运营补贴	• 成品油补贴让公交公司失去购买新能源汽车的动力	• 政策冲突 • 理解用户偏好
		2015 年不限购、不限行	• 传统车限行限购，激励消费者购买新能源汽车	• 理解用户偏好

转资金的财务成本，税前实际效果都是一样的①，是“价前补贴”。但是，购置税则是“价后”支付，完全由消费者承担，跟车商无关，所以如果减免购置税，就是消费者得利。在10%的税率下，减免购置税会是一笔不小的优惠。在2012年3月，国家已经免征纯电动汽车和燃料电池汽车的车船税②；同年6月，公交汽车和公交电车都被免除车辆购置税③。在一定程度上，免除新能源汽车的购置税是上述举措的自然延续。

四　案例小结

如表7-4所示，在新能源汽车的示范推广过程中，国家从刺激市场需求到后来“多管齐下”，形成了丰富的政策工具。即使在刺激市场需求这一支撑工作下，也从单一的购车补贴到免除购置税、不限购不限行等多项措施来撬动市场。

在需求侧，引入新支撑工作和政策工具实际上是政府持续不断地在推广过程中吸取经验教训，发现市场内持续未预料到的情况后制定新政策来解决问题。具体的因素包括不断扩大利益相关者网络、理解消费者固有的需求偏好、克服产业发展与旧体制的政策冲突、克服地方保护主义、通过公务用车建立领先市场等。

第五节　案例5　产业监管政策

新能源汽车的示范推广不仅是政府出台政策拉动社会公众购买汽车的过程，而且需要行业内的企业推出更多、更好的产品。创新驱动、产学研用结合一直是国家发展该产业的基本原则，并将加强技术创新和产品质量监管列入基本任务。除通过科技计划和2012年启动的工信部产业技术创新工程直接支持产品技术研发外，我国还在示范推广期间出台了一系列监管政策，实际上起到了促进企业向市场提供更多优质新能源汽车的作用。主要的监管政策有两套：一是乘用车平均燃料消耗值管理；二是对整车企业和动力电池企业的准入管制。

---

① 税后不同，因为如果补贴发到消费者手中，那么车价就会升高，这会增加额外的购置税。
② 财税〔2012〕19号。
③ 财税〔2012〕51号。

一　乘用车平均燃料消耗值管理

早在2004年和2007年，国家就已经分别对乘用车和轻型商用车提出了车辆燃料消耗值的国家标准①，目标是淘汰一些耗油量过大的落后产品。2011年进一步修改了乘用车的燃料消耗值评价方法，除了对单车燃料消耗有要求外，还对整个企业所产车辆的平均值有限制②。

在这些国家标准的基础上，2013年3月，工信部、发改委等五部委联合公告〔2013〕15号，要求国内乘用车企业的产品平均燃料消耗量要在2015年降到6.9升/百公里。简单来说，就是一个企业所生产的所有乘用车的加权平均耗油量要达到既定目标，不同类型车辆的权重和油耗量不同。例如，纯电动、燃料电池汽车的油耗为0，权重为5；而普通燃油车油耗为其实际数值，权重为1③。2014年10月，五部委又公开了全国企业的燃料值检查结果，通报批评了一些未达标的企业，申明了处罚原则，显示了政府在此事上的决心。

这项政策参照了欧美国家类似的政策，最著名的就是美国的“企业平均燃料经济法规”（Corporate Average Fuel Economy，CAFE），由环境保护署（EPA）负责监督。我国之所以推出类似的CAFE政策，首要目标也跟西方一样——降低汽车油耗，节约能源。2012年，我国已经提出了这个目标。工信部对此公开解释制定这个严格目标的动机在于降低汽车能耗，否则按照当前趋势，到了2020年，2亿辆的全国保有量规模会使每年汽车耗油量突破3亿吨，让国家无法承受；只有实行严格的标准，才能降低到2.5亿吨④，由此来推动汽车企业不断提高传统燃油车的节油技术水平，毕竟目前汽车企业的主要产品还是燃油车。

该政策的另一个目标在于“倒逼”企业生产更多节能和新能源汽车，尤其是在普通混合动力汽车失去补贴之后，就更要推动企业研发生产混合动力汽车。在该项法规中，节能和新能源汽车不仅有极低的油

---

① GB 19578—2004和GB 20997—2007。

② GB 27999—2011。

③ 详见五部委公告〔2013〕15号。

④ 芦丽琴：《重点推进纯电动和插电式混合动力汽车产业化》，《中国工业报》2012年7月13日。

耗，而且具有很高的权重。所以一个企业即使生产了许多高油耗的车辆，只要它同样生产足够多的电动汽车，同样可以满足平均燃料值目标。这对于普通混合动力汽车的发展很重要。在 2012 年确立“纯电驱动”战略以及 2013 年新一轮补贴政策放弃普通混合动力之后，企业基本没有充足动力去开发生产混合动力。但混合动力作为很有效的节能技术，是国家要支持的方向，所以，除 3000 元节能汽车补贴外，这项平均燃料值法规就是倒逼企业去生产研发混合动力汽车。因为不少企业都无法判定纯电动、插电式和燃料电池汽车在补贴逐年退坡后能有多少销量，不能单纯指望高补贴下的新能源汽车来拉低平均燃料消耗值，所以必须研制并在日后推出优秀的混合动力汽车来满足市场和政府双方面的要求①。本书第六章对江淮和上汽的案例介绍也体现了这一点。

二　整车和动力电池行业准入管理

2015 年 3 月，工信部发布公告〔2015〕22 号，对汽车动力电池生产企业的产能和技术能力提出要求，其中锂电池单体年生产能力不能低于 2 亿瓦时。三个月后，国家发改委和工信部又对新建纯电动乘用车企业放开准入，但要求新建乘用车企业必须只能生产纯电动产品，且要满足“双 100”要求——最高时速 100 公里、最低续驶里程 100 公里。这两项政策直接对新能源汽车的核心产业——电池产业和汽车产业——进行规制，具有特殊的意义。

那个时候，多年示范推广后的中国新能源汽车从 2014 年后开始进入快速发展期，不仅带动了整车生产，也拉动了电池行业，一时间国内无论是整车还是电池的产能都急剧扩张。据不完全统计，2014 年的动力电池投资投产项目超过 10 项，总金额 400 亿元以上，外资企业和国内龙头都纷纷扩大产能②。2015 年，由于下游整车销量井喷，动力电池供不应求，各个原材料和成品材料价格暴涨，还出现“断货”；同时上千亿元资本进入电池行业，将近 60 家企业挂牌新三板③。

---

① 资料来自笔者访谈。

② 中国汽车技术研究中心：《新能源汽车产业发展报告》，社会科学文献出版社 2015 年版。

③ 详见中国电池网的报道统计，http：//www. itdcw. com/news/top/010455L02016. html，http：//www. itdcw. com/news/top/0101556342016. html。

在汽车制造业，各路互联网资本背景的企业通过合资等方式试图进入，群雄并起、风起云涌，一时多少豪杰！

另外，我国企业从事整车生产需要资质，资质受到国家1994年《汽车工业产业政策》以及2004年修订的《汽车产业发展政策》限制，门槛要求比较高——项目投资总额要求不少于20亿元，自有资金不少于8亿元，乘用车企业必须有研发机构和发动机生产线，并且有万辆以上的生产规模要求。所以制造企业的资质比较难以取得，新建项目需发改委甚至国务院来审批核准。正是这样的严格要求，让许多试图进入整车制造的资本在很长一段时间内只能求助于“借壳”方式，即买下早年具有资质的企业，利用该企业的资质来挂自己的品牌。在新能源汽车领域，典型的企业有众泰汽车控股的湖南江南汽车制造有限公司、珠海银隆控股的珠海广通客车等。但随着新能源汽车行业的景气度上升，越来越多的呼声希望国家放开生产资质要求，让更多资本能够跨界进入整车制造业①。这些呼声的正面典型是从无到有进入电动汽车制造的特斯拉，反面则是个别资本实力雄厚、生产能力强大的国有企业——它们迟迟没有推出成熟的电动汽车产品，特别是乘用车产品。在2009年黄山T10分会上，有个别企业对于发展电动汽车有着明显的消极态度，原因之一是它们在发动机上已经投入了大量资本，形成了较好的技术积累，不愿电动汽车来颠覆现有能力②。

面对着这样的情况，按照2012年产业发展规划中避免低水平重复建设的要求，国发〔2014〕35号文提出要“制定新能源汽车企业准入政策”，让有创新能力的社会资本进入这个行业。国家发改委相关领导在深圳座谈会上阐述了制定政策的动机：“传统企业之外要有一批投资主体进入到新能源汽车，开头很难，但是从长远看，通过竞争出来的企业最后才是有竞争力的……一定要把鲶鱼放进来，不然这个市场就不能有活力。”

因此，《新建纯电动乘用车企业管理规定》就打开了这一道闸门，让更多社会资本进来，参与生产。该项政策有两个关键要求。第一个

---

① 例如陈清泰在2014年8月1日百人会论坛上发言，http：//auto. qq. com/a/20150801/012070. htm。

② 资料来自笔者访谈。

要求是只能生产纯电动，其目标实际上是降低了 2004 年《汽车产业政策》对燃油汽车提出的要求，因为纯电动汽车与燃油汽车差异很大，可以抛开内燃发动机，“轻资产”上阵；但插电式却还是有传统燃油车的浓厚印迹，需要发动机。起草该政策的专家解释道，因为插电式仍然需要传统发动机，如果新准入条件也适用于插电式，那么企业就有可能以生产插电式汽车为名绕过 2004 年政策的高门槛要求，实际上生产发动机①。

第二个要求是“双 100”。制定这个要求，其目标是设置一定门槛，让新入行企业必须要达到必要的技术水平，促进企业技术能力的提高，但又不能提出过高要求以免压制新企业，做好适度平衡②。该专家进一步解释：“我们当时调研了不少企业，依照行业现状，看领先企业的能力到什么程度，然后制定一条线。这条线既不能太低也不能太高，要让企业跳一跳就能摸得到……如果线定得太高，那么第一个有些企业还达不到，第二个是对成本的要求会很高，这样进入企业的竞争力会受损。国家希望有更多企业能参与进来。”③

同样，“跳一跳就能摸得到”作为一种标杆效应也体现在《汽车动力蓄电池行业规范条件》的制定过程。工信部规定电池产能必须达到 2 亿瓦时，因为希望一批具有合格竞争力的企业进入行业，但企业又必须保持一定规模，不能出现太多散乱的小企业，不利于产业规模化成长。另一位起草该政策的专家透露：“2 亿瓦时的要求高吗？其实不高……我们当时提出了 3 亿瓦时的要求。”④

三　案例小结

从本案例可以看到，政府主动引入新监管政策以推动企业生产新

① 资料来自笔者访谈。2004 年《汽车产业政策》规定如果要投资生产发动机，那么项目投资总额不少于 15 亿元，自有资金不少于 5 亿元，所以发动机项目的门槛很高。

② 国内在山东、河南等三四线城市和农村地区较为流行的低速电动车一般比较难以达到“双 80”的要求。最高车速和续航里程往上攀升会导致整车技术能力要求和成本要求迅速提高。所以业内有人士认为，“双 100”更是对低速电动车企业“转正”成为正规乘用车企业的阻碍。关于低速电动车的问题，可参阅中国汽车技术研究中心所编《中国新能源汽车产业发展报告（2013）》。

③ 资料来自笔者访谈。

④ 资料来自笔者访谈。

能源汽车和高品质电池，引入新的合格竞争者以倒逼企业创新，提高技术水平。

表 7-5　　产业监管政策引入原因

政策工具	问题情境	原因
2013 年乘用车 CAFE	• 未来石油依赖程度太高 • 混合动力无补贴及新能源补贴退出后，怕企业无动力	• 能源安全 • 企业技术创新不足
2015 年乘用车准入管理 2015 年动力电池规范条件	• 社会资本涌入，生产资质规定形成障碍 • 提高对新企业的要求，规范产业 • 传统在位企业对新能源缺乏动力，引入行业“鲶鱼”	• 政策冲突 • 产业竞争不够 • 企业技术创新不足

第六节　案例 6　补贴政策变迁

我国新能源汽车推广的核心政策是购车补贴政策，补贴政策对行业的影响程度非常大，不论是技术开发还是产品开发、销售。中央政府自 2009 年启动大规模的财政补贴示范推广以来，截至 2016 年已经出台了第三轮补贴政策——其中 2016—2020 年的补贴政策在 2015 年年初就得到了公布。三轮政策细则的变化很大。推广补贴政策从总体上可分为乘用车、商用车两大类，二者的补贴技术标准和额度大相径庭。此外，我国对于不同类别电池的补贴也不相同。下文将分门别类展示并揭示政策细则变迁及其缘故。

一　商用车补贴细则变化

我国从 2009 年启动“节能与新能源示范推广工程”起，就开始补贴商用车，主要包括公交客车、普通客车和专用车（环卫、物流、警务）等。2009 年的第一轮推广补贴了公交客车和服务于公共领域的轻型商用车——如通常的面包车，从 2013 年起分离出客车和专用车两类。三轮补贴细则之间的具体差别如表 7-6 所示。

表 7-6　　商用车补贴细则对比

	第一轮		第二轮		第三轮	
时间段	2009—2012 年		2013—2015 年		2016—2020 年	
补贴范围	25 个城市		以 88 个城市为主，全国皆补贴		全国	
补贴车型	10 米以上公交客车、公共服务轻型商用车		客车、专用车		客车、专用车、货车	
补贴技术路线	BEV、FCV、HEV、PHEV		BEV、FCV、PHEV		BEV、FCV、PHEV	
补贴技术标准	按照节油率和最大电功率比的组合给予补贴		客车按车长，专用车按电池能量		客车按层高、车长、续驶里程、E_{kg}，专用车和货车按电池能量	
补贴额度	客车	HEV/PHEV<42 万元	客车	6≤L<8 30 万元	客车（BEV）按照层高、E_{kg}、续驶里程和车长进行细分；客车（PHEV）按照层高、续驶里程和车长细分	
		BEV 50 万元		8≤L<10 40 万元		
		FCV 60 万元		L≥10 BEV 50 万元；PHEV 25 万元		
	轻型商用车	HEV/PHEV<5 万元	专用车	2000 元/千瓦时，不超过 15 万元	专用车和货车	1800 元/千瓦时
		BEV 6 万元				
		FCV 25 万元	FCV	50 万元	FCV	30—50 万元
是否退坡	否		否		2017—2018 年比 2016 年退坡 20%，2019—2020 年比 2016 年退坡 40%	

注：（1）BEV 代表纯电动汽车，FCV 代表燃料电池汽车，HEV 代表普通混合动力，PHEV 代表插电式混合动力。（2）E_{kg} 是单位载质量能量消耗量（瓦时/km · kg），即单位质量、单位行驶里程所消耗的电量。（3）2013—2015 年的中央补贴金额面向全国所有城市，不局限于试点城市。

在新能源商用车中，国家支持最强、时间最久、影响最大的是客车，尤其是公交车——第一轮补贴只有公交车，2013 年以来普通客车也受到了支持。在商用车中，专用车的推广量占 20.3%，大部分是客车①。在技术路线上，2009—2014 年，全国只推广了 80 辆燃料电池车，仅为全国累积推广量的 0.1%②，主流路线无疑是纯电动和混合动力汽车。因此，本书着重分析纯电动和混合动力客车的补贴政策变迁。

（一）2009 年的补贴标准

2009 年，我国对客车采取节油率和最大电功率比的双重标准来确定补贴③，其具体标准如表 7-7 所示。在我国客车示范推广的初期，混合动力客车在国内的产品较为成熟，国内厦门金龙、一汽、二汽、天津清源、宇通、安凯等都已经积累了较好的混合动力客车产品，在“十五”时期“863”计划的示范运行中也受到了良好的检验。它不大依赖于尚未成熟的锂离子电池，用铅酸电池和镍氢电池就可以满足需要；在 2005—2009 年的工信部整车产品公告中，混合动力产品占 61%（中国汽车技术研究中心，2010）。事实上，从后续实际市场表现看，普通混合动力汽车的销量也占据了客车总推广量的 82.9%，不少车型节油率达到了 25%，受到公交公司的欢迎④。从技术特性看，混合动力汽车按输出电功率比——俗称“混合度”——分为弱混、中混、强混三种⑤，理论上混合度越高，则电机输出功率占比越大，在动力系统中的扮演地位就越重要，那么混合动力所要实现的节油效果越好；而且整套动力系统的成本也会随之增大。所以，节油率和最大电功率比都被作为补贴的指标，节油率越高、最大电功率

① 电动汽车重大项目管理办公室《新能源汽车推广应用工作简报》2014 年第 5 期。

② 电动汽车重大项目管理办公室《新能源汽车推广应用工作简报》系列。

③ 所谓电功率比，简单来说，就是从蓄电池经由驱动电机输出的功率在整车动力系统输出功率中所占的比重，因为在混合动力中还有一大部分功率是由内燃机输出。最大电功率比就是这个比重能达到的峰值。

④ 中国汽车技术研究中心：《新能源汽车产业发展报告》，社会科学文献出版社 2013 年版。

⑤ 弱混又有微混、轻混之分，典型的微混采用皮带轮驱动启动电机（称为 BSG），而轻混采用电机和发动机一体化（称为 ISG）技术。

比越强，则补贴金额越高。纯电动和燃料电池不存在节油率、电功率比的问题，因为其节油率和电功率比都是100%。

表7-7　　2009—2012年10米以上公交客车补贴标准

汽车类型	节油率	使用铅酸电池的混合动力系统（万元）	使用镍氢电池、锂电子电池/超级电容器的混合动力系统（万元）	
			最大电功率比20%—50%	最大电功率比50%以上
混合动力	10%—20%	5	20	
	20%—30%	7	25	30
	30%—40%	8	30	36
	40%以上		35	42
纯电动	100%			50
燃料电池	100%			60

注：最大电功率比在50%以上的均含插电式。

资料来源：财建〔2009〕6号文。

（二）2013年按车长补贴

到了2013年9月第二轮推广启动之时，补贴细则发生了至少5处巨大调整，如表7-6所示。第一个根本性调整是普通混合动力不再列入补贴范围。在第二节已经详细介绍了其原因在于2012年所确立的“纯电驱动”战略方向，普通混合动力就被归入节能汽车的范畴内，新能源汽车推广应用中就不再对它单独支持。这导致了第二个重大调整，即废除按节油率和最大电功率比补贴的方式，而按照车长划定标准。由于纯电动和插电式客车的最大电功率比都是100%，节油率也较高，所以原来的指标失去了意义，那么就需要新的标准。那时候，政府意识到前四年的指标过于追求汽车的混合动力性能指标如电功率比等，没有考虑市场用户究竟关心什么，这样的结果就容易被企业“钻空子”，例如个别企业在车辆测试时用高功率的镍氢电池达到较强的最大输出电功率，但实际运行时未必有足够的节油性。除了节油率之外，还要向公交用户需求的实际方向——载客能力——靠拢才是正确的补贴方向①。

因此，制定面向客车用户——无论是公交公司还是客运公司——真正需求的补贴标准是一个共识。那么如何确定一个标准呢？在我国的汽车分类体系中，长度是客车车型的基本划分标准。按照交通运输部《营运客车类型划分及等级评定》（JTT 325—2013），大型和中型客车的分界线定在9米，中型和小型定为6米。一般来说，在6米以上就是轻型客车的范畴，7米左右也有部分轻客车型如奔驰凌特，7—8米是一个大客车和轻型客车的交叉地带，8米以上更偏向公交客车了②。

客车的长度在较大程度上决定了它的载客量、能耗和成本。不同长度的客车有着额定的人均设备配置，例如空气调节与控制、行李舱容积等，且车辆宽度也有一定标准，所以其实可用载客面积是既定的。那么按照国标（GB 7258—2012），每平方米面积安全荷载不超过8人③，就能经验性地计算在一定长度下客车的载客能力和总质量。对应地，在给定车速和工况下推进汽车前进所需的功率就能计算出来，由此确定能量消耗，根据设计里程长短便可配比相应电池④。另外，客车长度还与造价之间存在一定的经验规律，传统燃油客车成本与车长的简单关系约为每米3万元，这个估算在起草2013年补贴政策时有着较为重要的参考意义⑤。正是由于客车长度对能耗、造价和载客量都有直接的影响和经验关系，所以2013年的政策就按照客车长度这一简易法则来划分类型、确定补贴金额。

---

① 资料来自笔者访谈。

② 资料来自笔者访谈。但这只是访谈对象的观点，官方并没有确切的准则，是一个模糊地带。

③ 这是防止超载的安全规定，事实上座位数量远远少于这个标准。一般来说，大、中、小型客车的额定座位数分别是20座以上、9—19座和9座以下。但商用车内部究竟安装多少位置，则取决于用户的要求，没有一定法则。

④ 资料来自笔者访谈。以一辆12米柴油公交车和18米公交车为例，总质量每增加10%，燃油消耗量增加5%。可参见 Transportation Research Board，Assessment of Hybrid-electric Transit Bus Technology，Washington D. C，2009。不过这个关系会随着车速变化而不同。

⑤ 科技部起草政策初稿的人士向笔者告知了这一关系。在笔者的后续访谈中，这个换算关系得到了客车厂技术专家的认可。

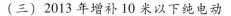

（三）2013 年增补 10 米以下纯电动

第四处重要调整是增补了 6—10 米的纯电动客车进入补贴序列。这一调整实际上体现了政府对潜在市场需求的响应[①]。在 2012 年之前，我国挑选的 25 个示范城市基本都是二线以上的大中城市，想通过补贴大中城市的干线公交车（以 10 米以上为典型）来带动市场；同时也补贴乘用车，因为乘用车比较难推广。2013 年之后，国家的推广政策要拓展到一些三、四线中小城市，同时政府意识到大中城市的郊县也需要一些公交车。据 2013 年统计，当年年末 25 个示范城市的所有公共汽电车数量为 19.3 万辆[②]，而全国共有 51 万辆公共汽车[③]，所以其他城市的公共汽电车总量约占全国的 62.2%，市场容量巨大。这些市场并不需要太多干线大公交，中巴车就可以满足需求。此外，除了公交客车外，还有一些称为“微循环公交”的摆渡车、通勤班车、单位用车、短途旅行客车等市场可以开拓，对应部分车型需要轻型客车，而且由于线路固定、停班充电时间有保障，所以比公交车更适合电动化[④]，正如一家客车厂商所说的，2014 年通勤车市场火爆的原因是，除了高额补贴减少了购车负担，还有通勤车本身的优势在于每天运行里程是有限的，而且有固定的地方停车和充电[⑤]。

但是，10 米以下的插电式客车却没有得到补贴。主要原因是国家更希望加强纯电动公交车的推广，对插电式应用于公交车有争议[⑥]。公交车一天运行的里程较长，通常要达到数百公里，而一辆插电式公交车的纯电续驶里程门槛才几十公里，这导致插电式公交车很快就需充电。但由于充电时间比较慢，不少地方的公交公司就直接继续用油行驶，不再充电，使推广新能源公交车的初衷无法实现。不过，由于普通混合动力客车已经被取消补贴，国家需要给原来从事该技术路线的企业一个退路，不能强制纯电动“一刀切”，那么作为普通混合动力技术的自然延伸，插电式客车也理应继续获得补贴，因此延续了自

---

① 资料来自笔者访谈。

② 笔者根据《中国城市年鉴（2014）》计算。

③ 中国电动汽车百人会：《中国城市客运电动化及智能化策略研究》，2014 年。

④ 资料来自笔者访谈。

⑤ 资料来自笔者访谈。

⑥ 资料来自笔者访谈。

2009 年以来 10 米以上客车的政策，对这部分插电式客车给予补贴。

（四）2013 年插电式客车补贴下降

第五处重要调整是插电式客车的补贴从 2009 年的 42 万元猛降到 25 万元。在 2009 年时，如表 7-7 所示，插电式客车的最大电功率比达到 50%以上，所以享受 42 万元补贴。到了 2013 年之所以迅速下降到 25 万元，其原因有两点。

一是经过了“十城千辆”示范推广工程的四年磨炼，我国推广了 12156 辆混合动力客车，占总推广量的 44.3%①，技术进步较大，规模经济体现出来，并培育出一批供应商，所以混合动力系统的电机、电池和电控成本下降比较快，据媒体报道达到 35%，且已经有不少混合动力系统生产商做好了前期技术准备②。

二是原来的 42 万元补贴额度过高，并不合理，应当减少。首先，1 辆插电式的补贴是 42 万元，而纯电动的补贴是 50 万元，二者相差只有 8 万元。可是，一辆慢充纯电动客车通常要保证 150 公里以上的续驶里程才能满足公交公司的日间运营需求③，但一辆插电式客车所要求的续驶里程仅需满足 50 公里甚至 30 公里④，所以插电式客车所需电池相比纯电动少了 100 公里所需电量——至少需要 100 度电⑤，按我国当时电池单体价格 3—5 元/瓦时，折合 30 万—50 万元！即使考虑到插电式增加了内燃机系统和控制系统成本，插电式和纯电动的补贴相差如此之小，仍然不妥⑥。其次，2009—2012 年，虽然中央没

---

① 中国汽车技术研究中心：《新能源汽车产业发展报告》，社会科学文献出版社 2013 年版。

② 参见电车汇报道，http：//www.evhui.com/10441.html。

③ 中国电动汽车百人会：《新能源公交车示范推广与商业模式》，2015 年。

④ 150 公里和 50 公里分别是 2014 年《关于免征新能源汽车车辆购置税的公告》对于纯电动和插电式的要求；在此之前，客车 2013—2015 年只需满足 30 公里即可。依据中机车辆技术服务中心 2009 年 4 月出台的《节能与新能源汽车节油率与最大电功率比检验大纲》，插电式汽车在进入公告时的测试标准是纯电续驶里程 30 公里。

⑤ 这是保守的估计，据中国电动汽车百人会 2015 年度课题报告《新能源公交车示范推广与商业模式》调查，通常纯电动客车的百公里电耗要到 120 度左右。但也有些新闻报道如宇通、安凯的百公里电耗能达到 80—90 度，如参见 http：//www.zhev.com.cn/news/show-1435724972.html，http：//www.itdcw.com/archives/15088，未经核实，故只按 100 度计算。

⑥ 资料来自笔者访谈。

有要求地方政府一定要给予地方配套补贴，但不少地方政府主动给予了一定数量的补贴，这使得插电式车辆在42万元的补贴额度上又增加了一大笔补贴，所以，几家客车厂商都认为，当时混合动力客车补贴的确过高，中央下调后能够承受，况且本来插电式的节油效果就能弥补回一部分成本[①]。

（五）2016年：推广各种长度的车型

2016—2020年的补贴细则与2013—2015年相比，又产生了完全不同的变化，如表7-8所示。第一个显著变化是丰富了各种长度类型的客车。到了第三轮推广期间，政府的公交电动化思路是向上推广12米以上的大型客车甚至18米的快速公交（BRT），向下推广6米左右的“微公交”，全面覆盖各种类型的公共交通客车[②]。所以，在中小城市和郊县里，电动小型客车符合推广的方向，但是相应让补贴金额打折，以贴近小型客车的实际成本；而在大城市里，通过增加补贴额度来激励城市采用大型公交车——而在上一轮政策中，10米以上车辆的补贴价格没有区别，缺乏激励性。

而且，新政策增添了对10米以下插电式客车的补贴，与上一轮有质的不同，此前只有纯电动客车才有资格。之所以国家需要补贴10米以下纯电动客车，上文已经介绍，政府希望将新能源推广到三线以下城市和大城市郊县的公交系统、班车等。但是，在推广的过程中，政府发现仅仅依靠纯电动客车不能满足需求，还需要插电式，因为小城市等地方的充电基础设施不够，而且纯电动客车的价格比较高[③]。

（六）2016年增设E_{kg}值和纯电续驶里程为标准

“单位载质量能量消耗”（E_{kg}）和纯电续驶里程作为2016—2020年补贴政策的新标准[④]，引人注目。上一轮政策只考虑按车长补贴，有专家直言：“现在看来那时候的想法还是不合理。”[⑤] 倘若车长在同

---

① 资料来自笔者访谈。

② 资料来自笔者访谈。

③ 资料来自笔者访谈。

④ 所谓纯电续驶里程，就是在只用电、不用内燃机的情况下车辆能够行驶的距离。

⑤ 资料来自笔者访谈。

一范围内就给予同等补贴，那么车企就缺乏积极性提高续驶里程、车辆能耗等指标，续驶里程和能耗同样是用户非常在意的指标。第二轮政策实际上压制了企业的创新动力和车辆性能。在同等条件下，纯电续驶里程越长，所需配备电量就越多，所以补贴的金额就理所应当体现出这样的差别。

表 7-8　　2016—2020 年新能源客车补贴细则

车辆类型	单位载质量能量消耗量（E_{kg}，Wh/km·kg）	标准车（10 米<车长≤12 米）					
		纯电动续驶里程 R（等速法、公里）					
		6≤R<20	20≤R<50	50≤R<100	100≤R<150	150≤R<250	R≥250
纯电动客车	E_{kg}<0.25	22	26	30	35	42	50
	0.25≤E_{kg}<0.35	20	24	28	32	38	46
	0.35≤E_{kg}<0.5	18	22	24	28	34	42
	0.5≤E_{kg}<0.6	16	18	20	25	30	36
	0.6≤E_{kg}<0.7	12	14	16	20	24	30
插电式混合动力客车（含增程式）		—	—	20	23	25	

注：上述补助标准以 10—12 米客车为标准车给予补助，其他长度纯电动客车补助标准按照上表单位载质量能量消耗量和纯电动续驶里程划分，插电式混合动力客车（含增程式）补助标准按照上表纯电动续驶里程划分。其中，6 米及以下客车按照标准车 0.2 倍给予补助；6 米<车长≤8 米客车按照标准车 0.5 倍给予补助；8 米<车长≤10 米客车按照标准车 0.8 倍给予补助；12 米以上、双层客车按照标准车 1.2 倍给予补助。

资料来源：财建〔2015〕134 号文。

但是，仅仅注重纯电续驶里程也不够，因为客车还要讲究载客能力和能耗水平，如果只追求纯电续驶里程，那么通过增加电池就可以达标，但实际运输效率却会大大降低。有些号称续驶里程达到 300 公里的纯电动客车实际上装载了大量电池包，挤占了不少载客空间①。这样一来，运载能力本来就已经不高，又需要较长的充电时间，所以

① 一辆客车设计载客人数应符合国标《客车装载质量计算方法》（GB/T 12428—2005），车辆整备质量越大，设计载客人数就越少。

公交公司往往得多配备车辆、人员以及随之而来的停车场地[①]。在有些城市，公交公司购买新能源汽车的费用由财政完全负担，故完全不担心车的费用，但很在意车辆的运载效率，找停车场地也是很麻烦的事[②]。所以，政府引入了 E_{kg}，鼓励企业在同等载重和里程条件下，使用更少的电池，来实现更大的节能效率，这反映了企业的技术创新水平。当初提出该指标建议的一位专家解释，这个量化指标体现了“对新能源汽车要深层次思考，抛开纷繁复杂的东西”[③]。对于该指标，业内诸多专家和企业都认为充分体现了国家对于电动汽车能耗水平及背后产品技术能力的追求，认同补贴政策应该反映出这样的导向[④]。

（七）2013—2016 年：从不退坡到退坡

客车的另一个重大变化是出现了补贴“退坡”（phase-out），即从 2017 年起，购车补贴额度相比 2016 年减少 20%，2019 年比 2016 年减少 40%。补贴退坡是推广政策非常引人注目的一个举措。事实上，新能源乘用车在 2013—2015 年就已经有退坡（见后文），而客车并没有退坡，纯电动的补贴金额从 2009 年到 2015 年的 7 年内都是 50 万元，插电式从 2013 年到 2015 年均为 25 万元，其主要原因是国家希望继续保持对客车的扶持——尤其是纯电动客车[⑤]。其一，相比于乘用车，客车对电池销售规模、充换电站建设、百姓认知等拉动因素均较大。其二，在 2012 年年底我国只推广了 2 万多辆汽车，距离 2015 年 50 万辆目标差距巨大，政府压力很大。为了尽快完成该目标，受政府控制的公交客车更容易在其中发挥主要作用，承担推广数量的重任。

不过，当政策制定者开始在 2014 年起草下一轮补贴政策时，情况发生了变化。首先，随着针对政府补贴来推动汽车销量的质疑和讨论越来越多，政府人士、专家学者和行业厂商都认识到这个产业不能

① 参见新闻报道 http：//www.cnbuses.com/newenergy/market/201412/5852.html。笔者在访谈公交公司的过程中也了解到同样的问题。

② 资料来自笔者访谈。

③ 资料来自笔者访谈。

④ 资料来自笔者访谈。

⑤ 电动汽车重大项目办公室访谈。

长期依赖于补贴，过高的补贴会使企业失去创新的动力，补贴必须以合适的方式、在合适的时点退出[①]。其中最重要的表述就是万钢在2014年9月8日天津“泰达”论坛上提出，中央政府计划在2020年全面退出补贴，转而依靠技术进步来真正参与全市场竞争[②]。如果要实现2020年全面退出补贴的目标，客车就应该在2016—2020年的四年间有序退坡，倒逼企业在退坡的情况下通过技术进步来保持竞争力。其次，2013—2015年的纯电动客车补贴过高。中央制定补贴标准在于弥补电动汽车和燃油汽车之间的差价，但后来没想到许多地方为了完成推广任务指令，给予了额外的地方补贴，不少财政实力允许的地方甚至达到了1∶1，这使电动汽车和燃油汽车的差价更为减少，甚至产生“倒挂”[③]。这意味着企业即使无偿送车，都能依靠补贴获得利润。有专家在一次重要论坛上就含蓄指出，商用车对补贴政策依赖过高，6—8米纯电动客车占所有客车推广量的80%，是补贴下的扭曲结果[④]。为此，通过大幅度退坡来下调补贴，能避免这样不合理的补贴政策出现。

二　乘用车补贴细则变化

乘用车是社会公众所拥有和常用的车型，定义为9座以下、技术特性上以载运乘客和随身物品为主的汽车[⑤]。我国从2009年起补贴公共服务领域的乘用车——以出租车、公务用车为主，从2010年起对私人购车予以补贴。2013年开始不再区分出租车和私人，统一划归入乘用车的领域。表7-9归纳对比了三轮乘用车补贴政策。从表中看出，第二轮和第三轮的技术路线、补贴车辆用途、技术标准、退坡与否都是相同的，只有第一轮的政策较为特殊。因此，下文先从第一轮补贴政策开始介绍，随后再比较后续政策的差异性。

---

① 关于这个问题的讨论连篇累牍地见诸媒体报道和论坛；在笔者访谈中，许多企业也同意补贴退坡是有必要的。

② 参见 http://auto.qq.com/a/20140907/005732.htm。

③ 吴琼：《鱼龙混杂紧盯财政扶持，新能源车补贴政策转向》，《中国证券报》2016年1月14日。

④ 参见 http://www.escn.com.cn/news/show-284776.html。

⑤ 《中国汽车分类标准》（GB 9417-89）。

表 7-9　　乘用车补贴细则对比

	第一轮		第二轮	第三轮
时间段	2009—2012 年	2010—2012 年	2013—2015 年	2016—2020 年
补贴范围	25 个城市	6 个城市	以 88 个城市为主，全国补贴	全国
补贴车辆用途	公共	私人	公共私人皆可	公共私人皆可
补贴技术路线	HEV，PHEV，FCV，BEV	PHEV，BEV	PHEV，FCV，BEV	PHEV，FCV，BEV
补贴技术标准	节油率、最大电功率比：混合动力≤5 万元，BEV = 6 万元，FCV = 25 万元	电池能量，3000 元/度：PHEV ≤ 5 万元，BEV ≤ 6 万元	纯电续驶里程：PHEV = 3.5 万元，EV ≤ 6 万元，FCV = 20 万元	纯电续驶里程：PHEV = 3 万元，BEV≤5.5 万元
是否退坡	否		2014 年比 2013 年退坡 10%，后改成 5%；2015 年比 2013 年退坡 20%，后改成 10%	2017—2018 年比 2016 年退坡 20%，2019—2020 年比 2016 年退坡 40%
补贴拨付方式	拨付用户	拨付车厂	拨付车厂	拨付车厂

注：BEV 代表纯电动汽车，FCV 代表燃料电池汽车，HEV 代表普通混合动力汽车，PHEV 代表插电式混合动力。

（一）2009—2010 年：从公共领域到私人购车

私人购买乘用车的试点起始于 2010 年，比公共交通服务领域的客车和乘用车晚一年，有三个原因。首先，公共交通具有环境、能源和产业的三方面优势①。公共交通出行频率和里程高，在我国居民的交通出行中占据重要地位。2004 年建设部提出公共交通优先战略②，

① 资料来自笔者访谈，以及欧阳明高接受《经济日报》记者访谈的发言。参见梁睿《新能源开拓市场要“两头挤”》，《经济日报》2012 年 4 月 27 日。

② 《建设部关于优先发展城市公共交通的意见》（建城〔2004〕38 号）。

据调研统计，2009 年，我国城市居民选择公共交通出行的比例高达 56.1%①，全国城区人口年人均乘坐公共交通的次数为 187.6 次②，相当于每 2 天乘坐 1 次。如果公共交通用新能源替代，那么它对环境、能源的单车贡献率要大于家庭轿车。因为在燃油车时代，1 辆公交车的排放相当于 40 辆轿车，1 辆出租车则相当于 6 辆轿车③。公共交通对电池产业的拉动程度也高于轿车。在同等纯电续驶里程下，1 辆纯电动慢充公交所需电池约为 8 辆纯电动轿车④。其次，由于公交公司在很大程度上依赖于公共财政支出的补贴，政府能够直接管理影响公共交通，能够通过有计划的更新和采购实现推广，操作上就很方便⑤。最后，新能源汽车推广需要培育良好的社会氛围，公共领域能作为新能源汽车推广的“市场突破口”，带动产品示范和基础设施建设⑥。

但是，新能源汽车要真正成为一个产业的中坚力量，仅仅依靠公共交通是不够的，必须依靠私人购车才能将产业壮大⑦。2009 年年底，全国公共汽电车总数才 41.2 万辆，出租车 119.3 万辆⑧，而当年我国乘用车销量就达到 1033.13 万辆，并在当年首次成为全球第一大新车市场⑨。所以，2009 年 3 月，国家明确提出，2012 年前全国新能源乘用车的销量应占到市场的 5%。该目标意味着新能源乘用车在 2012 年要达到 50 万辆以上的销量，达到这一目标的唯一途径就是必须推动私人购买乘用车。因此，2009 年 12 月，国务院常务会议决定实施私人购买新能源汽车的试点。不过，新能源乘用车进入家庭的难

---

① 参见《中国城市居民出行方式性选择调查报告》，《新华每日电讯》2009 年 11 月 2 日，http：//news.xinhuanet.com/mrdx/2009-11/02/content_12372481.htm。

② 公共交通包括公共汽电车、城市轨道交通和客运轮渡。数字来源于交通运输部《中国城市客运发展年度报告（2010）》。

③ 数字来源于万钢在第二十五届世界电动汽车大会的主旨发言《开创电动汽车产业新纪元》，参见 *Fortune World* 2010 年第 23 期。

④ 公交车的百公里电耗约为 120 度，而轿车电耗约为 12.5—16 度不等。数字来源于中国电动汽车百人会 2015 年课题报告《新能源公交车示范推广与商业模式》和中国汽车技术研究中心所编《中国新能源汽车产业发展报告（2014）》。

⑤ 资料来自笔者访谈。

⑥ 资料来自笔者访谈。

⑦ 资料来自笔者访谈。

⑧ 交通运输部：《中国城市客运发展年度报告》，2010 年。

⑨ 资料来源：中国汽车工业协会。

度不比公共交通小，同样需要依赖基础设施和补贴，购车成本却由群众个人负担，所以国家仿照公共领域的方法，通过选择试点城市来推广私人购车。

（二）2009年以电池能量为补贴标准

本章第三节阐述了第一轮的公共服务乘用车补贴政策为什么支持普通混合动力而私人用车则不支持。因为公共服务领域的乘用车允许支持普通混合动力，所以，与商用车一样，节油率和最大电功率比也被引入作为公共服务乘用车的补贴技术标准。

但是，在私人购车领域则完全不同，补贴政策排除了普通混合动力，以插电式和纯电动为主。第一轮补贴政策以车载电池能量为补贴标准，每度电补贴3000元。电动汽车与燃油车差价主要由于电池昂贵，通过这样的电池补贴，政府希望降低这样的差价，刺激私人购买。当年参与起草该项政策的一位专家坦承，按电池能量补贴的方式及金额是参考了当时美国的补贴政策[①]。根据2009年《美国复兴和再投资法》（*American Recovery and Reinvestment Act*），对于装载电池量在5度以上的插电式和纯电动乘用车，联邦政府给予2500美元的基本税收抵扣（tax credit）加上417美元/度的额外抵扣，但合计不超过7500美元[②]。取2010年年初人民币汇率683∶100计算[③]，417美元/度相当于2818元/度，恰好接近3000元。

（三）2013年以纯电续驶里程补贴

依据节油率、电功率之比或电池能量补贴的政策在2013年的第二轮推广政策中被统一修改为按照续驶里程补贴。插电式要求达到续驶里程50公里以上才能有3.5万元补贴；纯电动汽车的补贴标准则分别为3.5万元（80—150公里）、5万元（150—250公里）、6万元（250公里以上）。这样的修改，一方面在于让车厂按照消费者的真实需求去设计产品，另一方面也是逼迫企业提高技术水平。

---

① 资料来自笔者访谈。

② 参见美国联邦税务局（IRS）的官方网页，https：//www.irs.gov/Businesses/Plug-In-Electric-Vehicle-Credit-IRC-30-and-IRC-30D。

③ 国家外汇管理局网站可查历史汇率，http：//www.safe.gov.cn/wps/portal/sy/tjsj_hlzjj_inquire/。

原来按节油率、电功率之比或者电池能量补贴的情况下，消费者所关心的电动车续驶里程却没有得到足够关注。有专家坦承："第一轮的时候我们追求的是性能指标，所以有节油率、电功率比等指标，但后来发现其实消费者关心的是续驶里程。"① 由于所装电池能量越多，获得补贴就越高，所以有些车厂只是一味安装电池来获得补贴，但是，由于车性能较差，实际续驶里程增长不多，违背了推广的初衷②。还有一些车厂，虽然通过安装大量电池获得了长续驶里程，赢得消费者青睐，但由于车身过重，实际能耗反而上升，于是电池量和续驶里程之间并非线性关系，里程的边际增长越来越少，所以，这同样不是应该鼓励的方向③。

因此，政府希望以续驶里程为标准，既能激励企业生产贴近市场需求的产品，又能逼迫企业进行合理的产品设计，以适当的电量达到满意的续驶里程，实现能耗、里程和电量之间的平衡，这体现了企业的技术水平④。

续驶里程是一个较为合理的补贴指标，在第二轮补贴的三年间被车厂和消费者都较为接受，因为为了缓解消费者的里程焦虑——电动汽车推广的最大障碍之一，在同等条件下追求高续驶里程也是世界电动汽车技术研发的一个基本方向⑤。该指标就被视作风向标，国内乘用车的主流电池材料受到影响，越来越多产品选择具有较高能量密度的三元锂电池以增大续驶里程⑥，三元锂电池也成为"十二五""863"计划的主要建设内容⑦。在2016—2020年的补贴政策中，该

---

① 资料来自笔者访谈。

② 资料来自笔者访谈。

③ 这种做法并不符合目前业界追求车身轻量化的方向。在其他条件保持不变下，每增加100公斤车重，轿车能耗增加6%。参见王秉刚《中国节能与新能源汽车技术路线：能否主动一点?》，《东方早报》2012年5月8日。

④ 资料来自笔者访谈。

⑤ IEA and OECD, *Creating Markets for Energy Technologies*, Paris: OECD Publishing, 2003. 李沛洋：《纯电动汽车迎续驶里程大爆发》，《中国汽车报》2015年5月26日，http://www.cnautonews.com/gjqc/inter_hy/201505/t20150526_409496.htm。

⑥ 例如进入2014年以来新推出的主要产品如北汽EV200、江淮iEV5、奇瑞eQ、长安逸动等。

⑦ 中国电动汽车百人会：《动力电池相关问题研究》，2015年。

政策导向得以延续，并被借鉴到客车的补贴政策细则。

（四）2013—2014 年补贴退坡的引入与减缓

2013—2015 年的乘用车补贴政策引入了退坡机制，2013 年 9 月启动第二轮推广时，国家提出要“按照规模效应和技术进步”，将 2014 年和 2015 年的补贴金额相比 2013 年分别减少 10%和 20%。事实上，在 2010 年启动私人补贴试点时，政策文件上已经提出“财政补助采取退坡机制”，条件是 2010—2012 年一家企业的插电式或纯电动达到 5 万辆销售规模。虽然没有达到这个销售规模，但退坡机制仍然被延续到新一轮政策中，这反映了政府的意愿仍然没有动摇。有专家在 2013 年 10 月的公开场合明确表示，补贴只是阶段性措施，必须用退坡的方式一点点减少，最终把新能源汽车推向不依赖于补贴、依靠产品技术水平与燃油车进行市场化竞争的轨道①。

但是，2014 年 1 月 28 日，政府又宣布 2014 年和 2015 年的退坡幅度分别减缓到 5%和 10%。其原因在于，中央调研新能源汽车企业时，有一些企业对补贴退坡速度表示异议。企业认为补贴退坡是合理的，但一开始不能退太快，因为中国的新能源汽车销量还不够高，产业化没建立起来，零部件成本下降速度没有那么快，退坡 10%有点多。根据企业的反馈，补贴退坡速度就放缓了②。

（五）2016 年纯电动与插电式补贴之差异

与 2013—2015 年相比，2016—2020 年的乘用车补贴政策还有两个微妙却有意义的调整，如表 7-10 所示，本书将纯电续驶里程予以分档。

第一，纯电动续驶里程的基本门槛 I 档从 80 公里提高到了 100 公里，并且要求在 100 公里的时速上能保持 30 分钟。与两个月后颁布的《新建纯电动乘用车企业管理规定》“双 100”的要求完全吻合。正如案例三所解释，这从补贴政策的途径展现了国家刺激企业提高技术水平的要求，因为达不到“双 100”要求的产品将无法拿到补贴。

① 参见新浪汽车报道，http：//auto. sina. com. cn/news/2013-10-21/14221237603. shtml。

② 参见 http：//auto. sohu. com/20150113/n407764011. shtml。

表 7-10　2013 年和 2016 年乘用车补贴政策对比

年份	2013				2016			
纯电续驶里程分档	Ⅰ	Ⅱ	Ⅲ	Ⅰ	Ⅰ	Ⅱ	Ⅲ	Ⅰ
纯电续驶里程/公里	80—150	150—250	≥250	≥50	100—150	150—250	≥250	≥50
纯电动	3.5	5	6	—	2.5	4.5	5.5	—
插电式	—	—	—	3.5	—	—	—	3

第二，按照 2015 年比 2013 年退坡 10%的要求，2015 年的插电和纯电动Ⅰ档补贴皆为 3.15 万元。2016 年政策的早期征求意见稿中[①]，Ⅰ档补贴都是 3.2 万元，二者相差不大，可以视作 2016 年是 2015 年的自然延续。但是在正式发布后，Ⅰ档补贴都下降超过预期，插电式意外下降了 1500 元，幅度尚可；但Ⅰ档的纯电动汽车就直接掉到 2.5 万元，引人注目；对比之下Ⅱ档和Ⅲ档的确只是自然延续 2015 年的金额。该政策表明国家相对并不鼓励续驶里程不足 150 公里的纯电动汽车。2014 年时，国内许多纯电动乘用车能达到 150 公里的续驶里程，但还有不少微型电动车仍然不足 150 公里[②]。政府希望企业提高产品技术水平，延长续驶里程，以更好地被市场接纳，促进推广。否则，若一辆车不能在合适的成本水平内达到 150 公里的续驶里程，那么在中央和地方常见的 1∶1 补贴下，它比同档插电式的补贴会少 1 万元，比Ⅱ档纯电动减少 4 万元，基本没有竞争力。另外，150 公里以下纯电动汽车一般是 A 级紧凑型、A0 级小车甚至 A00 级微型车，随着几年的发展，成本越来越低；相反插电式汽车向 B 级车方向发展，价格更贵一些。因此，插电式保持合适的补贴，而微小型纯电动补贴下降幅度较大也是合理的[③]。

（六）2016 年补贴政策提早出台

2016—2020 年补贴政策还有一个很重要的特点，即在 2014 年年

① 财建〔2014〕842 号。
② 参见《中国新能源汽车产业发展报告（2014）》和历次免购置税的新能源车型目录。
③ 资料来自笔者访谈。

底就出台了政策征求意见稿，2015 年 4 月正式发布，提早确定了后面四年的政策。这个做法赢得了广泛赞许，其原因在于第二轮补贴政策出台时间太晚带来的深刻教训。

第一轮补贴政策在 2012 年年底执行结束之后，第二轮政策到了 2013 年 9 月才出台。这 9 个月的“空窗期”给全国市场带来了很大不确定性，大家都不知道下面政府会如何补贴，补贴额度多少、标准是什么、覆盖范围多大，由此无法确定车型开发的规格，全国新能源汽车市场陷入低迷①。

2013 年 9 月第二轮推广应用启动之后，补贴政策发生了诸多修改，例如取消了对普通混合动力的补贴，将乘用车的补贴标准由电池组能量改成纯电续驶里程等。这一下子让许多企业措手不及，许多企业和地方政府都怨声载道，很多产品开发、市场定价都是按照原补贴来设计，按照新政策就会亏本②。而且，新一轮政策出台后，试点城市还要申报，地方政策不明朗，中央政策滞后，地方政策更是滞后，使企业“没有靶子，不知道往哪个地方打，不知道怎么定政策”，不知道如何给各地制定一个售价，不得不推迟车型上市。

当时，不少专家和企业表示，三年一个周期、一年一次退坡的补贴政策过短，车厂必须提前根据补贴政策来确定车型设计，三年补贴周期会给企业的研发生产带来困扰，需要一个明确的、长期的预期，让企业能更早看到未来的局势。

国家领导人在 2014 年 1 月的南方调研中要求四部委尽快制定下一轮的补贴政策，即使有退坡，也要让企业提早知道，让企业心里有数，奔着这个方向去努力，这对改进技术、降低成本有好处。因此，7 月的指导意见就明确提出，要在 2014 年年底前发布下一轮补贴政策，稳定企业和市场预期。按照这个要求，2014 年年底，果然新一轮政策征求意见稿出台，4 个月后发布正式稿，给全国产业界有一个明确的标杆。

三　电池补贴类型变化

电动汽车相比于传统汽车最大的不同就是有两个核心部件——动

---

① 笔者在多家企业访谈中都得到了证实。

② 资料来自笔者访谈。

力电池和驱动电机，其中前者尤其重要。众所周知，电池的性能、成本、寿命和安全性是电动汽车产业发展最关键的一环，这些主要由材料和制造工艺决定①，其中电池的正负极材料更是核心要素。不论是国内还是国外，电池技术的研发换代均以材料体系为分类标准，如铅酸、镍氢、锂离子电池、锂硫电池、铝空气电池等。我国在三个五年计划的“863”专项研究中，也用材料体系来区分技术路线②。不同材料的动力电池适用于不同技术路线的新能源汽车，如表 7-11 所示。因此，我国的三轮补贴政策将电池材料类型作为补贴的技术要求，形成了一些变化。

表 7-11　　电动汽车对动力电池的技术要求

车辆类型		弱混	中混	强混	插电式	纯电动
电池作用		启停	启停，制动回收能量	启停，制动回收能量，有限驱动	主驱动力，启停，制动能量回收	主驱动力
性能要求	能量	低	低	中	高	高
	功率	低	中偏低	高	高	高
主要可选电池		铅酸、超级电容	镍氢，锂电池	镍氢，锂电池	锂电池	锂电池

（一）走向锂离子电池

虽然我国目前的主流动力电池是锂离子电池，但在早年铅酸、镍氢等电池同样能获得支持。如表 7-7 所示，2009—2012 年对使用铅酸的 10 米以上客车给予了一定补贴；对服务于公共领域的轻型商用车和乘用车也同样给予了一定补贴。镍氢电池、超级电容和锂离子电池能拿到更高的补贴。

在那时，我国的锂电池尚未发展到一个令人满意的性能，而铅

① 中国电动汽车百人会：《动力电池相关问题研究》，2015 年。

② 肖成伟、丁飞：《车用动力电池产业发展概况及趋势》，转引自中国汽车技术研究中心《中国新能源汽车产业发展报告 2015》，社会科学文献出版社 2015 年版。

酸、镍氢电池和超级电容等储能元件相对较为成熟，特别在普通混合动力汽车中，铅酸电池、超级电容和镍氢电池都得到了较好应用①。铅酸的优点在于技术成熟安全、成本较低，但缺点包括寿命短、质量太重、有环境污染隐患、功率密度和能量密度都很低②，能量密度通常不超过 45Wh/kg③，所以只能适用于线路较为固定、车速较低、里程较短的场合。不过，由于铅酸电池成本较低，公交车对电池的用量比较大，所以铅酸电池无论是做纯电动还是普通混合动力，从经济性角度当时都有其用武之地④。

镍氢电池相对就要进步很多，以高功率密度见长，也能输出高能量。经过“863”计划的十年支持，2009 年时功率密度已经超过 1100W/kg，能量密度和功率密度都能满足普通混合动力汽车的要求（中国汽车技术研究中心，2010）。江苏春兰、湖南科力远、湖南神舟等企业研制的镍氢电池都较为成熟。在国外，镍氢电池也被广泛用于混合动力汽车，最著名的应用就是普锐斯。

超级电容的优点则在于安全、长寿命、瞬时的大输出功率和快速充电特性，能满足启停和制动能量回收的需求；而且它在-40℃的低温下能够启动，普通锂电池根本达不到⑤。但超级电容本身不是电池，能量密度很低，所以跟电池一起组成储能元件，常用于客车减速制动和启停，国内有大量普通混合动力汽车都是混合使用超级电容和电池⑥。

虽然锂电池的功率密度和能量密度在 2009 年前后都比前面三种材料好，能量型电池的单体密度可超过 1100Wh/kg，功率密度达到 1600W/kg，循环寿命有 1000 次（中国汽车技术研究中心，2010），

---

① 资料来源于笔者访谈。

② 功率密度（power density）是单位质量电池所能输出的功率，用 W/kg 作为单位；能量密度（energy density）是单位质量电池所能承载的能量，用 Wh/kg 作为单位。通俗来说，功率密度越大，电能输出到驱动电机的功率越高，车辆速度越快；能量密度越大，电池所能输出能量越大，车辆续驶里程越长。

③ 陈清泉、孙立清：《电动汽车的现状和发展趋势》，《科技导报》2005 年第 4 期。

④ 资料来自笔者访谈。

⑤ 汪继强：《动力电池发展现状及展望》，转引自中国汽车技术研究中心《中国新能源汽车产业发展报告》，社会科学文献出版社 2014 年版。

⑥ 资料来自笔者访谈。也可参见《节能与新能源汽车示范推广应用推荐车型目录》。

但这个性能还是不够令人满意，而且成本仍然比较高，国际上的单体成本在 650—790 美元/千瓦时，系统成本在 990—1220 美元/千瓦时[①]。

尽管如此，由于电动汽车需要高速和长续驶里程，在现有成熟的技术体系下只有锂离子电池最有希望。所以从 2001 年起，“863”计划始终把锂离子电池作为动力电池的研发重点，在各种子类型如磷酸铁锂、锰酸锂、三元材料电池等方向做研究，希望我国能在锂电池上达到较高的性能、安全性、寿命，并让成本下降到足够的程度。产业上，经过了四年的示范推广，国内已经形成了一系列的锂离子电池厂家，如比亚迪、万向、国轩高科、力神、普莱德等，总产能达到 200 亿瓦时，有各种形态的产品和材料体系，尤其是磷酸铁锂最为成熟[②]。以 50Ah 磷酸铁锂/石墨电池为例，电池循环寿命达到 1200 次，单体能量密度接近 140 Wh/kg，功率密度超过 900W/kg，系统成本大多控制在 5 元/瓦时之内，并能在一系列公共领域示范产品中较好地运行[③]。而且，我国当时已经确立了“纯电驱动”的技术路线，重点扶持纯电动、插电式和燃料电池，所以只有锂离子电池才能满足纯电动和插电式的高能量、高功率要求，铅酸甚至镍氢电池自然就退出了补贴范围。

（二）快充纯电动客车补贴政策

2013 年客车补贴政策有一条特殊的条文引起了一定争议——用钛酸锂电池和超级电容的纯电动快充客车只能定额补充 15 万元。其中，钛酸锂是一种特殊的负极材料；通常的锂离子电池都用石墨作为负极材料，磷酸铁锂、锰酸锂或三元材料做正极。换成钛酸锂负极材料之后，产品相比传统电池带来的优点包括：第一，具有高倍率充放电特性，充电非常快，每分钟能充电 5 度，十几分钟可以充满一辆公交

① BCG，Batteries for Electric Vehicles，2010.

② 中国汽车技术研究中心：《新能源汽车产业发展报告》，社会科学文献出版社 2013 年版。

③ 中国汽车技术研究中心：《新能源汽车产业发展报告》，社会科学文献出版社 2013 年版；汪继强：《动力电池发展现状及展望》，转引自中国汽车技术研究中心《中国新能源汽车产业发展报告》，社会科学文献出版社 2014 年版。

车[①]；第二，具有良好的高温和低温性能，能在较低的温度下启动，也能在高温下运行，这使它很适合于北方冬天和南方部分“火炉城市”的运行，磷酸铁锂电池目前还做不到这一点[②]；第三，安全性好，循环寿命远远大于普通的磷酸铁锂电池[③]。其中第一点是它最重要的特性，一般来说，一辆钛酸锂公交车需80度电池，能满足40—60公里的续驶里程，一般在中小城市就是一趟线路[④]，所以钛酸锂快充客车能让公交司机在换班或终点站休息期间就能充满电，大大提高了新能源公交的运行效率。正如第四节分析过，传统锂电池的充电速度太慢是阻碍新能源公交车推广的一大障碍，所以钛酸锂快充具有很强的优势。

相比普通纯电动客车50万元的补贴，15万元的补贴让钛酸锂电池产品陷入困境，在中央层面就要相差35万元补贴。钛酸锂电池很贵，是传统磷酸铁锂电池价格的2—3倍，约为1万元/度[⑤]，一辆车通常装载70—80度电池，电池价格就约80万元。而普通慢充纯电动客车装载至少200度电，磷酸铁锂价格不超过5000元/度，则电池价格约100万元。考虑到中央和地方的双重补贴，那么钛酸锂客车就毫无优势。这一点令当时国内以钛酸锂快充电池著名的湖州微宏动力及其伙伴重庆恒通客车颇为无奈。

政府之所以会对钛酸锂和超级电容快充纯电动客车做出如此特别规定，与国内磷酸铁锂企业的主张是分不开的。磷酸铁锂企业是主流，“势力很大”，一部分企业家和技术专家主张限制钛酸锂等快充客车，主要理由是快充客车不需要太多能量的储能元件，一般磷酸铁锂客车的电池用量要比钛酸锂和超级电容大，所以得多补贴[⑥]。一位国内一流电池企业高层谈到，国家按照2000元/度的标准来补贴客车，慢充客车按照250公里算大约需250度电，因此给了50万元补

---

① 见媒体报道 http://www.chexun.com/2012-12-04/101590303_1.html。

② 资料来自笔者访谈。

③ 新能源汽车和动力电池产业联席会：《2014年汽车动力蓄电池产业年度发展报告》，2015。

④ 见媒体报道 http://www.chexun.com/2012-12-04/101590303_1.html。

⑤ 资料来自笔者访谈。也可见于公开报道 http://www.china-nengyuan.com/news/55232.html。

⑥ 资料来自笔者访谈。

贴；但是，钛酸锂客车只需要70多度电，所以补贴15万元即可[①]。

面对这样的情况，重庆恒通、中上汽车、珠海银隆等以钛酸锂和超级电容客车为特色的企业以及湖州微宏做出了不同的反应，努力去争取市场和政策的认可。一方面，湖州微宏不得不在2014年就提前推出第二代快充电池，即用多元复合锂为正极材料的新一代锂电池，可以享受50万元正常补贴。该材料的能量密度提升到120Wh/kg，同时价格却比钛酸锂低了1/3，约为磷酸铁锂电池的1.5—2倍，市场价在6000元/度左右[②]。同时，钛酸锂的高低温性能、循环寿命、稳定性等优点也被保持下来。因此，多元复合锂产品甫一上市，即受到市场的广泛欢迎和不少专家的认可，产品不仅被北汽福田、厦门金龙等企业购买，也得到公交公司的欢迎，还有远销英国的大订单[③]。快充逐渐被认可为新能源公交的一个重要方向[④]。另一方面，企业也积极争取政策制定者的注意，向他们解释快充客车的优势，得到了领导的认可与特批。2015年1月，财政部经济建设司派人去湖南调研了中上汽车等超级电容相关企业，听取了企业对于补贴的建议[⑤]。4月，2016—2020年补贴政策正式出台，删去了对钛酸锂和超级电容等纯电动快充客车的特殊规定，将之与其他电池一视同仁，也补贴50万元[⑥]。

四　案例小结

由案例可见，我国的新能源汽车补贴政策细则经历了很大变化。作为最重要的政策工具，补贴对于市场主体的引导作用非常直接，企业和用户的行为变化、技术进步都是政府不易提前把握的。表7-12显示，政策的变化，一方面是由于技术进步使然，根据技术特性和进步程

---

① 资料来自笔者访谈。

② 资料来自笔者访谈。另参见新闻报道 http：//libattery.ofweek.com/2013-11/ART-36002-8470-28743784.html。

③ 资料来自笔者访谈。参见新闻报道 http：//auto.gasgoo.com/News/2015/01/16033232323260323819731.shtml。

④ 中国电动汽车百人会2015年课题报告《新能源公交车不同技术路线评估》。国内不少专家如王秉刚和中国道路运输协会城市客运分会常务副理事长胡剑平等都对快充客车表示了支持。

⑤ 参见报道 http：//www.huaxia.com/tslj/flsj/qc/2015/02/4278408.html。

⑥ 资料来自笔者访谈。

表 7-12　补贴细则变化原因

对象	补贴细则	问题情境	原因
乘用车	2009—2010 年先在 25 个城市公共领域启动，然后才在 6 个城市进行私人购车示范	• 市场需要突破口，先从公共领域着手，建立基础设施和公共服务，考核车辆 • 政府能直接管理公共车辆 • 公交车、出租车的单车环境能源贡献率高 • 支柱产业发展要靠私人购买，但私人推广有一定难度，先小规模示范	• 政策试验 • 技术特性
	2010 年以 3000 元/度补贴私人	• 学习美国的补贴方式，补贴电池成本	• 理解用户偏好
	2013 年以续航里程补贴	• 消费者关心实用性 • 倒逼整车汽车做好电池和续航里程之间的平衡 • 有些企业过多装电池获得补贴、增加里程，效率太低	• 理解用户偏好 • 企业技术创新不足 • 企业投机行为
	2016 年提高纯电动车续航里程门槛要求	• 不少微型电动车续驶里程不到 150 公里，偏低	• 企业技术创新不足
	2013 年补贴逐年退坡 10% 2014 年逐年退坡幅度减为 5% 2016 年退坡幅度增大为 20%、40%	• 企业不能躺在补贴上，个别企业靠补贴就能赚钱 • 退坡幅度太大，企业反响较大 • 2020 年补贴要退出，“十三五”为补贴退出做准备	• 企业投机行为 • 企业技术创新不足 • 顺应市场预期
	2015 年提早发布下一轮补贴政策	• 上一轮补贴政策发布太晚，严重影响市场 • 补贴标准变化太大，企业反映激烈	• 顺应市场预期

续表

对象	补贴细则	问题情境	原因
商用车	2009 年以节油率和电功率比补贴	• 混合动力客车为主，按照混合度划分 • 科技专家制定政策，追求车辆技术性能指标	• 技术特性 • 政策制定者偏好
	2013 年按车长补贴	• 关心车辆实际载人性能，依据一定标准 • 避免有些企业只追求性能指标 • “纯电驱动”后电功率和节油率指标无意义	• 理解用户偏好 • 企业投机行为 • 技术特性
	2016 年增加单位载质量能量消耗值标准，提高插电式的续航里程要求	• 早年标准过于理想化，企业只装电池不装人 • 原指标无法体现车辆能效、续航里程和技术水平	• 企业投机行为 • 企业技术创新不足
	2013 年增加对 10 米以下纯电动客车的补贴，但不补贴 10 米以下插电式	• 弥补三、四线城市市场和班车市场细分需求 • “纯电驱动”下扶持纯电动，插电式有争议 • 给普通混合动力技术留过渡空间	• 理解用户偏好 • 企业投机行为
	2016 年增加 10 米以下插电式补贴	• 三、四线城市缺乏充电基础设施，不易推广纯电动	• 缺乏基础设施
	2016 年丰富各种长度车型，细化补贴金额区分度	• 覆盖各类公交客车，“两头扩张” • 原政策对不同长度车型奖励缺乏区分度	• 加强推广 • 理解用户偏好，完善激励

续表

对象	补贴细则	问题情境	原因
商用车	2013 年插电式客车补贴骤减，从 42 万元减少至 25 万元	• 系统技术进步后导致价格下降 • 与纯电动相比，原补贴过高 • 地方政府也有补贴后，央地政策补贴之和过高	• 技术进步 • 技术特性 • 政策冲突
	2013 年客车补贴暂时不退坡	• 客车作为推广主力，国家希望多支持	• 加强推广
	2016 年客车退坡	• 不能让企业靠补贴赚钱，提高技术水平 • 2020 年补贴要退出，“十三五”要为退出做准备，补贴退坡已形成企业共识	• 企业投机行为 • 企业技术创新不足 • 顺应市场预期
电池	2009 年客车补贴铅酸和镍氢，乘用车不补贴铅酸	• 铅酸和镍氢电池相对较为成熟，锂电池比较少，特别是在客车领域，铅酸用量大 • 铅酸电池不是未来方向，锂电池才是“纯电驱动”的未来方向	• 产业技术现状
	2013 年不再补贴铅酸	• 锂电池进步大，铅酸太落后	• 技术进步
	2013 年限制钛酸锂和超级电容纯电动客车补贴为 15 万元	• 个别专家和企业支持磷酸铁锂，主张快充客车的电池用量不大，补贴过高	• 利益集团 • 技术特性
	2016 年取消快充限制	• 市场反响太大，有需求，政府重新调研 • 出现多元复合锂，受市场欢迎	• 响应新兴需求 • 技术进步

度调整金额。另一方面，补贴金额——特别是标准的变化往往是克服企业投机行为、促进技术创新、理解用户偏好、响应新兴市场需求的结果。在这个过程中，政府多次自我纠正对市场理解不到位的明显错误。三轮变化正是政府不断地学习、试错，结合产业技术发展实际，贴近市场和用户实际需求，进行政策调整的过程。

第七节　跨案例分析

表 7-13 归纳概括了本章 6 个案例的政策层级、功能、主要变迁驱动因素和变化模式（因素影响变迁的机制）。这些驱动因素被从大到小依此分类为宏观环境、产业体制（industrial regime）和利基（niche）三组，并记录了在每个案例中，这些驱动因素所出现的频数。

其中，宏观环境是指整个汽车行业之外的经济社会环境，包含国内政治经济和社会形势、国内能源和环境情况以及国际形势。这些是常见的宏观影响因素，外生于特定能源环境技术产业。产业体制是指基于传统汽车产业衍生的一套传统社会经济环境，包括汽车产业政策、产业结构、技术知识、用户需求偏好、基础设施和利益关系等[①]。利基组的因素是指完全由新兴技术本身所产生的相关因素，包括新兴市场需求、新技术知识和新兴企业特征等。

在每个案例内部比较不同组别的因素个数和每个因素的频数。由于不同政策案例的变化次数大相径庭——如案例 6 的变化远远多于其他案例，组间的因素种类和频数也因此差异很大，所以不能仅仅根据因素个数和频数来做跨案例比较。但能够依据频数和个数分析出每个案例的主要驱动因素是什么，从而再做跨案例比较。

图 7-9 表示了不同位置的政策变迁具有什么样的驱动因素和变化模式。案例 1 和案例 2 内的政策变化驱动因素虽然覆盖了宏观环境、

① Geels，Frank W.，and Johan Schot，“Typology of Sociotechnical Transition Pathways”，*Research Policy*，Vol. 36，No. 3，2007；Loorbach，Derk，Niki Frantzeskaki et al.，“Introduction to the Special Section：Infrastructures and Transitions”，*Technological Forecasting and Social Change*，Vol. 77，No. 8，2010；Meadowcroft，James，“Engaging with the Politics of Sustainability Transitions”，*Environmental Innovation and Societal Transitions*，Vol. 1，No. 1，2011.

表 7-13　案例比较归纳

案例	政策层级	功能	驱动因素			变化模式（驱动机制）
			宏观环境	产业体制	利基	
1. 发展战略	战略任务	供给侧和需求侧并重	国际产业趋势、能源安全、减少排放	领导和专家倡导、技术追赶、刺激汽车经济	激励企业进一步技术创新、政策试验	国家主动地、战略性地提出新任务
2. 主导技术路线	支撑工作	供给侧为主	能源安全、减少排放、国际产业趋势	技术追赶、专家倡导和政治压力、资源有限、节能监管政策	技术特性、企业混动技术落后、燃气汽车技术成熟	国家主动地、战略性地调整技术路线方向
3. 基础设施和地方保护	支撑工作	需求侧		利益网络小、政策冲突、利益妥协	缺乏行业标准、政策试验	国家持续从实践学习、吸取“意料外”的教训，完善推广政策
4. 刺激市场需求	政策工具	需求侧		理解用户偏好、政策冲突	新技术劣势、建立领先市场	国家持续从实践学习、吸取“意料外”的教训，完善推广政策
5. 产业监管	政策工具	供给侧	能源安全	政策冲突、产业竞争不够	企业技术创新不足	主动通过监管倒逼产业技术升级、企业技术创新
6. 补贴政策	政策细则	需求侧		理解用户偏好、缺乏基础设施、利益集团	产业技术现状、技术进步、技术特性、企业投机行为、企业技术创新不足、响应新兴需求、顺应市场预期、政策试验、加强推广	虽有根据产业技术进步的有序调整，但一般是克服补贴下的投机行为、贴近用户需求的“意外”调整和试验性探索学习

产业体制和利基三组，但相对而言宏观环境和产业体制更占主导地位，尤其在案例 1 内；案例 3 和案例 4 完全只有产业体制和利基因素，其中前一个案例的产业体制因素更突出；案例 5 的各组因素较为均衡；案例 6 主要是利基因素。

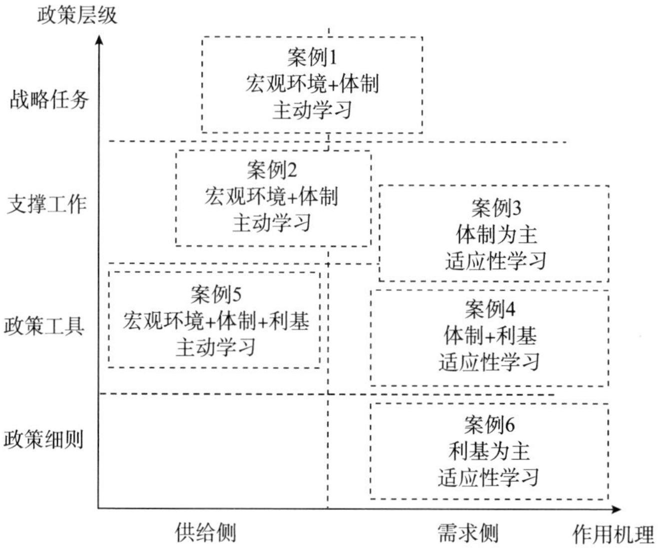

图 7-9　不同类型政策的变迁驱动因素和模式比较

第八节　本章小结

回到本章的研究问题：在中国的绿色转型中，产业的发展如何影响政策，推动政策变迁？从案例分析看出，我国新能源汽车产业政策的变迁是一个典型的政策学习过程①，中央根据国内外产业、技术、市场的发展而调整政策。可是，本书发现，根据图 7-9 和表 7-13 对各个案例的比较，将政策体系沿层级和功能分解开后，变迁是一个差异化的过程。

① Bennett, Colin J. and Michael Howlett, "The Lessons of Learning: Reconciling Theories of Policy Learning and Policy Change", *Policy Sciences*, Vol. 25, No. 3, 1992.

第一个差异点是变迁的驱动因素，即政策学习的知识信息来源是什么。驱动因素有类别差异，有些在宏观环境和产业体制层，有些则在利基层。政策变迁绝不仅仅是受利基层内的因素驱动，利基层内的元素只是在政策层级较低、功能偏向需求侧时的影响较大；宏观环境和产业体制会有重要作用，尤其是产业体制的影响最大，贯穿各个案例。

第二个差异点是变迁模式，或者说驱动因素对政策的影响机制。这里的变迁模式有两层内涵：一是变化原因是否可预见，即驱动因素是否在政府意料之中；二是政策变化的节奏和内容是否可控，即变化内容和节奏是否有既定的方案[①]。如果变化原因可预见，节奏和内容根据既定的政策理念、目标和程序而定，那么变化模式称为“主动学习”（proactive learning）；反之，如果原因常出乎意料，政策变化节奏和内容变化范围没有既定的方案，根据实际情况灵活应对调整甚至纠错，那么变化模式称为“适应性学习”（adaptive learning）。国家调整发展战略、主导技术路线以及引入监管政策时的驱动因素多为国内外能源环境宏观形势和汽车产业情况，国家有序阶段性地调整研发、示范和推广的战略任务，确立主导技术路线，所以呈现政府主动学习的模式。但在推广政策工具和补贴细则上则多被各种事先意料之外的因素所影响，如地方保护、企业投机行为、利益群体、政策冲突等，且新出的政策工具、补贴细则标准在推广之初无既定方案，调整范围很宽，变化多样；政策发布节奏也很频繁，并无固定时点[②]，所以是“适应性学习”。

这两个差异点反映出，政策的变迁机制必须根据政策层级和功能来判定，根据不同的情况有相异的驱动因素和变迁模式。根据图 7-9 的比较，本章得出以下两个结论（见图 7-10）：第一，政策的层级越高，位于宏观环境和产业体制层的驱动因素越多，模式越倾向于主动学习；反之，层级越低，位于利基层内的驱动因素越多，模式就越体现为适应性学习。第二，政策的功能越偏向供给侧，位于宏观环境和产业体

① Capano, Giliberto, “Understanding Policy Change as an Epistemological and Theoretical Problem”, *Journal of Comparative Policy Analysis: Research and Practice*, Vol. 11, No. 1, 2009.

② 补贴细则固然每三年调整一次，中间还有退坡幅度的临时调整。

制层的驱动因素越多，其变迁模式就越是主动学习；反之，越偏向需求侧，位于利基层内的驱动因素越多，模式就越体现为适应性学习。

变迁过程中宏观环境、产业体制和利基三层中的具体驱动因素不同。

在宏观环境层，技术追赶始终是我国新能源汽车政策非常显著的驱动因素，其重要性要超过另外两个政策目标——节能和减排。案例 1 和案例 2 表明，我国的新能源汽车产业政策的出台和发展变迁既受到国外汽车产业趋势和顶级跨国公司如丰田的显著影响——混合动力汽车的政策争议都与丰田普锐斯相关。事实上，通过新能源汽车实现汽车产业的技术追赶西方则是贯穿在其中五个案例的共同主要因素，其重要性压过节能和减排。案例 4、案例 5 和案例 6 深入市场和企业内部，虽然只是强调激励企业技术创新，没有明确提出“追赶”，但事实上促进国内企业新能源汽车技术创新的根本目标离不开借电动汽车的机会去赶超西方。然而在发达国家，节约能源、降低对化石燃料的依赖、减少排放是政府支持新能源汽车产业的主要动力，还有是保

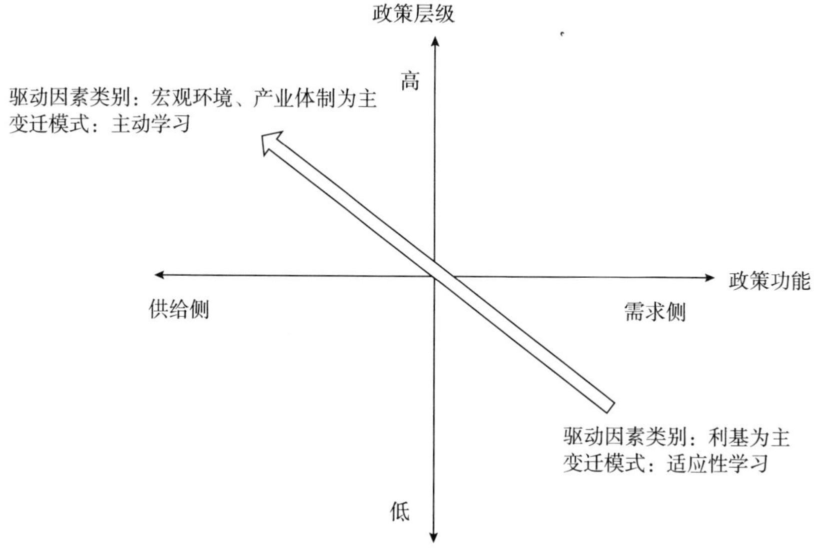

图 7-10　政策变迁模式

持或改善本国汽车产业从内燃机时代延续下来的竞争力[①]。但在我国，除了节能、减排，借此机会追赶西方、摆脱长期技术依赖和数十年差距是一个更大目标，所以国家的技术路线引导和补贴都努力朝向最可能追赶的方向，抛开普通混合动力、直指“纯电驱动”跟此有很大关系，并且在补贴政策中一直突出企业创新。

在产业体制层，克服政策冲突、调整有矛盾的政策组合是推进我国新能源汽车政策变化的显著因素。政策不协调是引起创新系统失灵的重要原因，一个良好的创新系统必须克服政策协调失灵[②]。中央在刺激市场需求、推动基础设施和试图监管产业时，都遇到了原有政策和体制对新兴产业成长的束缚，使推广政策无法发挥预想效果。政府不得不出台新政策来克服当前政策组合（policy mix）内的冲突[③]。这是世界各国绿色转型中的一个常见特点，因为激进创新在推动本行业社会技术体制转型时常常涉及基础设施、传统产业政策、用户习俗、市场结构等多方面问题，还要与多个相关行业的产业体制如电力体制等发生碰撞[④]，

在利基层，新兴技术的进步、需求的产生以及企业的经营策略行为都是驱动我国新能源汽车政策变化的显著因素。在案例 5 中，由于现有不少企业缺乏创新积极性，政府要改变准入规则，引入新的竞争者来倒逼现有企业提高创新能力；在案例 6 中，由于不少企业利用政策规则生产质量、效率并不高的产品获得补贴，政府修订了补贴细则、提高补贴门槛制，使部分投机企业真正投入技术创新，同时也倒逼所有企业继续不断提高技术创新能力，努力减少企业对补贴的依

---

① Altenburg, Tilman, et al., “The Emergence of Electromobility: Comparing Technological Pathways in France, Germany, China and India”, *Science and Public Policy*, Vol. 43, No. 4, 2016; Penna, Caetano C. R. and Frank W. Geels, “Climate Change and the Slow Reorientation of the American Car Industry (1979–2012): An Application and Extension of the Dialectic Issue Life-Cycle (DILC) Model”, *Research Policy*, Vol. 44, No. 5, 2015.

② Weber, K. Matthias and Harald Rohracher, “Legitimizing Research, Technology and Innovation Policies for Transformative Change”, *Research Policy*, Vol. 41, No. 6, 2012.

③ Rogge, Karoline S. and Kristin Reichardt, “Policy Mixes for Sustainability Transitions: An Extended Concept and Framework for Analysis”, *Research Policy*, Vol. 45, No. 8, 2016.

④ Markard, Jochen and Bernhard Truffer, “Technological Innovation Systems and the Multi-Level Perspective: Towards an Integrated Framework”, *Research Policy*, Vol. 37, No. 4, 2008.

赖。防止企业的投机行为是中国新能源汽车产业政策发展的一个突出问题和特点，在我国风电产业中也存在类似的问题①。由此可知，政策变化的重要驱动因素在于促进企业技术创新，或克服企业投机行为。

在我国的光伏、风电产业和德国的光伏产业都观察到了本书所描述的现象。我国 2009 年启动的光伏补贴政策“金太阳”工程到了 2013 年被临时中止，原因就在于政府发现各种“骗补”现象；风电产业也有类似的虚假骗补案例②。德国光伏产业的固定电价政策历经调整，其原因就在于政策引起产业技术系统的意外变化，迫使政策重新调整③。

① Mah, Daphne Ngar-yin and Peter R. Hills, “Policy Learning and Central-Local Relations: A Case Study of the Pricing Policies for Wind Energy in China (from 1994 to 2009)”, *Environmental Policy and Governance*, Vol. 24, No. 3, 2014.

② Mah, Daphne Ngar-yin and Peter R. Hills, “Policy Learning and Central-Local Relations: A Case Study of the Pricing Policies for Wind Energy in China (from 1994 to 2009)”, *Environmental Policy and Governance*, Vol. 24, No. 3, 2014.

③ Hoppmann, Joern, et al., “Compulsive Policy-Making: The Evolution of the German Feed-in Tariff System for Solar Photovoltaic Power”, *Research Policy*, Vol. 43, No. 8, 2014.

第八章

回首与眺望

第一节 研究结论

本书围绕示范推广政策这一核心概念，描述并解释1991—2021年我国新能源汽车产业的发展变迁，特别是通过2016年前的企业和政策深度案例研究，循序渐进地回答了四个研究问题：一是政府要不要支持示范推广项目？二是有哪些因素能影响示范推广政策成败？三是示范推广政策如何影响企业的战略选择？四是产业的发展如何影响政策，推动政策变迁？我们形成了5个主要研究结论。

结论一：技术创新从研究开发到大规模扩散之间的阶段交织存在多种类型的风险，风险水平极高，亟须政府通过示范和推广政策来干预，保证创新项目能在政策创造的“保护性空间”（我们称之为“利基”）中发展成熟。

结论二：一个示范项目的技术、市场和制度就绪水平是影响项目成败的重要变量，而项目成功的底层行为机制是以“研发中学”“干中学”“用中学”为主要内容的学习机制和包含正式与非正式沟通的沟通机制。通过学习与沟通，创新示范项目成功地产生了信息，实现了应用，促进了扩散。

结论三：在中国新能源汽车产业的发展过程中，企业战略受到政府的显著影响。政府能通过塑造预期、介入决策、补贴和监管四个机制驱动企业的行为，甚至改变了企业在常规市场和技术逻辑下的决策。此外，汽车企业拥有的资源和对未来市场技术的不确定性预期影响了它们。

结论四：中国新能源汽车产业的政策变迁是分层次、分类型的政策学习过程。高层级、功能偏向供给侧的政策变迁主要是政府根据宏观环境和产业体制主动学习的过程。新兴技术和市场（称为“利基”层）本身的因素主要驱动低层级、功能偏向需求侧的政策变化，此时政策变迁是政府适应性学习的过程。

结论五：政策会因企业经营策略而改变，目标是促进企业技术创新、克服投机行为。借绿色转型实现国家技术追赶始终是政策变迁极为重要的驱动力。

关于结论四和结论五，由于第七章较为复杂，这里再次简要概括一遍。新能源汽车在中国的发展经历了三次战略任务变迁——1999年的清洁汽车行动、2001年的电动汽车重大专项和2009年开始的大规模示范推广；主导技术路线则从燃气汽车演变到混合动力、纯电动和燃料电池“三纵”并立，到2012年确立为“纯电驱动”，把普通混合动力排除出新能源汽车范畴。贯穿这个过程的有三个重要目标：节约能源，降低石油进口依存度；减少排放，降低城市大气污染；自主创新，汽车产业追赶西方。这个变化过程更多地受到宏观环境和产业体制因素影响，虽然利基层的因素也有一部分，但不占主要地位。

在这三个目标的指引下，中央政府根据国内产业和技术进步、国外产业趋势和中外竞争力对比主动开启新阶段的发展战略，调整重点支持的技术路线。这些变化是政府审时度势、主动学习的结果。进入示范推广阶段后，中央政府既要面对复杂多元化的市场主体——包括地方政府、汽车和零配件厂商、充电设施运营企业、小区物业、公共交通企业和普通消费者等，又要面对进步方向和速率不确定的产业和技术，就不得不边探索、边学习，去适应利基内出现的新情况。这时政策变化就是适应性学习的结果。其中，许多问题超出政策制定者的意料，在政策执行过程中暴露出来，例如地方保护主义、企业为获得补贴的投机行为、政策之间的冲突等都是突出问题。为此，政府就不断出台新政策工具或调整补贴政策细则以扫除障碍，既努力撬动潜在市场需求、扩大推广规模，又通过监管和补贴机制引导企业研发新技术，推出高质量的新能源汽车产品。所以，利基层内元素在低层级、需求侧的具体推广政策（包括补贴细则）的变迁上有特别显著的影响，对供给侧的监管政策也有一定影响。

第二节　转型与创新的政策建议

本书虽然聚焦于新能源汽车产业的案例，但所应用的分析框架、所归纳的事实现象、所提出的发现思考不局限于这一个行业。新能源汽车只是当前时代里创新和转型的一个产业，还有风电、光伏，等等。从新能源汽车产业历史抽象出来的结论和政策建议，在较大程度上同样适用于从萌芽利基成长起来、需要通过示范和推广政策来壮大的各个产业。这些政策建议包括但不限于下述五点。

一　以主动的示范推广政策启动产业

示范推广应该是政府促进技术创新的产业发展的重要手段，是让产业的皮球滚动起来的关键。我们看到，产业从应用研究开发到大规模扩散之间的阶段存在较高的风险类型和风险水平，意识到这一阶段存在市场失灵的极大可能性，因此发起和承担示范、推广新技术绝不仅仅是产业界自身的责任。应适当将政府科技管理职能的范畴从R&D拓展至R&3D，聚焦在示范推广这一阶段，“抓中间带两头”，以示范推广政策为龙头，整合供给侧和需求侧的各类政策工具，更好地促进技术创新。

不过，政府对示范推广阶段的产业介入不应漫无边际，大包大揽，而应当通过恰当而巧妙的方式来进行干预。一是政府“搭台”，牵头组织试用等活动，让新产品在真实环境中得到检测和展示，构建完善的认证检测体系，将技术推动和市场拉动两种手段结合起来，以利于示范功能的发挥，减少不确定性，降低风险。二是可采取多种形式鼓励各利益相关方的学习行为和沟通行为，例如牵头组织以企业为主体的技术联盟，积极推动产学研各方参与到示范工程中，互动中充分高效地学习、沟通，以更好更快地促进技术创新。

二　以长远的共享预期引导市场

本书研究表明，在新兴产业发展过程中，预期是一个至关重要的因素。政府影响企业战略的一个重要路径是塑造企业预期。在早年市场和技术不确定的情形下，是政府给企业树立了远期愿景。在2013年补贴政策出现真空时，市场销售出现低谷；可是出台的新政策补贴标准出乎意料，打乱了不少企业的既有部署，造成很大损失。2014年夏天后国家又通过一系列政策工具来强力推进产业，催热了市场，同时出台了技术和行业的监管政策，让企业看到国家的坚定决心，也就纷纷加大新能源业务的投入。不仅是企业战略，基础设施建设的节奏同样与预期息息相关。充电基础设施建设迟缓的根本症结之一就是车和桩之间的彼此预期都不乐观，形成了"鸡和蛋"的困局。2014年以来，我国新能源汽车销量开始暴涨，使社会资本对充电桩建设形成了良好预期，才吸引了越来越多的资本投入充电基础设施中。

事实上，培育新兴产业发展的一个关键举措就是建构良好的愿景，使市场各方利益相关者形成积极、明确的共享预期，从而对分散的市场各方形成信号引导，能吸引投资、造就利益共同体，或使各方的行动朝向一致的目标，克服新兴产业发展和社会转型的巨大不确定性[①]。所以，政府应通过一系列政策和举措给予市场明确、坚定、良好的预期，使社会资源能够被分配到尚处于弱小阶段的新兴产业，形成合力、集中突破。

首先，政策应保持较好的连续性、稳定性，避免因政策"大起大落"而引发市场各方对政府态度的猜测。如果有必要对政策做出较大调整，应提前公布，留下合适的缓冲期，以让各方做好准备。其次，要及时出台必要的配套和可操作性政策，而不仅仅是宣布原则性意见后就长时期没有跟进，否则同样会让社会认为政府只是做姿态。再次，对于某些一段时期后要退出的政策如补贴，应提早建立起市场化、常态化的制度体系，如排放积分交易或者监管，这些制度具有长期可持续性，能衔接起短时期的激励政策，从而形成效果连续的阶梯性政策体系。最后，政府要勇于承担风险，在一些市场严重失灵的问题上——如基础设施建设陷入"鸡和蛋"困局，扮演"企业家"的

① Berkhout, Frans, "Normative Expectations in Systems Innovation", *Technology Analysis and Strategic Management*, Vol. 18, No. 3, 2006; Schot, Johan and Frank W. Geels, "Strategic Niche Management and Sustainable Innovation Journeys: Theory, Findings, Research Agenda, and Policy", *Technology Analysis and Strategic Management*, Vol. 20, No. 5, 2008.

角色，先予以大量投入，或给予政府采购，打破坚冰一角，才能向社会显示政府的决心、产品和技术的可靠，吸引社会资本和私人客户后续跟进。

三　以协调的政策组合保障转型

由于新兴产业技术知识的复杂性、成长形态的多样性、发展方向的未知性、进步速度的意外性、市场主体的多元性以及溢出效应的宽广性，绿色转型是一项复杂的系统性工程，牵涉到社会技术体制的多个元素。所以转型绝非一两个政策工具所能推动，势必会形成一套跨越多个行政层级、牵涉多个问题领域、基于多个激励原理、针对多个政策客体的政策工具组合（policy mix）。政策组合既存在于新政策和旧政策的混合，也存在于若干项新政策的混合，还存在于不同层级政府的政策之间，难免出现设计原理、执行方式等方面的冲突。正如本书发现，在新能源汽车推广过程中，电力体制、公交成品油补贴、土地规划等原有政策体制都与推广政策相左，所以产业的政策组合需要更新以保障转型顺利进行。

政策组合不协调的主要原因在于政策制定过程的多部门横向协调程度不足。新能源汽车在早年只有两个部委，后来是四个部委，2013年后才进一步在国务院领导下扩大到13个部委。新兴产业的实际发展过程会涉及许多问题，仅依靠个别部委来制定政策，难免挂一漏万。

因此，在新兴产业的发展过程中，应建立健全业务主管部门牵头、其他有关部门配合的政策制定横向协调机制，牵头部门要将政策草案向相关部门征询意见，从目标、原理和执行方式三个角度，提前排查与既有政策的潜在矛盾点；尤其要注意检查基于传统产业设立的政策，清理可能引起效果冲突的相关内容。另外，应积极推动政策执行前的全流程模拟，运用多种方法和技术模拟政策在现实社会经济系统中的应用情况，提早鉴别每个执行环节中的潜在政策冲突；还可选择个别地区进行小范围的政策试点试验，密切跟踪，发现缺陷及时纠正。

四　以开放透明的方式制定政策

我国的新能源汽车推广政策经历了诸多变化，尤其是补贴政策的调整更是政府不断试验、探索学习的过程，针对上一轮政策补苴罅漏，后来一度曝出部分企业钻政策空子骗取国家补贴的丑闻。亡羊补牢、及时矫正固然是好，但应从源头思考：为什么原来的政策总有缺憾？

一个重要原因就在于我国的政策制定过程的社会参与开放性和透明性程度有待继续提高，政策在实践中难以应对转型过程中的复杂问题。由于新兴产业非常复杂，非常需要广开言路、集中社会智慧，以免政策的科学性打折扣，实施起来问题频发，忙于亡羊补牢。而且，尽管我国有不少产业政策——如 2016 年新能源汽车补贴政策——在正式公布前会有一个公开征询意见的过程，但是此后究竟得到了什么意见、哪些意见被吸收、为什么被吸收等问题上，缺少向公众的反馈。

所以，建议大力增进政策制定的开放化、透明化。落实重大决策的专家咨询制度；要将公开环节适当前移，做到“决策全流程公开”而不仅是“决策前公开”，吸纳更多的市场代表、科技界代表和公众代表参与政策拟定，并记录过程以备向社会公开；应以适当的方式公布公众征求意见稿，对社会做出最终政策方案的解释说明，公布依据。只有经过开放、透明的政策过程，才有可能集中社会各界的智慧，群策群力弥补政策草案的漏洞，提高决策的科学化水平。

五　以科学主动的态度反思实践

由于新兴产业发展和绿色转型是一项复杂、多变、长期的系统性工程，再缜密的政策设计也难保尽善，再完美的政策在执行过程中也遇到各种阻碍，或遇到新的变化而使旧政策不再适用。而且，转型的影响触角会深入经济产业和人民生活的许多环节，非政策所能、亦非政策所应介入，须依赖于各方的自我治理。所以，政府的一个重要任务就是主动积极保持对局势的观察、监控，用科学的方法来反思政策实践过程的新问题，然后以合适的手段纠正。管理转型是一个反思性的、复杂的、持续的治理过程，要不断经历问题界定、干预和回应的循环[1]，反思性治理（reflexive governance）将成为重要理念。

第一，匹配好政策的短期步骤和长期调适。本书的结论之一就是政策目标对于政策制定和变迁有着基础性的约束。既要树立国家的长期雄心、共享愿景，又要通过短期政策“先行先试”，鼓励试验、宽容错误，通过目标指导下的连续性裁量、评估来作为短期和中期的中介，但同时要注意对政策目标的合理调整。第二，多样性、试验和学习始终是技术创新发展的根本动力机制，所以政策要保持一定的开放性，对多种技术路线、商业模式、企业等都有一个宽容的态度，鼓励多样性、鼓励试错，避免被“锁定”到次优（suboptimal）的情形中。第三，应切实加强定期的政策实施情况调研，到研发、生产、运营、销售等企业和科研院所第一线去，了解市场需求，了解企业困境，比照已发布政策，进行动态性的政策措施调整。

此外，要提高政策评估的科学化水平。科学化的第一步是统一各个数据统计口径，我国新能源汽车产销量的数据缺乏统一口径，数字常有打架。第二步是及时、准确向社会或者专家分层次、分类别地公开政府和行业协会掌握的产业数据，以便于社会智库和学者能够进行良好的政策评估，发现问题，反馈意见；也便于商业界人士能够更清楚地洞察产业界的真实状况，形成科学预期，制定战略。在数据公开时既要注意保密，以免泄露国家和商业秘密；但又不可滥用保密的理由来限制公开。

第三节　研究贡献和局限

本书以我国新能源汽车产业为具体研究对象，其结论所蕴含的理论和实践意义却能跨越产业边界，在以中国为代表的新兴国家语境下发展了新兴产业示范推广和绿色转型的理论，同时对新能源汽车产业研究做出实证贡献。

---

① Shove, Elizabeth and Gordon Walker, “CAUTION! Transitions Ahead: Politics, Practice, and Sustainable Transition Management”, *Environment and Planning A*, Vol. 39, No. 4, 2007.

一　理论贡献

第一，本书针对学术界研究不多、但在实践工作中被广泛应用的示范推广工程进行了较为深入的探究，从更广的范围和更深的层次上分析示范推广政策影响技术创新的作用机制，有两个最主要的创新点。一是较好地论证了政府支持示范推广的正当性。首先从定性的角度，详细界定了示范推广所处阶段与“死亡之谷”“鸿沟”等断层之间的对应关系，展现了其中的风险类型和风险水平，并分类阐述了示范阶段可能诱发的市场失灵。二是构建了示范工程的作用机制模型。从客观条件的角度来看，示范工程中技术就绪水平、市场和产业就绪水平、制度就绪水平这三个自变量，通过学习机制和沟通行为影响技术创新绩效。

第二，本书发现，中国政府能够通过塑造预期和介入决策直接影响新兴产业中的企业行为。一般战略管理文献在研究企业技术路线选择和变迁时，偏重于市场和生产要素价格、需求情况、技术特征、企业和管理者特质等方面的因素。即使它们将政治环境和政策纳入考虑，政策的作用机制通常局限于通过改变产品和生产要素的相对价格来影响市场供需，从而影响技术路线的吸引力①；或通过监管政策来改变不同技术路线的成本和市场需求，从而引导研发②。通过需求侧诱导和监管来影响企业战略在市场经济高度发达、政府权力恪守纠正市场失灵信条的欧美国家是正常机制，不仅在技术路线战略，也在其

① Popp, David Clifford, “Induced Innovation and Energy Prices”, *American Economic Review*, Vol. 92, No. 1, 2002; Ruttan, Vernon W., “Induced Innovation and Path Dependence: A Reassessment with Respect to Agricultural Development and the Environment”, *Technological Forecasting and Social Change*, Vol. 53, No. 1, 1996.

② Bañales-López, Santiago and Vicki Norberg-Bohm, “Public Policy for Energy Technology Innovation a Historical Analysis of Fluidized Bed Combustion Development in the USA”, *Energy Policy*, Vol. 30, No. 13, 2012; Norberg-Bohm, Vicki, “Creating Incentives for Environmentally Enhancing Technological Change”, *Technological Forecasting and Social Change*, Vol. 65, No. 2, 2000; Blind, Knut, *The Impact of Regulation on Innovation*, Manchester: University of Manchester, 2012.

他战略领域普遍存在[①]。但在以政府驱动绿色转型、推动国家产业进步的中国，政府权力的边界要更广，政府会调动更多资源向特定产业集中[②]，所以影响企业战略的渠道更丰富。本书揭示了除补贴改变市场需求和监管影响技术标准外，还有其他途径。

第三，本书揭示了在中国的新兴产业发展和绿色转型中，根据政策类型的不同，政策变迁的驱动因素和变化模式也不同。而且，转型政策目标除了节能环保和创新增长外，还包含技术追赶。而且在很大程度上，技术追赶的目标对政策的影响要强于节能减排。发达国家和发展中国家的转型政策目标存在微妙的差异。发达国家推进可持续转型的目标首先在于能源、环境的可持续问题；其次，通过技术创新来保持本国产业和科技水平的领先位置、促进经济增长。但中国、印度这样的新兴国家还有第四个重要目标——借转型之机实现产业和技术的追赶之梦，所以国家会投入大量公共资源来支持像新能源汽车这样的新兴产业，还有光伏、风电等[③]。所以，发达国家的转型政策包含了转型和创新的综合功能，转型政策和创新政策结合在一起[④]；而新兴国家的创新政策还具有追赶超越（leapfrogging）的目标[⑤]。

二　实证和方法论贡献

除了以上理论贡献外，本书还对新能源汽车的产业研究做出了实

---

① Edler, Jakob, et al., "Evaluating the Demand Side: New Challenges for Evaluation", *Research Evaluation*, Vol. 21, No. 1, 2012; Engau, Christian and Volker H. Hoffmann, "Strategizing in an Unpredictable Climate: Exploring Corporate Strategies to Cope with Regulatory Uncertainty", *Long Range Planning*, No. 44, Vol. 1, 2011; Popp, David Clifford, "Pollution Control Innovations and the Clean Air Act of 1990", *Journal of Policy Analysis and Management*, Vol. 22, No. 4, 2003.

② Evans, Peter B., "Transferable Lessons? Re-Examining the Institutional Prerequisites of East Asian Economic Policies", *Journal of Development Studies*, Vol. 34, No. 6, 1998; Sun, Zhe, "Technology Innovation and Entrepreneurial State: The Development of China' s High-Speed Rail Industry", *Technology Analysis and Strategic Management*, Vol. 27, No. 6, 2015.

③ Quitzow, Rainer, "Assessing Policy Strategies for the Promotion of Environmental Technologies: A Review of India's National Solar Mission", *Research Policy*, Vol. 44, No. 1, 2015.

④ Alkemade, Floortje, et al., "Transition Policy and Innovation Policy: Friends or Foes?", *Environmental Innovation and Societal Transitions*, Vol. 1, No. 1., 2011.

⑤ Dai Yixin and Lan Xue, "China' s Policy Initiatives for the Development of Wind Energy Technology", *Climate Policy*, Vol. 15, No. 1,2015.

证贡献，全面介绍并解释了中国新能源汽车产业三十年的政策变迁和主要乘用车企业技术路线战略，为该产业的后续研究提供了丰富的实证材料。特别是本书揭示了企业和政策的决策过程，在现有文献中较为稀缺，能为后来人研究提供重要的参考价值。

在研究方法上，本书的启示在于：不确定性的测度方法必须反映企业的主观不确定性，而不仅仅是用客观指标来测度不确定性。第六章表明，企业对于未来技术和市场的不确定性预期是影响技术多样化与否的一个显著因素。这是一个有趣的发现。传统理论认为，企业在面对技术不确定的情况下会分散技术路线以减少风险①，不过也有人反驳，主张如果有很强烈的竞争，那么企业会专注于自己的技术路线②。还有学者在争论市场拉动政策是否会鼓励企业探索更多技术和产品，还是专注开发利用目前的产品和技术③。为什么会产生相反的结论？除了不同的变量设置外，一个可能的因素是他们对于不确定性的测度存在问题。一般的战略管理定量研究文献，通常用一系列企业甚至产业层面的客观指标来测度单个企业面临的市场或技术不确定性，例如期权值波动程度、企业真实需求与时间序列估计值的差异、产业内技术专利年龄的中位数等④。但本书表明，即使在同一个行业，面对同样不确定的市场需求和技术水平，一个企业管理者的主观预期才是真正影响战略的变量——上汽和北汽的主观预期差别就很大。这

① McGrath, Rita Gunther, "A Real Options Logic for Initiating Technology Positioning Investments", *Academy of Management Review*, Vol. 22, No. 4, 1997.

② Toh, "Why Put All Your Eggs in One Basket? A Competition-Based View of How Technological Uncertainty Affects a Firm's Technological Specialization", *Organization Science*, Vol. 24, No. 4, 2013.

③ Hoppmann, et al., "The Two Faces of Market Support—How Deployment Policies Affect Technological Exploration and Exploitation in the Solar Photovoltaic Industry", *Research Policy*, Vol. 42, No. 4, 2013; Nemet, Gregory F., "Demand-Pull, Technology-Push, and Government-Led Incentives for Non-Incremental Technical Change", *Research Policy*, Vol. 38, No. 5, 2009.

④ Anderson, et al., "Organizational Environments and Industry Exit: The Effects of Uncertainty, Munificence and Complexity", *Industrial and Corporate Change*, Vol. 10, No. 3, 2011; Oriani, et al., "Uncertainty and the Market Valuation of R&D within a Real Options Logic", *Strategic Management Journal*, Vol. 29, No. 4, 2008; Toh, Puay Khoon and Taekyu Kim, "Why Put All Your Eggs in One Basket? A Competition-Based View of How Technological Uncertainty Affects a Firm's Technological Specialization", *Organization Science*, Vol. 24, No. 4, 2013.

很难用企业甚至行业层面的客观指标测度，测度方法必须设法反映企业的主观不确定性，才更有说服力。

三　研究方法局限

本书研究方法存在两个主要局限。首先，本书的解释实际上倾向了功能主义（functionalism），即用一个事物对社会系统的功能来解释该事物的存在[①]。企业选择某个技术路线是因为某条技术路线的功能满足了当时市场、技术和制度环境的要求；政策变化的原理也是政策这样设计能符合那时候的产业发展要求。但是，从注重事前解释的历史主义者眼光看，功能主义者并未真正解释了现象的发生，只是提供了决策做出的那个时点（one-time snapshot）的理性解释。这个选择可能是某些行动者选择了对自己有利的结果，但事实上可能存在多个行动者、多种选择。这些功能主义的解释无法回答一个重要问题：有没有其他潜在结果，为什么潜在结果没有被选中？如果无法回答这个问题，那么叙事过程从严格意义来看是有缺陷的[②]。本书的材料源自访谈对象对当时做出最终决策的解释，但在一定程度上只是事后的解释，并没有提供事前决策者是否有多种可能、如何挑选的信息。在政策变迁解释那部分，由于笔者材料所限，未能访谈到中央政府当时真正做出决策的当事政府人士，因此这个问题就更为突出。这是本书的一个遗憾。在将来，如果能获得更充分翔实的资料，笔者将在后续研究中努力还原当时更多的可能性，剖析为什么最终选定了现在的结果，以更完整、深入地展示中国可持续转型的政策变迁逻辑。不过换一个角度看，在多个历史节点上的功能解释贯穿起来后，仍然能反映出实际表现的变迁模式、所重复发生的驱动因素等，这也是本书所希望展现的内容。

---

① Merton, Robert K., *Social Theory and Social Structure*, New York, NY: Free Press, 1968.

② Capoccia, Giovanni and R. Daniel Kelemen, "The Study of Critical Junctures: Theory, Narrative, and Counterfactuals in Historical Institutionalism", *World Politics*, Vol. 59, No. 3, 2007; Pierson, Paul and Theda Skocpol, "Historical Institutionalism in Contemporary Political Science", In *Political Science: State of the Discipline* edited by Ira Katznelson and Helen V. Milner, New York, NY: W. W. Norton, 2002; Stinchcombe, Arthur L., *Constructing Social Theories*, New York, NY: Harcourt, Brace and World, 1968.

其次，与上面一个问题相关，本书在解释政策变迁时的方法论存在一个缺陷，即只观测到了政策变迁却没有观测到政策不变的情形，这样实际上是根据因变量选择案例，因变量和解释变量之间的关系估计就会产生偏误[1]。而且，一个良好的政策变迁理论应该能同时解释"变"与"不变"[2]。可是，因为政策不变的情形基本很难被观测到，通常无法解释究竟是政策本身就不存在变动的契机，还是某些因素阻碍了变迁，从方法论上很难研究这些观测不到的因变量。只有当政策窗口打开之后，可以观察前后政策的差异程度。在我国新能源汽车政策的三轮调整中，商用车每次的变化都很大，本书已经给予了解释。乘用车的后两轮政策之间略有小变，本书解释了差异点；相同的部分也许能归结为政府认为上一期政策设计是合理的，没有变动的必要。所以本书其实尽量解释了只要出现变动的部分——哪怕变动微小，完全没有变化的部分就无以解释了，所以虽然从方法论上不严格，但也是可以原谅的缺陷。

第四节　结语

在人类社会共同面对可持续发展的今天，不少发达国家已经走在了时代的前列，在本国和国际场合都力主推广低碳经济模式，发展清洁能源和减排技术，并贡献了大量的经济、管理和政策理论。我国也已逐渐跟上，将生态环保和可持续发展放在国家政策的重要位置，并郑重向全世界承诺在 2030 年达到碳排放顶峰，2060 年实现碳中和。

但是，相比发达国家，我们面临的问题更多，多的是目前更严重的大气污染、土壤污染和水污染；我们拥有的资源却比它们少，少的是人才、是技术，还少了面对绿色转型和技术创新挑战所需的经验、理念和智慧。所以，我们需要新能源汽车、风电、光伏、储能等绿色高技术产业来带动经济社会的可持续发展，更需要合适的政策来培育

---

① King, Gary, et al., *Designing Social Inquiry: Scientific Inference in Qualitative Research*, Princeton, NJ: Princeton University Press, 1994.

② Capano, Giliberto, "Understanding Policy Change as an Epistemological and Theoretical Problem", *Journal of Comparative Policy Analysis: Research and Practice*, Vol. 11, No. 1, 2009.

这些产业技术。

为了绿色转型，示范和推广一定会作为重要的政策手段，发挥不可替代的显著作用。如何制定科学周全的政策工具，实现完备妥帖的落地执行，获取真实及时的反馈，实施必要合理的调整，将是横亘在政策制定者面前的难题，也是考验政策研究者的“试金石”。

这本薄薄的小书从一个虽有三十年曲折历史但仍方兴未艾的产业里，抽取几个有意思的片段，提炼了一些结论和政策启示。尽管这些结论和启示来自新能源汽车产业的实证案例，但其内涵扎根于科技创新产业和政策的一般规律，具有一定的多产业普适性。只要是需要经过示范和推广阶段培育的技术创新，都或多或少能从中有所借鉴。我们希望，这本书能管窥知豹，以史为镜，来为我国更宏伟远大、更波澜壮阔的绿色转型和技术创新征程贡献一点点有益的思想。

附录　新能源汽车产业中央层面相关政策目录（1991—2021年）

政策文件名称	文件编号	发文时间	发文部门
《“八五”科技攻关计划“电动汽车计划”》	n. a.	1991年6月	国家科委
《汽车工业产业政策》	国发〔1994〕17号	1994年3月	国务院
《新能源和可再生能源发展纲要（1996—2010）》	计办交能〔1995〕4号	1995年1月	国家计委、国家科委、国家经贸委
《“九五”科技攻关计划“国家重大科技产业工程项目电动汽车实施方案”》	n. a.	1996年1月	国家科委
《中国节能技术政策大纲》	计交能〔1996〕905号	1996年5月	国家计委、经贸委、科委

续表

政策文件名称	文件编号	发文时间	发文部门
《关于“空气净化工程——清洁汽车行动”试点示范城市〈实施方案〉的批复》	国科发高字〔1999〕267号	1999年6月	科技部
《关于实施“空气净化工程——清洁汽车行动”的若干意见》	国科发高字〔1999〕564号	1999年12月	科技部等14部委
《“九五”科技攻关计划“清洁汽车行动关键技术攻关及产业化”》	n. a.	1999年12月	科技部
《“十五”863计划电动汽车重大科技专项》	n. a.	2001年10月	科技部
《当前优先发展的高技术产业重点领域指南（2001年度）》	计高技〔2001〕2392号	2001年11月	国家计委、科技部
《鼓励外商投资高新技术产品目录》	n. a.	2003年6月	科技部、商务部
《汽车产业发展政策》	国家发改委令〔2004〕8号	2004年5月	国家发改委
《乘用车燃料消耗量限值》	GB 19578—2004	2004年10月	国家质检总局、国家发改委
《国家中长期科学和技术发展规划纲要（2006—2020年）》	国发〔2006〕6号	2006年2月	中共中央、国务院
《国务院关于加强节能工作的决定》	国发〔2006〕28号	2006年8月	国务院
《“十一五”863计划节能与新能源汽车重大项目》	n. a.	2006年9月	科技部

续表

政策文件名称	文件编号	发文时间	发文部门
《国务院关于印发节能减排综合性工作方案的通知》	国发〔2007〕15 号	2007 年 5 月	国务院
《轻型商用车燃料消耗量限值》	GB 20997—2007	2007 年 8 月	国家标准委
《新能源汽车生产准入管理规则》	发改公告〔2007〕72 号	2007 年 10 月	国家发改委
《关于调整乘用车消费税政策的通知》	财税〔2008〕105 号	2008 年 8 月	财政部、国家税务总局
《关于贯彻实施〈中华人民共和国节约能源法〉的通知》	发改环资〔2008〕2306 号	2008 年 8 月	国家发改委等 11 部委
《关于开展节能与新能源汽车示范推广试点工作的通知》	财建〔2009〕6 号	2009 年 1 月	财政部、科技部
《汽车产业调整和振兴规划》	国发〔2009〕5 号	2009 年 3 月	国务院
《节能与新能源汽车节油率与最大电功率比检验大纲》	中机函〔2009〕21 号	2009 年 4 月	中机车辆技术服务中心
《新能源汽车生产企业及产品准入管理规则》	工产业〔2009〕44 号	2009 年 6 月	工信部
《节能与新能源汽车示范推广应用工程推荐车型目录》	n. a.	2009 年 8 月	工信部
《关于开展私人购买新能源汽车补贴试点的通知》	财建〔2010〕230 号	2010 年 5 月	财政部、科技部、工信部、国家发改委

续表

政策文件名称	文件编号	发文时间	发文部门
《关于扩大公共服务领域节能与新能源汽车示范推广有关工作的通知》	财建〔2010〕227 号	2010 年 5 月	财政部、科技部、工信部、国家发改委
《“节能产品惠民工程”节能汽车（1.6 升及以下乘用车）推广实施细则》	财建〔2010〕219 号	2010 年 5 月	财政部、国家发改委、工信部
《关于增加公共服务领域节能与新能源汽车示范推广试点城市的通知》	财建〔2010〕434 号	2010 年 7 月	财政部、科技部、工信部、国家发改委
《“十二五”863 计划电动汽车关键技术与系统集成重大项目》	n. a.	2010 年 9 月	科技部
《国务院关于加快培育和发展战略性新兴产业的决定》	国发〔2010〕32 号	2010 年 10 月	国务院
《国家“十二五”科学和技术发展规划》	国科发计〔2011〕270 号	2011 年 7 月	科技部等 9 部委
《关于加强节能与新能源汽车示范推广安全管理工作的函》	国科办函高〔2011〕322 号	2011 年 8 月	财政部、科技部、工信部、国家发改委
《关于调整节能汽车推广补贴政策的通知》	财建〔2011〕754 号	2011 年 9 月	财政部、国家发改委、工信部
《关于进一步做好节能与新能源汽车示范推广试点工作的通知》	财办建〔2011〕149 号	2011 年 10 月	财政部、科技部、工信部、国家发改委
《电池行业清洁生产实施方案》	工信部节〔2011〕614 号	2011 年 12 月	工信部
《工业转型升级规划（2011—2015 年）》	国发〔2011〕47 号	2011 年 12 月	国务院

续表

政策文件名称	文件编号	发文时间	发文部门
《乘用车燃料消耗量评价方法及指标》	GB27999—2011	2011 年 12 月	工信部
《新材料产业“十二五”发展规划》	n. a.	2012 年 1 月	工信部
《电动汽车科技发展“十二五”专项规划》	国科发计〔2012〕195 号	2012 年 3 月	科技部
《关于节约能源使用新能源车船车船税政策的通知》	财税〔2012〕19 号	2012 年 3 月	财政部、国家税务总局、工信部
《智能电网重大科技产业化工程“十二五”专项规划》	n. a.	2012 年 3 月	科技部
《纯电动乘用车技术条件》	公告〔2012〕9 号	2012 年 5 月	工信部
《节能与新能源汽车产业发展规划（2012—2020 年）》	国发〔2012〕22 号	2012 年 6 月	国务院
《关于城市公交企业购置公共汽电车辆免征车辆购置税的通知》	财税〔2012〕51 号	2012 年 6 月	财政部、国家税务总局
《“十二五”节能环保产业发展规划》	国发〔2012〕19 号	2012 年 6 月	国务院
《“十二五”国家战略性新兴产业发展规划》	国发〔2012〕28 号	2012 年 7 月	国务院
《关于扩大混合动力城市公交客车示范推广范围有关工作的通知》	财建〔2012〕633 号	2012 年 8 月	财政部、科技部、工信部、国家发改委

续表

政策文件名称	文件编号	发文时间	发文部门
《关于组织开展新能源汽车产业技术创新工程的通知》	财建〔2012〕780 号	2012 年 9 月	财政部、工信部、科技部
《乘用车企业平均燃料消耗量核算办法》	工信部公告〔2013〕15 号	2013 年 3 月	工信部等 5 部委
《关于继续开展新能源汽车推广应用工作的通知》	财建〔2013〕551 号	2013 年 9 月	财政部、科技部、工信部、国家发改委
《关于开展 1.6 升及以下节能环保汽车推广工作的通知》	财建〔2013〕644 号	2013 年 9 月	财政部、国家发改委、工信部
《关于支持北京天津等城市或区域开展新能源汽车推广应用工作的通知》	财建〔2013〕805 号	2013 年 11 月	财政部、科技部、工信部、国家发改委
《关于支持沈阳长春等城市或区域开展新能源汽车推广应用工作的通知》	财建〔2014〕10 号	2014 年 1 月	财政部、科技部、工信部、国家发改委
《关于进一步做好新能源汽车推广应用工作的通知》	财建〔2014〕11 号	2014 年 1 月	财政部、科技部、工信部、国家发改委
《电动汽车充电站设计规范》	GB 50996—2014	2014 年 1 月	住房和城乡建设部
《关于新能源汽车产品申报公告运行区域进行调整的通知》	中机函〔2014〕102 号	2014 年 5 月	中机车辆技术服务中心
《能源发展战略行动计划（2014—2020 年）》	国办发〔2014〕31 号	2014 年 6 月	国务院办公厅

续表

政策文件名称	文件编号	发文时间	发文部门
《政府机关及公共机构购买新能源汽车实施方案》	国管节能〔2014〕293 号	2014 年 7 月	国务院机关事务管理局等 5 部委
《关于加快新能源汽车推广应用的指导意见》	国办发〔2014〕35 号	2014 年 7 月	国务院办公厅
《关于电动汽车用电价格政策有关问题的通知》	发改价格〔2014〕1668 号	2014 年 7 月	国家发改委
《关于免征新能源汽车车辆购置税的公告》	财政部国家税务总局工业和信息化部公告〔2014〕53 号	2014 年 8 月	财政部、国家税务总局、工信部
《京津冀公交等公共服务领域新能源汽车推广工作方案》	n. a.	2014 年 10 月	工信部等 8 部委
《加强“车、油、路”统筹，加快推进机动车污染综合防治方案》	发改环资〔2014〕2368 号	2014 年 10 月	国家发改委等 12 部委
《关于加强乘用车企业平均燃料消耗量管理的通知》	工信部联装〔2014〕432 号	2014 年 10 月	工信部等 5 部委
《关于新能源汽车充电设施建设奖励的通知》	财建〔2014〕692 号	2014 年 11 月	财政部、科技部、工信部、国家发改委
《关于对电池、涂料征收消费税的通知》	财税〔2015〕16 号	2015 年 1 月	财政部、国家税务总局
《关于加快推进新能源汽车在交通运输行业推广应用的实施意见》	交运发〔2015〕34 号	2015 年 3 月	交通运输部

续表

政策文件名称	文件编号	发文时间	发文部门
《汽车动力蓄电池行业规范条件》	公告〔2015〕22号	2015年3月	工信部
《关于2016—2020年新能源汽车推广应用财政支持政策的通知》	财建〔2015〕134号	2015年4月	财政部、科技部、工信部、国家发改委
《关于节约能源使用新能源车船车船税优惠政策的通知》	财税〔2015〕51号	2015年5月	财政部、国家税务总局、工信部
《中国制造2025》	国发〔2015〕28号	2015年5月	国务院
《关于完善城市公交车成品油价格补助政策加快新能源汽车推广应用的通知》	财建〔2015〕159号	2015年5月	财政部、工信部、交通运输部
《新建纯电动乘用车企业管理规定》	国家发改委工信部令〔2015〕27号	2015年6月	国家发改委、工信部
《关于实施增强制造业核心竞争力重大工程包的通知》	发改产业〔2015〕1602号	2015年7月	国家发改委
《关于加强城市停车设施建设的指导意见》	发改基础〔2015〕1788号	2015年8月	国家发改委等7部委
《锂离子电池行业规范条件》	工信部公告〔2015〕57号	2015年8月	工信部
《〈中国制造2025〉重点领域技术路线图（2015年版）》	n. a.	2015年9月	工信部
《关于加快电动汽车充电基础设施建设的指导意见》	国办发〔2015〕73号	2015年10月	国务院

续表

政策文件名称	文件编号	发文时间	发文部门
《电动汽车充电基础设施发展指南（2015—2020年）》	发改能源〔2015〕1454号	2015年10月	国家发改委
《新能源公交车推广应用考核办法（试行）》	交运发〔2015〕164号	2015年11月	财政部、工信部、交通运输部
《国家重点研发计划新能源汽车试点专项项目指南》	国科发资〔2015〕384号	2015年11月	科技部
《铅蓄电池行业准入条件》	工信部公告〔2015〕85号	2015年12月	工信部
《电动汽车传导充电系统》	GB/T 18487. 1—2015	2015年12月	国家质检总局、国家标准委
《锂离子电池行业规范公告管理暂行办法》	工信部电子〔2015〕452号	2015年12月	工信部
《关于加强城市电动汽车充电设施规划建设工作的通知》	建规〔2015〕199号	2015年12月	住建部
《电动汽车动力蓄电池回收利用技术政策（2015年版）》	公告〔2016〕2号	2016年1月	国家发改委等5部委
《关于“十三五”新能源汽车充电基础设施奖励政策及加强新能源汽车推广应用的通知》	财建〔2016〕7号	2016年1月	财政部等5部委
《新能源汽车废旧动力蓄电池综合利用行业规范条件》和《新能源汽车废旧动力蓄电池综合利用行业规范公告管理暂行办法》	工信部公告〔2016〕6号	2016年2月	工信部

续表

政策文件名称	文件编号	发文时间	发文部门
《关于加快居民区电动汽车充电基础设施建设的通知》	发改能源〔2016〕1611号	2016年9月	国家发改委、能源局、工信部、住建部
《电动汽车充换电服务信息交换》	T/CEC 102. 3—2016	2016年10月	中国电力企业联合会
《关于进一步做好新能源汽车推广应用安全监管工作的通知》	工信部装〔2016〕377号	2016年11月	工信部
《“十三五”国家战略性新兴产业发展规划》	国发〔2016〕67号	2016年11月	国务院
《关于新能源汽车推广应用审批责任有关事项的通知》	财建〔2016〕877号	2016年12月	财政部、工信部、科技部、国家发改委
《关于调整新能源汽车推广应用财政补贴政策的通知》	财建〔2016〕958号	2016年12月	财政部、科技部、工信部、国家发改委
《关于统筹加快推进停车场与充电基础设施一体化建设的通知》	发改基础〔2016〕2826号	2016年12月	发改会、住建部、交通部、国家能源局
《“十三五”节能减排综合工作方案》	国发〔2016〕74号	2016年12月	国务院
《新能源汽车生产企业及产品准入管理规定》	工信部令〔2017〕39号	2017年1月	工信部
《促进汽车动力电池产业发展行动方案》	工信部联装〔2017〕29号	2017年2月	工信部、国家发改委、科技部、财政部
《企业投资项目核准和备案管理办法》	国家发改委令〔2017〕2号	2017年3月	国家发改委

续表

政策文件名称	文件编号	发文时间	发文部门
《关于加快单位内部电动汽车充电基础设施的通知》	国能电力〔2017〕19号	2017年3月	国家能源局、国资委、国管局
《汽车销售管理办法》	商务部令〔2017〕1号	2017年4月	商务部
《汽车产业中长期发展规划》	工信部联装〔2017〕53号	2017年4月	工信部、国家发改委、科技部
《关于完善汽车投资项目管理的意见》	发改产业〔2017〕1055号	2017年6月	国家发改委、工信部
《关于促进小微型客车租赁健康发展的指导意见》	交运发〔2017〕110号	2017年8月	交通部、住建部
《促进道路货运行业健康稳定发展行动计划（2017—2020年）》	交运发〔2017〕141号	2017年9月	交通部等14部委
《电力需求侧管理办法（修订版）》	发改运行规〔2017〕1690号	2017年9月	国家发改委等6部委
《关于促进储能技术与产业发展指导意见》	发改能源〔2017〕1701号	2017年9月	国家发改委等5部委
《乘用车企业平均燃料消耗量与新能源汽车积分并行管理办法》	工业和信息化部财政部商务部海关总署质检总局令44号	2017年9月	工信部等5部委
《关于调整汽车贷款有关政策的通知》	银发〔2017〕234号	2017年10月	中国人民银行、银保监会
《关于推进电子商务与快递物流协同发展的意见》	国办发〔2018〕1号	2018年1月	国务院
《新能源汽车动力蓄电池回收利用管理暂行办法》	工信部联节〔2018〕43号	2018年1月	工信部等7部委

续表

政策文件名称	文件编号	发文时间	发文部门
《关于调整完善新能源汽车推广应用财政补贴政策的通知》	财建〔2018〕18 号	2018 年 2 月	财政部、工信部、科技部、国家发改委
《关于做好平行进口汽车燃料消耗量与新能源汽车积分数据报送工作的通知》	工信厅联装函〔2018〕184 号	2018 年 5 月	工信部、商务部、海关总署、市场监管总局
《打赢蓝天保卫战三年行动计划》	国发〔2018〕22 号	2018 年 6 月	国务院
《关于在部分地区开展甲醇汽车应用的指导意见》	工信部联节〔2019〕61 号	2019 年 3 月	工信部等 8 部委
《关于进一步完善新能源汽车推广应用财政补贴政策的通知》	财建〔2019〕138 号	2019 年 3 月	财政部、工信部、科技部、国家发改委
《关于支持新能源公交车推广应用的通知》	财建〔2019〕213 号	2019 年 5 月	财政部、工信部、交通部、国家发改委
《绿色出行行动计划（2019—2022 年）》	交运发〔2019〕70 号	2019 年 5 月	交通部等 12 部委
《推动重点消费品更新升级畅通资源循环利用实施方案（2019—2020 年）》	发改产业〔2019〕967 号	2019 年 6 月	国家发改委、生态环境部、商务部
《关于开展新能源汽车安全隐患排查工作的通知》	工信部装备中心〔2019〕520 号	2019 年 6 月	工信部
《关于新能源汽车免征车辆购置税有关政策的公告》	财政部公告〔2020〕21 号	2020 年 4 月	财政部、国家税务总局、工信部

续表

政策文件名称	文件编号	发文时间	发文部门
《关于完善新能源汽车推广应用财政补贴政策的通知》	财建〔2020〕86 号	2020 年 4 月	财政部、工信部、科技部、国家发改委
《关于修改〈乘用车企业平均燃料消耗量与新能源汽车积分并行管理办法〉的决定》	工信部　财政部　商务部　海关总署　国家市场监督管理总局令〔2020〕第 53 号	2020 年 6 月	工信部等 5 部委
《关于开展新能源汽车下乡活动的通知》	工信厅联通装函〔2020〕167 号	2020 年 7 月	工信部、农业部、商务部
《关于推动交通运输领域新型基础设施建设的指导意见》	交规划发〔2020〕75 号	2020 年 8 月	交通部
《关于扩大战略性新兴产业投资，培育壮大新增长点增长极的指导意见》	发改高技〔2020〕1409 号	2020 年 9 月	国家发改委、科技部、工信部、财政部
《关于开展燃料电池汽车示范应用的通知》	财建〔2020〕394 号	2020 年 9 月	财政部等 5 部委
《新能源汽车产业发展规划（2021—2035 年）》	国办发〔2020〕39 号	2020 年 10 月	国务院
《关于进一步完善新能源汽车推广应用财政补贴政策的通知》	财建〔2020〕593 号	2020 年 12 月	财政部、工信部、科技部、国家发改委
《交通运输部关于服务构建新发展格局的指导意见》	交规划发〔2021〕12 号	2021 年 1 月	交通运输部
《国务院关于加快建立健全绿色低碳循环发展经济体系的指导意见》	国发〔2021〕4 号	2021 年 2 月	国务院

续表

政策文件名称	文件编号	发文时间	发文部门
《乘用车燃料消耗量限值》	GB 19578—2021	2021 年 2 月	市场监管总局、国家标准委
《关于开展 2021 年新能源汽车下乡活动通知》	工信厅联通装函〔2021〕57 号	2021 年 3 月	工信部、农业农村部、商务部、国家能源局
《新能源汽车动力蓄电池梯次利用管理办法》	工信部联节〔2021〕114 号	2021 年 8 月	工信部、科技部、生态环境部、商务部、市场监管总局
《关于启动燃料电池汽车示范应用工作的通知》	财建〔2021〕266 号	2021 年 8 月	财政部等 5 部委
《中共中央　国务院关于完整准确全面贯彻新发展理念做好碳达峰碳中和工作的意见》	中发〔2021〕36 号	2021 年 9 月	中共中央、国务院
《国务院关于印发 2030 年前碳达峰行动方案的通知》	国发〔2021〕23 号	2021 年 10 月	国务院
《综合运输服务“十四五”发展规划》	交运发〔2021〕111 号	2021 年 11 月	交通运输部
《关于 2022 年新能源汽车推广应用财政补贴政策的通知》	财建〔2021〕466 号	2021 年 12 月	财政部、工信部、科技部、国家发改委

参考文献

陈玲：《制度、精英与共识：寻求中国政策过程的解释框架》，清华大学出版社 2011 年版。

陈清泉、孙立清：《电动汽车的现状和发展趋势》，《科技导报》2005 年第 4 期。

陈衍泰、孟媛媛等：《产业创新生态系统的价值创造和获取机制分析——基于中国电动汽车的跨案例分析》，《科研管理》2015 年第 1 期。

冯飞：《中国车用能源战略研究》，商务印书馆 2014 年版。

国务院发展研究中心：《电动汽车：我国汽车产业升级与跨越的突破口》，《发展研究》2009 年第 4 期。

黄萃、任弢等：《政策文献量化研究：公共政策研究的新方向》，《公共管理学报》2015 年第 2 期。

黄正夏：《关于把电动汽车列入"九五"重点发展规划的建议》，《中国科技论坛》1996 年第 2 期。

蒋学伟、路跃兵等：《中国本土汽车企业成长战略》，清华大学出版社 2015 年版。

科学技术部：《这十年——现代交通领域科技发展报告》，科学技术文献出版社 2012 年版。

黎懋明：《关于组织实施国家重大科技产业工程项目的几点考虑》，《中国软科学》1997 年第 12 期。

路风：《走向自主创新：寻求中国力量的源泉》，广西师范大学出版社 2006 年版。

欧阳明高:《中国新能源汽车的研发与展望》,《科技导报》2016年第6期。

汝鹏:《科技专家与科技决策“863”计划决策中的科技专家影响力》,清华大学出版社2012年版。

孙逢春、张承宁等:《电动汽车——21世纪的重要交通工具》。北京理工大学出版社1997年版。

汪继强:《动力电池发展现状及展望》,转引自中国汽车技术研究中心《中国新能源汽车产业发展报告》,社会科学文献出版社2014年版。

王秉刚:《对我国燃气汽车问题的认识和建议》,《世界汽车》1999年第8期。

王秉刚:《中国清洁汽车行动的成就与展望》,《汽车工程》2005年第27期。

王青:《从技术跟随到战略布局:新能源汽车技术革命与中国应对战略》,上海远东出版社2012年版。

温家宝:《关于科技工作的几个问题》,《求是》2011年第14期。

肖成伟、丁飞:《车用动力电池产业发展概况及趋势》,转引自中国汽车技术研究中心《中国新能源汽车产业发展报告2015》,社会科学文献出版社2015年版。

徐冠华:《实施清洁汽车行动,促进空气净化工程》,《中国科技月报》1999年第5期。

杨裕生、陈清泉等:《关于我国电动车的技术发展路线建议》,《新材料产业》2010年第3期。

中国汽车技术研究中心:《节能与新能源汽车年鉴》,中国经济出版社2012年版。

中国汽车技术研究中心:《节能与新能源汽车年鉴》,中国经济出版社2013年版。

中国汽车技术研究中心:《新能源汽车产业发展报告》,社会科学文献出版社2013年版。

中国汽车技术研究中心:《新能源汽车产业发展报告》,社会科学文献出版社2015年版。

Ahmed, Amel and Rudra Sil, "When Multi-Method Research Subverts Methodological Pluralism—or, Why We Still Need Single-Method Research", *Perspectives on Politics*, Vol. 10, No. 4, 2007.

Alkemade, et al., "Transition Policy and Innovation Policy: Friends or Foes?", *Environmental Innovation and Societal Transitions*, Vol. 1, No. 1., 2011.

Altenburg, et al., "The Emergence of Electromobility: Comparing Technological Pathways in France, Germany, China and India", *Science and Public Policy*, Vol. 43, No. 4, 2016.

Anderson, Philip C. and Michael L. Tushman, "Organizational Environments and Industry Exit: The Effects of Uncertainty, Munificence and Complexity", *Industrial and Corporate Change*, Vol. 10, No. 3, 2011.

Andraszewicz, S., et al., "An Introduction to Bayesian Hypothesis Testing for Management Research", *Journal of Management*, Vol. 41, No. 2, 2015.

Angrist, Joshua D. and Jörn-Steffen Pischke, *Mostly Harmless Econometrics: An Empiricist's Companion*, Princeton, NJ: Princeton University Press, 2009.

Angrist, Joshua D. and Jörn-Steffen Pischke, "The Credibility Revolution in Empirical Economics: How Better Research Design is Taking the Con out of Econometrics", *Journal of Economic Perspectives*, Vol. 24, No. 2, 2010.

Bañales-López, Santiago and Vicki Norberg-Bohm, "Public Policy for Energy Technology Innovation a Historical Analysis of Fluidized Bed Combustion Development in the USA", *Energy Policy*, Vol. 30, No. 13, 2012.

Baer, Walter S., et al., *Analysis of Federally Funded Demonstration Projects*, Santa Monica, CA: RAND Corporation, 1976.

Bakker, Sjoerd and Björn Budde, "Technological Hype and Disappointment: Lessons from the Hydrogen and Fuel Cell Case", *Technology Analysis and Strategic Management*, Vol. 24, No. 6, 2012.

Barney, Jay, "Firm Resources and Sustained Competitive Advantage", *Journal of Management*, Vol. 17, No. 1, 1991.

Bennett, Andrew, "Process Tracing and Causal Inference", In *Rethinking Social Inquiry: Diverse Tools, Shared Standards*, edited by Henry E. Brady and David Collier, Lanham, MD: Rowman and Littlefield, 2011.

Bennett, Colin J. and Michael Howlett, "The Lessons of Learning: Reconciling Theories of Policy Learning and Policy Change", *Policy Sciences*, Vol. 25, No. 3, 1992.

Bergek, Anna, et al., "'Legitimation' and 'Development of Positive Externalities': Two Key Processes in the Formation Phase of Technological Innovation Systems", *Technology Analysis and Strategic Management*, Vol. 20, No. 5, 2008.

Berkhout, Frans, "Normative Expectations in Systems Innovation", *Technology Analysis and Strategic Management*, Vol. 18, No. 3, 2006.

Blind, Knut, *The Impact of Regulation on Innovation*, Manchester: University of Manchester, 2012.

Brady, Henry E. and David Collier, *Rethinking Social Inquiry: Diverse Tools, Shared Standards*, Washington DC: Rowman and Littlefield Publishers, 2010.

Branscomb, Lewis M. and Philip E. Auerswald, *Between Invention and Innovation: An Analysis of Funding for Early-Stage Technology Development*, Department of Commerce: NIST Report, 2002.

Brooks, Harvey, "What We Know and Do Not Know about Technology Transfer: Linking Knowledge to Action", In *Marshaling Technology for Development*, edited by National Research Council, Washington DC: National Academy Press, 1995.

Brown, James and Chris Hendry, "Public Demonstration Projects and Field Trials: Accelerating Commercialisation of Sustainable Technology in Solar Photovoltaics", *Energy Policy*, Vol. 37, No. 7, 2009.

Brown, L. A., *Innovation Diffusion: A New Perspective*, New York:

Methuen, 1981.

Brown, Marilyn A., et al., "Demonstrations: The Missing Link in Government-Sponsored Energy Technology Deployment", *Technology in Society*, Vol. 15, No. 2, 1993.

Budde, Björn, et al., "Expectations as a Key to Understanding Actor Strategies in the Field of Fuel Cell and Hydrogen Vehicles", *Technological Forecasting and Social Change*, Vol. 24, No. 6, 2012.

Bush, Vannevar, *Science: The Endless Frontier*, Washington DC: National Science Foundation, 1945.

Campbell, Donald T. and Julian C. Stanley, *Experimental and Quasi-Experimental Designs for Research*, Chicago, IL: Rand McNally and Company, 1969.

Capano, Giliberto, "Understanding Policy Change as an Epistemological and Theoretical Problem", *Journal of Comparative Policy Analysis: Research and Practice*, Vol. 11, No. 1, 2009.

Capoccia, Giovanni and R. Daniel Kelemen, "The Study of Critical Junctures: Theory, Narrative, and Counterfactuals in Historical Institutionalism", *World Politics*, Vol. 59, No. 3, 2007.

Chan, C. C., "The State of the Art of Electric, Hybrid, and Fuel Cell Vehicles", *Proceedings of the IEEE*, Vol. 95, No. 4, 2007.

Chertow, M. R., *Accelerating Commercialization of Environmental Technology in the United States: Theory and Case Studies*, Ph. D. Dissertation, Yale University, 2000.

Cohen, Nissim and Michael Naor, "Reducing Dependence on Oil? How Policy Entrepreneurs Utilize the National Security Agenda to Recruit Government Support: The Case of Electric Transportation in Israel", *Energy Policy*, Vol. 56, May 2013.

Dai Yixin and Lan Xue, "China's Policy Initiatives for the Development of Wind Energy Technology", *Climate Policy*, Vol. 15, No. 1, 2015.

DOE, *The Demonstration Projects as a Procedure for Accelerating the*

Application of New Technology: *Charpie Task Force Report*, U. S. Department of Energy, 1978.

Dosi, Giovanni, "Sources, Procedures, and Microeconomic Effects of Innovation", *Journal of Economic Literature*, Vol. 26, No. 3, 1988.

Dosi, Giovanni, "Technological Paradigms and Technological Trajectories", *Research Policy*, Vol. 11, No. 3, 1982.

Drucker, Peter F., *The Age of Discontinuity*: *Guidelines to Our Changing Society*, New York, NY: Harper and Row, 1969.

Dyer, W. Gibb and Alan L. Wilkins, "Better Stories, Not Better Constructs, to Generate Better Theory: A Rejoinder to Eisenhardt", *Academy of Management Review*, Vol. 16, No. 3, 1991.

Díaz Anadón, Laura and John P. Holdren, "Policy for Energy Technology Innovation", In *Acting in Time on Energy Policy*, edited by Kelly Sims Gallagher, Washington DC: Brookings Institution Press, 2009.

Eads, George and Richard R. Nelson, "Governmental Support of Advanced Civilian Technology: Power Reactors and the Supersonic Transport", *Public Policy*, Vol. 19, 1971.

Edler, Jakob and Luke Georghiou, "Public Procurement and Innovation-Resurrecting the Demand Side", *Research Policy*, Vol. 36, No. 7, 2007.

Edler, Jakob, et al., "Evaluating the Demand Side: New Challenges for Evaluation", *Research Evaluation*, Vol. 21, No. 1, 2012.

Eisenhardt, Kathleen M., "Better Stories and Better Constructs: The Case for Rigor and Comparative Logic", *Academy of Management Review*, Vol. 16, No. 3, 1991.

Eisenhardt, Kathleen M., "Building Theories from Case Study Research", *Academy of Management Review*, Vol. 14, No. 4, 1989.

Engau, Christian and Volker H. Hoffmann, "Strategizing in an Unpredictable Climate: Exploring Corporate Strategies to Cope with Regulatory Uncertainty", *Long Range Planning*, No. 44, Vol. 1, 2011.

Evans, Peter B., "Transferable Lessons? Re-Examining the Institutional Prerequisites of East Asian Economic Policies", *Journal of Development Studies*, Vol. 34, No. 6, 1998.

Evera, Stephen van, *Guide to Methods for Students of Political Science*, Ithaca: Cornell University Press. 1997.

Fearon, James D., "Counterfactuals and Hypothesis Testing in Political Science", *World Politics*, Vol. 43, No. 2, 1991.

Fearon, James D. and David D. Laitin, "Integrating Qualitative and Quantitative Methods", In *The Oxford Handbook of Political Methodology*, edited by Janet Box-Steffensmeier and Henry Brady et al., Oxford: Oxford University Press, 2008.

Flyvbjerg, B., "Five Misunderstandings about Case-Study Research", *Qualitative Inquiry*, Vol. 12, No. 2, 2006.

Freeman, Christopher and Carlota Perez, "Structural Crises of Adjustment, Business Cycles and Investment Behaviour", In *Technical Change and Economic Theory*, edited by Giovanni Dosi and Christopher Freeman et al., London: Pinter, 1988.

Freeman, Christopher and Luc Soete, *The Economics of Industrial Innovation*, London: Wellington House, 1997.

Freeman, Christopher, "The Economics of Technical Change", *Cambridge Journal of Economics*, Vol. 18, No. 5, May 1994.

Fri, Robert W., "The Role of Knowledge: Technological Innovation in the Energy System", *Energy Journal*, Vol. 24, No. 4, 2003.

Frishammar, et al., "The Role of Pilot and Demonstration Plants in Technological Development: Synthesis and Directions for Future Research", *Technology Analysis and Strategic Management*, Vol. 27, No. 1, 2015.

Gallagher, Kelly Sims, et al., "The Energy Technology Innovation System", *Annual Review of Environment and Resources*, Vol. 37, July 2012.

Gallagher, Kelly Sims, et al., "Energy-Technology Innovation", *Annual Review of Environment and Resources*, Vol. 31, 2006.

Gao, Xudong, "A Latecomer's Strategy to Promote a Technology Standard: The Case of Datang and TD - SCDMA", *Research Policy*, Vol. 43, No. 3, 2014.

Geels, Frank W., and Johan Schot, "Typology of Sociotechnical Transition Pathways", *Research Policy*, Vol. 36, No. 3, 2007.

Geels, Frank W., "A Socio-Technical Analysis of Low-Carbon Transitions: Introducing the Multi-Level Perspective into Transport Studies", *Journal of Transport Geography*, Vol. 24, September 2012.

Geels, Frank W., "Technological Transitions as Evolutionary Reconfiguration Processes: A Multi-Level Perspective and a Case-Study", *Research Policy*, Vol. 31, No. 8, 2002.

George, Alexander L. and Andrew Bennett, *Case Studies and Theory Development in the Social Sciences*, Cambridge, MA: MIT Press, 2005.

Gerring, John, "The Case Study: What It Is and What It Does", In *Oxford Handbooks of Political Science*, edited by Robert E. Goodin, New York, NY: Oxford University Press, 2007.

Gibbert, Michael, et al., "What Passes as a Rigorous Case Study", *Strategic Management Journal*, Vol. 29, 2008.

Gill, Jeff, *Bayesian Methods: A Social and Behavioral Sciences Approach*, Boca Raton, FL: Chapman and Hall/CRC, 2015.

Glennan, T. K. Jr., et al., *The Role of Demonstrations in Federal R&D Policy*, Santa Monica, CA: Office of Technology Assessment, 1978.

Godoe, Helge, "Innovation Regimes, R&D and Radical Innovations in Telecommunications", *Research Policy*, Vol. 29, No. 9, 2000.

Goolsbee, Austan, "Does Government R&D Policy Mainly Benefit Scientists and Engineers?" *American Economic Review*, Vol. 88, No. 2, 1998.

Grübler, Arnulf, et al., "Dynamics of Energy Technologies and Global Change", *Energy Policy*, Vol. 27, No. 5, 1999.

Hall, J. A., and E. Fleishman, "Demonstration as a Means to Translate Conservation Science into Practice", *Conservation Biology*, Vol. 24,

No. 1, 2010.

Hall, Peter A., "Policy Paradigms, Social Learning and the State: The Case of Economic Policymaking in Britain", *Comparative Politics*, Vol. 25, No. 3, 1993.

Hamel, Gary and C. K. Prahalad, "Strategic Intent", *Harvard Business Review*, Vol. 67, No. 7, 1989.

Hannan, Michael T. and John Freeman, "The Population Ecology of Organizations", *American Journal of Sociology*, Vol. 82, No. 5, 1977.

Hao Han, et al., "China's Electric Vehicle Subsidy Scheme: Rationale and Impacts", *Energy Policy*, Vol. 73, 2014.

Harborne, Paul and Chris Hendry, "Pathways to Commercial Wind Power in the US, Europe and Japan: The Role of Demonstration Projects and Field Trials in the Innovation Process", *Energy Policy*, Vol. 37, No. 9, 2009.

Harborne, Paul, et al., "The Development and Diffusion of Radical Technological Innovation: The Role of Bus Demonstration Projects in Commercializing Fuel Cell Technology", *Technology Analysis and Strategic Management*, Vol. 19, No. 2, 2007.

Hekkert, Marko P., et al., "Functions of Innovation Systems: A New Approach for Analysing Technological Change", *Technological Forecasting and Social Change*, Vol. 74, No. 4, 2007.

Hendry, Chris, et al., "So What Do Innovating Companies Really Get from Publicly Funded Demonstration Projects and Trials? Innovation Lessons from Solar Photovoltaics and Wind", *Energy Policy*, Vol. 38, No. 8, 2010.

Hendry, Chris, et al., "Niche Entry as a Route to Mainstream Innovation: Learning from the Phosphoric Acid Fuel Cell in Stationary Power", *Technology Analysis and Strategic Management*, Vol. 19, No. 4, 2007.

Hess, David J., "Sustainability Transitions: A Political Coalition Perspective", *Research Policy*, Vol. 43, No. 2, 2014.

Hill, Charles W. L., and Frank T. Rothaermel, "The Performance of

Incumbent Firms in the Face of Radical Technological Innovation", *Academy of Management Review*, Vol. 28, No. 2, 2003.

Holdren, John P., "Science and Technology for Sustainable Well-Being", *Science*, Vol. 319, No. 5862, 2008.

Holdren, John P., "The Energy Innovation Imperative: Addressing Oil Dependence, Climate Change, and Other 21st Century Energy Challenges", *Innovations*, Vol. 1, No. 2, 2006.

Holweg, Matthias, "Where Firm-Level Innovation and Industrial Policy Meet: Consensus Roadmaps for Low-Carbon Powertrain Technologies", *Journal of Product Innovation Management*, Vol. 31, No. 1, 2014.

Hoppmann, Joern, et al., "Compulsive Policy-Making: The Evolution of the German Feed-in Tariff System for Solar Photovoltaic Power", *Research Policy*, Vol. 43, No. 8, 2014.

Hoppmann, Joern, et al., "The Two Faces of Market Support—How Deployment Policies Affect Technological Exploration and Exploitation in the Solar Photovoltaic Industry", *Research Policy*, Vol. 42, No. 4, 2013.

Howlett, Michael, "Governance Modes, Policy Regimes and Operational Plans: A Multi-Level Nested Model of Policy Instrument Choice and Policy Design", *Policy Sciences*, Vol. 42, No. 1, 2009.

Hughes, Thomas P., "The Evolution of Large Technological Systems", In *The Social Construction of Technological Systems: New Directions in the Sociology and History of Technology*, edited by Wiebe E. Bijker, Thomas P. Hughes et al., Cambridge, MA: MIT Press, 1987.

IEA and ETP, *Technology Learning and Deployment*, Paris, 2008.

IEA and OECD, *Creating Markets for Energy Technologies*, Paris: OECD Publishing, 2003.

IEA, *Energy Technology Perspectives* 2008: *Scenarios and Strategies to* 2050, 2008.

Iizuka, Michiko, "Diverse and Uneven Pathways towards Transition to Low Carbon Development: The Case of Solar PV Technology in China", *Innovation and Development*, Vol. 5, No. 2, 2015.

Jacobsson, Staffan and Volkmar Lauber, "The Politics and Policy of Energy System Transformation—Explaining the German Diffusion of Renewable Energy Technology", *Energy Policy*, Vol. 34, No. 3, 2006.

Jacobsson, Staffan, et al., "Transforming the Energy System—The Evolution of the German Technological System for Solar Cells", *Technology Analysis and Strategic Management*, Vol. 16, No. 1, 2004.

Kalhammer, Fritz R., et al., *Status and Prospects for Zero Emissions Vehicle Technology*, Sacramento, CA: State of California Air Resources Board, 2007.

Kamp, Linda M., et al., "Notions on Learning Applied to Wind Turbine Development in the Netherlands and Denmark", *Energy Policy*, Vol. 32, No. 14, 2004.

Karlström, Magnus and Björn A. Sandén, "Selecting and Assessing Demonstration Projects for Technology Assessment: The Case of Fuel Cells and Hydrogen Systems in Sweden", *Innovation: Management, Policy and Practice*, Vol. 6, No. 2, 2004.

Kemp, René, et al., "Regime Shifts to Sustainability through Processes of Niche Formation: The Approach of Strategic Niche Management", *Technology Analysis and Strategic Management*, Vol. 10, No. 2, 1998.

Kern, Florian and Michael Howlett, "Implementing Transition Management as Policy Reforms: A Case Study of the Dutch Energy Sector", *Policy Sciences*, Vol. 42, No. 4, 2009.

Kern, Florian, et al., "The Political Economy of Carbon Capture and Storage: An Analysis of Two Demonstration Projects", *Technological Forecasting and Social Change*, Vol. 102, January 2016.

Kim, B., "Managing the Transition of Technology Life Cycle", *Technovation*, Vol. 23, No. 5, 2003.

King, Gary, et al., *Designing Social Inquiry: Scientific Inference in Qualitative Research*, Princeton, NJ: Princeton University Press, 1994.

Kivimaa, Paula and Florian Kern, "Creative Destruction or Mere

Niche Creation? Innovation Policy Mixes for Sustainability Transitions", *Research Policy*, Vol. 45, No. 1, 2015.

Klepper, Steven, "Entry, Exit, Growth, and Innovation over the Product Life Cycle", *American Economic Review*, Vol. 86, No. 3, 1996.

Koski, Chris and Taedong Lee, "Policy by Doing: Formulation and Adoption of Policy through Government Leadership", *Policy Studies Journal*, Vol. 42, No. 1, 2014.

Lampel, Joseph, "Show and Tell: Product Demonstrations and Path Creation of Technological Change", In *Path Dependence and Path Creation*, edited by Raghu Garud and Peter Karnøe, Lawrence Earlbaum, 2001.

Lefevre, Stephen R., "Using Demonstration Projects to Advance Innovation in Energy", *Public Administration Review*, Vol. 44, No. 6, 1984.

Levinthal, Daniel A., "The Slow Pace of Rapid Technological Change: Gradualism and Punctuation in Technological Change", *Industrial and Corporate Change*, Vol. 7, No. 2, 1988.

Lieberman, Evan S., "Nested Analysis as a Mixed-Method Strategy for Comparative Research", *American Political Science Review*, Vol. 99, No. 3, 2005.

Loorbach, Derk, et al., "Introduction to the Special Section: Infrastructures and Transitions", *Technological Forecasting and Social Change*, Vol. 77, No. 8, 2010.

Lynn, Gary S., et al., "Marketing and Discontinuous Innovation: The Probe and Learn Process", *California Management Review*, Vol. 38, No. 3, 1996.

Macey, S. M. and M. A. Brown, "Demonstrations as a Policy Instrument with Energy Technology Examples", *Science Communication*, Vol. 11, No. 3, 1990.

Magill, Kathleen P. and Everett M. Rogers, "Federally Sponsored Demonstrations of Technological Innovations", *Science Communication*, Vol. 3, No. 1, 1981.

Mah, Daphne Ngar-yin and Peter R. Hills, "Policy Learning and Central-Local Relations: A Case Study of the Pricing Policies for Wind Energy in China (from 1994 to 2009)", *Environmental Policy and Governance*, Vol. 24, No. 3, 2014.

Markard, Jochen and Bernhard Truffer, "Technological Innovation Systems and the Multi-Level Perspective: Towards an Integrated Framework", *Research Policy*, Vol. 37, No. 4, 2008.

Markard, Jochen, et al., "Sustainability Transitions: An Emerging Field of Research and Its Prospects", *Research Policy*, Vol. 41, No. 6, 2012.

Markusson, Nils, et al., "The Social and Political Complexities of Learning in Carbon Capture and Storage Demonstration Projects", *Global Environmental Change*, Vol. 21, No. 2, 2011.

McGrath, Rita Gunther, "A Real Options Logic for Initiating Technology Positioning Investments", *Academy of Management Review*, Vol. 22, No. 4, 1997.

Meadowcroft, James, "Engaging with the Politics of Sustainability Transitions", *Environmental Innovation and Societal Transitions*, Vol. 1, No. 1, 2011.

Merton, Robert K., *Social Theory and Social Structure*, New York, NY: Free Press, 1968.

Miles, Matthew B. and A. Michael Huberman, *Qualitative Data Analysis: An Expanded Sourcebook*, Sage, 1994.

Moore, Geoffrey A., *Crossing the Chasm: Marketing and Selling Disruptive Products to Mainstream Customers*, New York: Harper Collins, 1999.

Mowery, David C. and Nathan Rosenberg, "The Influence of Market Demand upon Innovation: A Critical Review of Some Recent Empirical Studies", *Research Policy*, Vol. 8, No. 2, 1979.

Nemet, Gregory F., "Demand-Pull, Technology-Push, and Government-Led Incentives for Non-Incremental Technical Change", *Research*

Policy, Vol. 38, No. 5, 2009.

Newbert, Scott L., "Empirical Research on the Resource-Based View of the Firm: An Assessment and Suggestions for Future Research", *Strategic Management Journal*, Vol. 28, No. 2, 2007.

Nielsen, Richard A., "Case Selection via Matching", *Sociological Methods and Research*, Vol. 45, No. 3, 2016.

Norberg-Bohm, Vicki, "Creating Incentives for Environmentally Enhancing Technological Change", *Technological Forecasting and Social Change*, Vol. 65, No. 2, 2000.

Norberg-Bohm, Vicki, "Stimulating 'green' Technological Innovation: An Analysis of Alternative Policy Mechanisms", *Policy Sciences*, Vol. 32, No. 1, 1999.

OECD, *OECD Factbook* 2008: *Economic*, *Environmental and Social Statistics*, Paris: OECD Publishing, 2008.

OECD, *OECD Science*, *Technology and Industry Outlook* 2010, Paris: OECD Publishing, 2010.

Oriani, Raffaele and Maurizio Sobrero, "Uncertainty and the Market Valuation of R&D within a Real Options Logic", *Strategic Management Journal*, Vol. 29, No. 4, 2008.

Pacheco, Desirée F., et al., "The Coevolution of Industries, Social Movements, and Institutions: Wind Power in the United States", *Organization Science*, Vol. 25, No. 6, 2014.

PCAST, *Powerful Partnerships*: *The Federal Role in International Cooperation on Energy Innovation*, Washington D. C., 1999.

Penna, Caetano C. R. and Frank W. Geels, "Climate Change and the Slow Reorientation of the American Car Industry (1979-2012): An Application and Extension of the Dialectic Issue LifeCycle (DILC) Model", *Research Policy*, Vol. 44, No. 5, 2015.

Penrose, Edith Tilton, *The Theory of the Growth of the Firm*, Oxford University Press, 1995.

Pierson, Paul and Theda Skocpol, "Historical Institutionalism in Contemporary Political Science", In *Political Science: State of the Discipline* edited by Ira Katznelson and Helen V. Milner, New York, NY: W. W. Norton, 2002.

Pinkse, Jonatan, et al., "The Role of Public and Private Protection in Disruptive Innovation: The Automotive Industry and the Emergence of Low-Emission Vehicles", *Journal of Product Innovation Management*, Vol. 31, No. 1, 2014.

Pohl, Hans and Masaru Yarime, "Integrating Innovation System and Management Concepts: The Development of Electric and Hybrid Electric Vehicles in Japan", *Technological Forecasting and Social Change*, Vol. 79, No. 8, 2012.

Popp, David Clifford, "Induced Innovation and Energy Prices", *American Economic Review*, Vol. 92, No. 1, 2002.

Popp, David Clifford, "Pollution Control Innovations and the Clean Air Act of 1990", *Journal of Policy Analysis and Management*, Vol. 22, No. 4, 2003.

Powell, Walter W. and Paul J. DiMaggio, *The New Institutionalism in Organizational Analysis*, Chicago, IL: University of Chicago Press, 1991.

Quitzow, Rainer, "Assessing Policy Strategies for the Promotion of Environmental Technologies: A Review of India's National Solar Mission", *Research Policy*, Vol. 44, No. 1, 2015.

Rogers, Everett M., *The Diffusion of Innovations*, New York: Free Press, 2003.

Rogge, Karoline S. and Kristin Reichardt, "Policy Mixes for Sustainability Transitions: An Extended Concept and Framework for Analysis", *Research Policy*, Vol. 45, No. 8, 2016.

Rothwell, Roy and Walter Zegveld, *Reindustrialization and Technology*, Armonk, NY: M. E. Sharpe, 1985.

Rothwell, Roy, "Towards the Fifth-Generation Innovation Process", *International Marketing Review*, Vol. 11, No. 1, 1994.

Ru, Peng, et al., "Behind the Development of Technology: The

Transition of Innovation Modes in China's Wind Turbine Manufacturing Industry", *Energy Policy*, Vol. 43, No. 1, 2012.

Ruttan, Vernon W., "Induced Innovation and Path Dependence: A Reassessment with Respect to Agricultural Development and the Environment", *Technological Forecasting and Social Change*, Vol. 53, No. 1, 1996.

Sagar, Ambuj D. and Kelly Sims Gallagher, "Energy Technology Demonstration and Deployment", In *Ending the Energy Stalemate: A Bipartisan Strategy to Meet America's Energy Challenges*, edited by John P. Holdren, Cambridge, MA: Harvard Kennedy School, 2004.

Savvanidou, Electra, et al., "Public Acceptance of Biofuels", *Energy Policy*, Vol. 38, No. 7, 2010.

SBA, *Bridging the Valley of Death: Financing Technology for a Sustainable Future*, U. S. Small Business Administration, 1994.

Schmookler, Jacob, *Invention and Economic Growth*, Cambridge, MA: Harvard University Press, 1966.

Schot, Johan and Frank W. Geels, "Strategic Niche Management and Sustainable Innovation Journeys: Theory, Findings, Research Agenda, and Policy", *Technology Analysis and Strategic Management*, Vol. 20, No. 5, 2008.

Scott, W. Richard, *Institutions and Organizations: Ideas and Interests*, London: Sage, 2008.

Sekhon, Jasjeet S., "The Neyman-Rubin Model of Causal Inference and Estimation via Matching Methods", In *The Oxford Handbook of Political Methodology*, edited by Janet Box-Steffensmeier, Henry Brady et al., Oxford: Oxford University Press, 2008.

Sherwin, C. W. and R. S. Isenson, "Project HINDSIGHT", *Science*, Vol. 156, No. 3782, 1967.

Shove, Elizabeth and Gordon Walker, "CAUTION! Transitions Ahead: Politics, Practice, and Sustainable Transition Management", *Environment and Planning A*, Vol. 39, No. 4, 2007.

Small, Mario Luis, "How Many Cases Do I Need? On Science and the Logic of Case Selection in Field – Based Research", *Ethnography*, Vol. 10, No. 1, 2009.

Smit, Thijs, et al., "Technological Learning in Offshore Wind Energy: Different Roles of the Government", *Energy Policy*, Vol. 35, No. 12, 2007.

Smith, Adrian and Rob Raven, "What is Protective Space? Reconsidering Niches in Transitions to Sustainability", *Research Policy*, Vol. 41, No. 6, 2012.

Smith, Adrian, et al., "Spaces for Sustainable Innovation: Solar Photovoltaic Electricity in the UK", *Technological Forecasting and Social Change*, Vol. 81, No. 1, 2014.

Smith, Adrian, et al., "Innovation Studies and Sustainability Transitions: The Allure of the Multi-Level Perspective and Its Challenges", *Research Policy*, Vol. 39, No. 4, 2010.

Sovacool, Benjamin K. and Brent Brossmann, "The Rhetorical Fantasy of Energy Transitions: Implications for Energy Policy and Analysis", *Technology Analysis and Strategic Management*, Vol. 26, No. 7, 2014.

Stinchcombe, Arthur L., *Constructing Social Theories*, New York, NY: Harcourt, Brace and World, 1968.

Sun, Zhe, "Technology Innovation and Entrepreneurial State: The Development of China's High-Speed Rail Industry", *Technology Analysis and Strategic Management*, Vol. 27, No. 6, 2015.

Sustainable Transtion Research Network, *A Research Agenda for the Sustainability Transitions Research Network*, 2017.

Tassey, Gregory, *The Economics of R&D Policy*, Santa Barbara, CA: Praeger, 1997.

Toh, Puay Khoon and Taekyu Kim, "Why Put All Your Eggs in One Basket? A Competition-Based View of How Technological Uncertainty Affects a Firm's Technological Specialization", *Organization Science*, Vol. 24, No. 4, 2013.

Unruh, Gregory C., "Understanding Carbon Lock-In", *Energy Policy*, Vol. 28, No. 12, 2000.

Utterback, James M., *Mastering the Dynamics of Innovation*, Cambridge, MA: Harvard University Press, 1994.

Veryzer, Robert W., "Discontinuous Innovation and the New Product Development Process", *Journal of Product Innovation Management*, Vol. 15, No. 4, 1998.

Watson, Jim, *Setting Priorities in Energy Innovation Policy: Lessons for the UK*, Cambrdige, MA: ETIP Discussion Paper Series, 2008.

Weber, K. Matthias and Harald Rohracher, "Legitimizing Research, Technology and Innovation Policies for Transformative Change", *Research Policy*, Vol. 41, No. 6, 2012.

Wilson, Charlie, et al., "Marginalization of End-Use Technologies in Energy Innovation for Climate Protection", *Nature Climate Change*, Vol. 2, No. 11, 2012.

Wüstenhagen, Rolf, et al., "Social Acceptance of Renewable Energy Innovation: An Introduction to the Concept", *Energy Policy*, Vol. 35, No. 5, 2007.

Xu, Lei and Jun Su, "From Government to Market and from Producer to Consumer: Transition of Policy Mix towards Clean Mobility in China", *Energy Policy*, Vol. 96, 2016.

Yin, Robert K., *Case Study Research: Design and Methods*, Thousand Oaks, California: Sage, 2003.

Zheng, Weiting, et al., "Buffering and Enabling: The Impact of Interlocking Political Ties on Firm Survival and Sales Growth", *Strategic Management Journal*, Vol. 36, No. 11, 2015.

Zhi, Qiang, et al., "China' s Solar Photovoltaic Policy: An Analysis Based on Policy Instruments", *Applied Energy*, Vol. 129, September 2014.

Zhu, H. and C. -N. Chung, "Portfolios of Political Ties and Business Group Strategy in Emerging Economies: Evidence from Taiwan", *Administrative Science Quarterly*, Vol. 59, No. 4, 2014.

后　记

本书主体脱稿于笔者的博士学位论文。初次接触了解新能源汽车，是通过张汉威师兄的博士学位论文《从 R&D 到 R&3D：新能源汽车政府示范工程的技术创新机理研究》，笔者就意识到这个产业汇聚了能源技术、生产制造、商业模式和公共政策的众多问题，是“技术—经济范式”革新的代表，是一座科技创新政策和战略研究的“富矿”，因此便选择了这个产业作为研究对象。论文选题构思的彼时，这个产业如婴儿蹒跚起步，笔者相信它必将发展壮大，没想到困难甚多，政策争议不断，对产业的怀疑者比比皆是。但更没想到的是多年过去，在科技创新和“碳中和”远景的激励下，新能源汽车已经是国内景气度最高的产业之一，产业空间甚至已拓展到自动驾驶和智能领域，连接起 5G、人工智能、物联网等最前沿的 ICT 技术，令人想象无穷。

回望过去，新能源汽车产业当年的种种曲折，都付笑谈中。毕业多年，笔者一直想将这篇论文的核心内容发表，让更多的人看到中国新能源汽车的筚路蓝缕，可惜屡屡搁浅。在这热火朝天的今日，内容“过时”已久的本书才姗姗来迟，仿佛陈塘关难产的孩子终于有幸来到世上，了却了多年的耿耿心事。

为此，笔者非常感激许许多多的人士。导师苏竣教授多年来谆谆教诲，为学生付出心血，并欣然拨冗为本书作序。张汉威师兄授权本书的第一章、第二章、第五章取自他的博士论文，是本书的另一位贡献者。科技部的秦勇司长、金茂菁处长、甄子健博士、曹耀光博士和李阳同志为笔者调研学习新能源汽车产业提供了极为难得的平台和机会。顾淑林教授、薛澜教授、黄萃教授和清华公共管理学院的多位老师也为笔者的成长倾注了大量关怀。

在论文研究过程中，几十位汽车产业界、科研高校界和政府人士为普普通通、素不相识的学生提供给了无私帮助和指点，才使我们积累了丰富的一线资料。我们的产业界访谈对象来自于中汽中心、北汽集团、上汽集团、比亚迪、江淮、奇瑞、众泰、厦门金龙、苏州金龙、南京金龙、普天新能源、国轩高科、普莱德电池、珠海银隆、重庆恒通、合众新能源、康迪汽车、北京公交、贵阳公交、广州电车公司以及南车时代等；科研高校界访谈对象来自于中国汽车工程学会、清华大学、吉林大学和中国科学院；政府访谈对象则包括北京、杭州、合肥、广州等地方政府以及科技部的人士。中国电动汽车百人会欢迎笔者参与他们的各种论坛会议，张永伟教授还为本书题语推荐。中国社会科学出版社的刘晓红编辑为本书的顺利出版付出了辛苦的劳动。笔者在此一并深表感谢。

在这个漫长、伟大的转型和创新过程中，如果问一个生于斯、长于斯的社会科学研究者能为祖国贡献什么，杰出的经济学家 János Kornai 教授已经给出了最响亮的回答，那就是——“思想的力量！”[①]

---

① “思想的力量”是其自传的中译本书名。雅诺什·科尔奈：《思想的力量》，上海人民出版社 2013 年版。